智能高速铁路系列教材
编委会

智能高速铁路系列教材

铁路数字孪生技术基础与应用

张　春　李　平◎主　编
高　博　卢文龙◎副主编
王万齐　王国新◎主　审

中国铁道出版社有限公司
2025年·北　京

内容简介

本书为智能高速铁路系列教材之一。全书分为八章，从数字孪生技术的概述入手，为读者建立初步的技术认知，并深入探讨了铁路数字孪生的基础理论和方法、模型构建技术，系统介绍了铁路数字孪生数据采集与处理技术，展示了铁路数字孪生技术在设计、运行和维护中的应用，展望数字孪生在智能铁路中的核心作用及与新兴技术的深度融合。

本书可作为高等院校计算机科学与技术专业铁路信息技术方向的本科教材，也可作为铁路相关专业基础平台课教材，还可供信息化专业的研究生参考使用，以及作为从事铁路信息技术、铁路数字化转型的专业技术人员的参考读物。

图书在版编目(CIP)数据

铁路数字孪生技术基础与应用 / 张春，李平主编. 北京 ：中国铁道出版社有限公司，2025. 7. --(智能高速铁路系列教材). -- ISBN 978-7-113-31982-3

Ⅰ. U238-39

中国国家版本馆 CIP 数据核字第 2025XK9517 号

书　　名：铁路数字孪生技术基础与应用

主　　编：张　春　李　平

责任编辑：陈美玲　　**编辑部电话：**(010)51873240　　**电子邮箱：**992462528@qq. com

封面设计：刘　莎

责任校对：刘　畅

责任印制：高春晓

出版发行：中国铁道出版社有限公司（100054，北京市西城区右安门西街 8 号）

网　　址：https://www. tdpress. com

印　　刷：河北宝昌佳彩印刷有限公司

版　　次：2025 年 7 月第 1 版　2025 年 7 月第 1 次印刷

开　　本：787 mm×1 092 mm　1/16　**印张：**10. 75　**字数：**267 千

书　　号：ISBN 978-7-113-31982-3

定　　价：39. 00 元

序　言

近十年来，随着数字化、智能化技术的快速发展，世界发达国家铁路陆续推出智能铁路发展计划，积极推动铁路基础设施智能建造、智能列车、自动驾驶、预测性运维、出行即服务等科技攻关，世界铁路的智能化发展方向越来越明确。在数智化时代，中国高速铁路技术已处世界领跑优势，中国铁路坚持中国特色铁路自主创新道路，以高水平科技自立自强支撑新质生产力发展，在高速铁路全面自主化成就的基础上，围绕铁路工程建设、装备制造、运营管理等全方位开展理论与技术体系的智能化创新，为世界智能铁路贡献了中国方案。

在中国铁路发展史上，“京张”二字的背后，是从无到有、从追赶到领跑的砥砺奋进。依托京张高速铁路工程，我国陆续开展了系列化智能高速铁路创新工作，取得了多项创新成果。基础理论方面，明确了智能高速铁路的内涵，提出了以模型驱动和数据驱动为手段、以全生命周期全业务要素协同为目标的“模数驱动、轴面协同”理论。体系架构方面，先后提出了包括技术、数据和标准的智能高速铁路体系架构1.0和2.0版本，涵盖3大板块、10个领域、18个方向、N项创新和1个基础平台。核心技术方面，实现了基于BIM的多专业数字化协同设计、桥隧路轨四电等工厂化预制及智能化施工、基于BIM+GIS的铁路工程管理平台等智能建造技术；攻克了动车组关键部件状态监测及故障预警、ATO精准控车与能耗管控、牵引供电系统故障自愈重构、安全风险智能检测监测等智能装备技术，并研制世界首列时速350公里的智能动车组；研发了高速铁路智能综合调度系统、智能CTC、智能客站无感出站、智能运维等智能运营技术。标准体系方面，先后制定技术标准300余项，提出的智能高速铁路技术体系已被国际铁路联盟（UIC）采纳并正式发布。

京张高速铁路既是传承京张铁路百年历史的文化线，也是全面展示中国高速铁路技术创新成就的智能高速铁路示范工程。115年前，京张铁路实现了中国人自主设计建设铁路的梦想，是一条“争气路”。今天，京张高速铁路开创了世界智能高速铁路先河，为中国高速铁路技术领跑打下坚实基础，是一条“光荣路”。习近平总书记在2019年12月30日对京张高速铁路开通运营作出重要指示：“从自主设计修建零的突破到世界最先进水平，从时速35公里到350公里，京张线见证了中国铁路的发展，也见证了中国综合国力的飞跃。”在国际上，京张高速铁路也得到了UIC的高度认可，被称为是“世界铁路人工智能技术应用的最佳范例”。目前，智能高速铁路技术成果已应用到京雄城际铁路、福厦高速铁路等国内铁路，同时还辐射到印尼雅万高速铁路、中老铁路等境外铁路，并带动上下游产业链智能化发展，再次引领了世界高速铁路的发展方向。

铁路科技创新的本质是铁路领域专业人才的驱动，实现高水平科技自立自强，归根结底要靠高水平创新人才，“科技创新靠人才，人才培养靠教育”。为了使我国高速铁路智能化领域持续领跑世界，必须坚持人才引领，教育为先。作为知识传播与传承的载体，教材已成为引领我国高速铁路智能化未来发展亟待解决的问题。为填补我国智能高速铁路教材体系的空白，传承智能高速铁路知识，吸引更多的人才投身智能高速铁路建设发展，中国铁道学会根据铁路行业智能化发展趋势，组织智能铁路委员会，联合北京交通大学、西南交通大学、中南大学、大连交通大学、石家庄铁道大学、兰州交通大学、华东交通大学7所高校，以及中国铁道科学研究院集团有限公司、中国中铁股份有限公司、中国铁建股份有限公司、中国中车集团有限公司、中国铁路通信信号股份有限公司等22家单位，共同编写了智能高速铁路系列教材。

智能高速铁路系列教材以2023年出版的《智能高速铁路概论》为统领，以智能高速铁路体系框架为指引，包含智能建造（12本）、智能装备（8本）、智能运营（8本）3大板块和基础平台（6本），共34本新编教材。系列教材力求全面反映高速铁路勘察设计、工程施工、建设管理、移动装备、通信信号、牵引供电、检测监测、客运服务、运输组织、养护维修等领域的智能化理论、技术与最新实践。

为一体推进教育科技人才事业发展，打通“产学研用”，实现生产、学习、科研、实践深度合作，系列教材编写采用校企合作模式，每一本书都设置了高校和企业双主编、双副主编。高校主编、副主编均由本领域的高水平教授、副教授承担；企业主编、副主编由本领域一流高水平专家组成。

本系列教材主要供铁路高等院校本科生、研究生学习使用，同时也适用于从事铁路相关专业人员研究进修使用。

由于系列教材编写工作量巨大，书中难免存在疏漏或不妥之处，敬请读者批评指正。我们将积极吸纳各方意见，持续更新，不断提高智能高速铁路系列教材的编写质量，为推动智能高速铁路高质量发展贡献力量。

智能高速铁路系列教材编委会

2024年12月

前 言

在数字化与信息化技术飞速发展的时代，铁路系统正面临着前所未有的机遇和挑战。推动交通强国建设，持续推动铁路科技创新，并全面提高铁路领域专业人才的自主培养质量，已成为国家发展的重要任务之一。《铁路数字孪生技术基础与应用》一书的编写，旨在贯彻落实党的二十大报告中关于加快建设交通强国及人才培养的部署要求，全面系统地梳理和总结铁路数字孪生技术的基础理论、关键方法及实际应用，为推动铁路智能化、数字化转型培养高素质的专业人才提供有力支持。

本书为智能高速铁路系列教材之一，在智能高速铁路体系中处于 AI 平台架构部分，以智能高速铁路“模数驱动、轴面协同”为理论指导，按照系列教材编写要求，内容分为四个部分八个章节，涵盖了从基础理论到实际应用的广泛内容。

第一部分包括第一章和第二章，重点阐述了数字孪生技术的概述及其基础理论和方法。首先，介绍了数字孪生技术的发展历史、现状与趋势，详细分析了这一技术在铁路领域的应用背景和重要性。随后，书中讨论了“模数驱动、轴面协同”理论，数字孪生模型构建框架，成熟度模型等理论内容，为读者建立了坚实的理论基础。

第二部分包括第三章和第四章，详细论述了数字孪生表征模型和机理模型的构建技术。内容涵盖了如何通过数据建模技术，将铁路系统的实际运行情况进行精确模拟，从而提高运营效率、优化维护流程。这一部分对铁路数字孪生的核心技术进行了深入分析，并提供了具体的操作指南。

第三部分包括第五章和第六章，系统介绍了铁路数字孪生系统中的数据采集与实时交互技术，以及铁路关键部件的数字孪生构建工具。书中分析了如何高效采集、处理和传输数据，以确保数字孪生系统的实时性和准确性，并通过实际案例，展示了如何利用这些工具构建铁路系统的数字孪生模型。

第四部分包括第七章和第八章，集中展示了基于数字孪生的铁路智能化系统及其应用案例。内容涵盖了如何利用数字孪生技术，实现铁路系统的智能化运维，并通过具体案例分析展示了系统的设计与实现过程。这部分有助于读者深入理解数字孪生技术在实际应用中的关键点和创新思路。

本书编者在高速铁路网络管理教育部工程研究中心的支持下，长期从事铁路大数据、人工智能、高速铁路健康状态监测和故障预测理论、技术、标准等研发和教学工作，主持国家重点研发计划、科技重大专项、省部级等重大项目，成立了数字孪生与智能运维实验室，拥有先进的技术产品支撑，具有深厚的理论基础和丰富的实践经验。

本书由北京交通大学张春、铁科院集团公司李平任主编，北京交通大学高博、铁科院集团公司卢文龙任副主编，铁科院集团公司王万齐、北京理工大学王国新任主审。具体编写分工如下：第一章由张春、李平、北京交通大学郭蓉蓉编写；第二章由张春、李平、中铁特货汽车物流有限责任公司张巧编写；第三章、第四章和第七章由李平、张春、卢文龙、北京交通大学王明辉编写；第五章、第六章和第八章由高博和张春编写。

本书编写过程中得到了铁科院集团公司靳辰琨、郝蕊等，北京交通大学刘峰、白岩慧、李浥东、黄磊等，中车青岛四方机车车辆股份有限公司李兵、崔玉龙等，北京博能科技股份有限公司包蕊红、齐焕然等，以及国家铁路智能运输系统工程技术研究中心的大力支持与帮助。在此，向所有参与本书编写与审稿的专家学者表示衷心的感谢！

由于数字孪生技术在铁路领域的发展迅速，加之编者水平所限，书中难免存在不足之处，恳请广大读者批评指正！

编　者

2025 年 5 月

目 录

第一章
数字孪生技术概述

数字孪生技术已经成为工业和信息领域中的一个重要概念，它通过构建与物理实体同步的虚拟模型，实现对物理世界的模拟、监控、分析和优化。随着物联网、人工智能和大数据等技术的发展，数字孪生技术的应用正在从制造业逐步扩展到更多的领域，特别是在铁路智能化系统中的应用，引发了广泛的关注和研究。

本章首先因循历史发展脉络，系统回顾了中国高速铁路技术从无到有、引进消化吸收再创新，再到自主创新的发展历程，并重点对京沪高速铁路、“复兴号”系列动车组等一系列代表性重大技术创新成果进行了系统介绍。接着介绍了数字孪生技术的发展历程，包括其背景和技术起源，并分析了国内外数字孪生技术的研究现状，涵盖应用领域、发展趋势和技术案例。最后探讨了数字孪生技术在智能铁路中的应用前景，特别是在智能运维、故障诊断和预测中的潜力。通过本章的学习，读者将对数字孪生技术有一个全面的理解，并认识到其在推动铁路智能化方面的重要作用，为后续章节的理论探讨与方法论分析提供丰富的背景支撑。

知识目标

1. 了解数字孪生技术的基本概念和起源。
2. 掌握国内外数字孪生技术的应用现状和发展趋势。
3. 理解数字孪生技术在智能铁路中的应用现状及其未来前景。

能力目标

1. 培养对数字孪生技术在不同领域应用的洞察力，提升对前沿技术的敏感性。
2. 通过分析数字孪生技术与其他技术的比较，增强综合分析问题的能力。
3. 具备铁路信息化思维，及时跟踪我国铁路信息化、数字孪生等相关前沿科技的发展。

第一节　中国高速铁路发展成就

截至2024年底，中国已建成了世界上规模最大的高速铁路网络，总里程达到4.8万km，覆盖全国所有省级行政区和大多数主要城市，连接起全国经济发达区域、主要城市群和重要的交通枢纽。这样的网络布局大大缩短了城市之间的时空距离，促进了区域经济一体化和资源流动。随着智能铁路研究的深入及技术的成熟，中国智能铁路建设逐渐进入实质性阶段。

中国高速铁路以 350 km/h 的最高运营速度稳居世界前列，通过自主研发的“复兴号”动车组，进一步巩固了技术领先地位。“复兴号”动车组具备速度高、能耗低、安全性强等特点，全面实现了自主设计、研发和制造，为中国高速铁路在国际市场上的竞争力提供了坚实支撑。高速铁路显著提高了铁路运输的效率和服务水平，极大便利了民众的出行，同时也促进了物流运输效率的提升。在减轻环境污染、推动绿色发展方面，高速铁路通过清洁能源驱动实现了低碳排放，为中国“双碳”目标的实现贡献了重要力量。

进入 21 世纪后，中国高速铁路的技术发展迈向智能化，智能高速铁路成为高速铁路建设的新方向。智能高速铁路是广泛应用人工智能、大数据、物联网、云计算、北斗导航等先进技术，通过全面感知、精准决策和智能化服务，将铁路移动装备、固定基础设施与用户需求深度融合，构建出高度智能化的现代运输系统。

京张高速铁路是世界首条智能高速铁路线路，是中国高速铁路从世界先进迈向世界领先的标志性工程。该线路实现了运行速度 350 km/h 的自动驾驶功能，全面应用了建筑信息模型(BIM)技术、北斗导航、人工智能等先进技术，为智能铁路提供了可复制、可推广的典范。

京张高速铁路首次引入了电子客票、一证通行、刷脸进站等便捷功能，提供车站 Wi-Fi 覆盖、个性化导航和智能行李搬运机器人服务，为旅客带来了前所未有的出行体验。

智能高速铁路技术体系包括智能建造、智能装备和智能运营三大系统。核心技术包括：智能动车组、智能调度系统、智能供电系统等。智能高速铁路通过优化能源管理和列车运行控制，大幅降低能耗，减少环境污染，践行绿色可持续发展的理念，构建出更加节能环保的现代铁路系统。

智能高速铁路的成功经验已经成为全球高速铁路建设的重要参考。通过“一带一路”倡议，中国高速铁路技术和建设模式在全球范围内推广，为多国铁路现代化提供了支持。通过不断的技术创新和服务提升，中国高速铁路与智能高速铁路将在全球交通运输领域继续保持领先地位，为人类社会的交通变革贡献更多智慧和力量。

第二节　数字孪生技术研究与应用现状

随着信息技术和数据处理能力的飞速提升，数字孪生技术逐步从最初的理论构想到现实应用，从最早的产品设计和制造过程中的虚拟模拟手段，演变为跨领域、全生命周期的动态数字化模型。在航空、制造、交通等各个行业中，数字孪生逐渐成为提升系统效率、优化运营管理、增强预测能力的关键工具。数字孪生技术在多个行业得到了广泛的研究与应用，国内外有关数字孪生的研究主要涉及医学、制造、船舶、交通、航天、电力、智慧城市等多个方面，被认为是数字化转型的重要方向。

本节将从数字孪生技术的背景、起源、应用现状等方面来详细探讨数字孪生技术的发展历程，为理解数字孪生在各领域的未来潜力奠定基础。

一、数字孪生技术的背景及起源

1. 数字孪生技术的背景

数字孪生技术融合感知、计算及建模等前沿技术手段，能够详尽地刻画物理环境的状况，进行精确的诊断预测功能，并为决策过程提供辅助支撑，确保数字空间与物理空间的高效、即时的相互映射。数字孪生概念模型如图 1-1 所示，数字孪生将物理实体(物理对象)与其数字副本(模型对象)进行深度融合，以实现虚实交互、智能决策的目的。借助于数字孪生，可以在信息化平台上了解物理实体的状态，并对物理实体内预定义的接口元件进行控制。

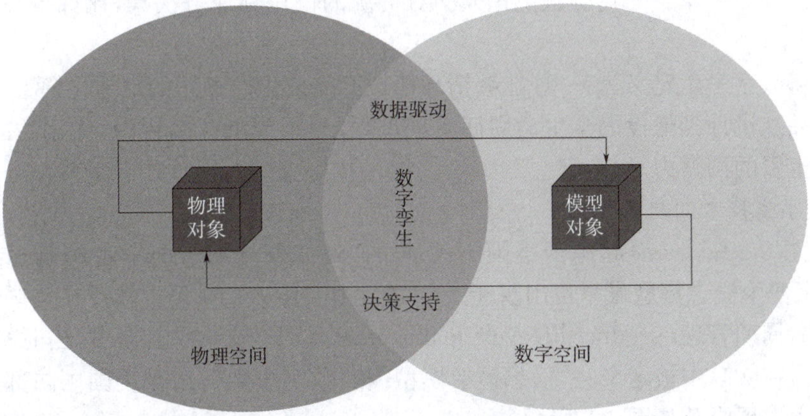

图 1-1 数字孪生模型

数字孪生通过集成物理反馈数据，辅以人工智能、机器学习和软件分析，在信息化平台内建立一个数字化模拟。这个模拟会根据反馈，随着物理实体的变化而自动做出相应的调整。理想状态下，数字孪生可以根据多重的反馈源数据进行自我学习，几乎实时地在数字世界里呈现物理实体的真实状况。数字孪生的反馈源主要依赖于各种传感器，如压力、角度、速度传感器等。数字孪生的自我学习(或称机器学习)除了可以依赖于传感器的反馈信息，也可以是通过历史数据，或者是集成网络的数据学习。后者常指多个同批次的物理实体同时进行不同的操作，并将数据反馈到同一个信息化平台，数字孪生根据海量的信息反馈，进行迅速地深度学习和精确模拟。

国内外众多学者对数字孪生展开了广泛的研究探索，然而，由于不同机构对于数字孪生定义的出发点不尽相同，或局限于专业应用领域，或局限于产品功能服务，因此关于数字孪生的确切定义尚未达成共识。

美国国家航空航天局(NASA)在 2010 年 11 月发布的《航天技术路线图》第十一部分中，给出了数字孪生的定义：一个数字孪生，是一种集成化的多种物理量、多种空间尺度的运载工具或系统的概率性仿真模型，该仿真模型使用了当前最为有效的物理模型、传感器数据的更新、飞行工具的历史，等等，以镜像出其对应的飞行中孪生对象的生存状态。NASA 提出的数字孪生是在问题驱动下提出的，主要用于解决深空探测所需的运载工具的健康诊断与预测问题，具有极高的探索、创新性质。

美国空军研究实验室(AFRL)将数字孪生定义为：由尾号标识的基于健康状态感知的、单架飞机的、实时的、高精度的运营决策。AFRL 给出的数字孪生概念的核心要点是，用于机身结构完成性分析预测的一组模型以及基于该模型组构建的一套系统，是用于解决复制的飞机机身结构完整性预测问题，需要进行实践检验。

Michael Grieves 将数字孪生定义为：一个覆盖产品全生命周期的逻辑上中心化的产品信息构件，用于阐明 PLM 系统是如何在产品生命周期的各个阶段进行信息交互的，或者说 PLM 内部的各个功能是如何集成到一起的。该定义的核心内容是：数字孪生是关于某个物理对象的数字化的信息构件，这种信息构件是其对应的物理对象的信息孪生，而且该数字孪生与物理对象，在其整个生命周期之间，存在信息连接。

Gartner 报告中对数字孪生的定义是：一个数字孪生体是某个物、某个人、甚至某件事的虚拟表现。设计数字孪生的目的是优化人们对资源的使用和业务决策，比如提高维护和运营效率。

西门子将数字孪生定义为：一种能够精确模拟产品或生产工厂的虚拟化模型，这种模型全面展现了产品从设计到退役的全生命周期演进过程，用于预测产品行为、优化性能，并为设计和生产提供宝贵的洞察力。

2. 数字孪生技术的起源

数字孪生(digital twin)起源于美国 NASA 的“阿波罗计划”，而孪生的概念最早出现于 2003 年，数字孪生概念模型最早也出现于 2003 年，由 Grieves M. W. 教授在美国密歇根大学的产品全生命周期管理(product lifecycle management，PLM)课程上提出，当时被称作“镜像空间模型”，后在文献中被定义为“信息镜像模型”和“数字孪生”，后被美国国防部引入航天领域。数字孪生发展沿革如图 1-2 所示。

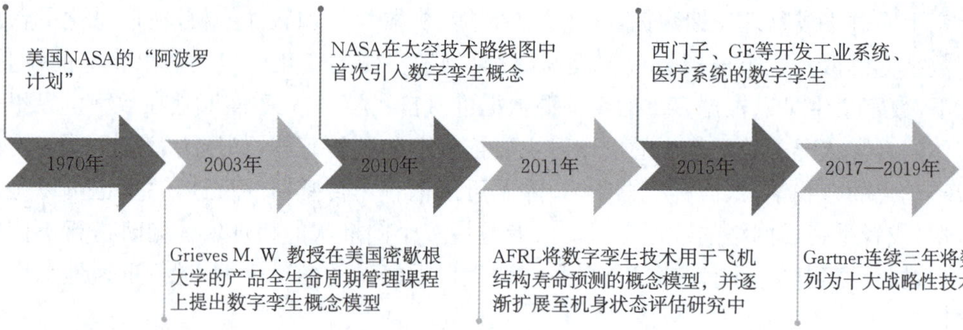

图 1-2　数字孪生发展沿革

在 2010 年，美国国家航空航天局(NASA)在《航天技术路线图》中首次引入数字孪生概念，意于采用数字孪生实现飞行系统的全面诊断和预测功能，以保障在整个系统使用寿命期间实现持续安全地操作。之后，NASA 和美国空军联合提出面向未来飞行器的数字孪生范例，并将数字孪生定义为一个集成了多物理场、多尺度、概率性的仿真过程，基于飞行器的可用高保真物理模型、历史数据以及传感器实时更新数据，构建其完整映射的虚拟模型，以刻画和反映物理系统的全生命周期过程，实现飞行器健康状态、剩余使用寿命以及任务可达性的预测，同时，可预测系统对危及安全事件的响应，通过比较预测结果与真实响应，及时发现未知问题，进而激活自修复机制或任务重规划，以减缓系统损伤和退化。AFRL 于 2011 年引入将数字孪生技术用于飞机结构寿命预测的概念模型，并逐渐扩展至机身状态评估研究中，通过建立包含材料、制造规格、控制、建造过程和维护等信息的机身超现实、全生命周期计算机模型，并结合历史飞行监测数据进行虚拟飞行，以评估允许的最大负载，确保适航性和安全性，进而减轻全生命周期维护负担，增加飞机可用性。AFRL 同时给出了实现机身数字孪生中存在的主要技术挑战。2015 年以来，西门子、GE 等公司将数字孪生应用到工业界，开发了工业系统、医疗系统的数字孪生。Gartner 在 2017 年、2018 年、2019 年连续将数字孪生列为十大战略性技术之一，对数字孪生的发展起到了推波助澜的作用。他将数字孪生定义为对象的数字化表示，进而将数字孪生分为了三类:离散数字孪生(discrete digital twin)、复合数字孪生(composite digital twin)、组织数字孪生(digital twin of organizations)。

在上述数字孪生概念和框架基础之上,国内外部分研究机构开展了相关关键技术探索,如范德堡大学构建了面向机翼健康监测数字孪生的动态贝叶斯网络,以预测裂纹增长的概率。数字孪生的核心在于数据的集成和分析。通过传感器收集物理实体的实时数据,然后将这些数据传输到云端或本地服务器上,与其虚拟副本进行同步。这样,虚拟副本就能够实时反映物理实体的状态和行为。通过这种方式,可以实现对设备的预测性维护、性能优化、故障诊断等功能。

数字孪生技术的应用领域十分广泛。在制造业中,数字孪生用于优化产品设计、生产流程和供应链管理。通过模拟不同的生产场景,企业可以在不影响实际生产的情况下测试新的生产方案,从而提高效率和降低成本。数字孪生还可以用于产品的售后服务,通过分析产品的使用数据来预测潜在的故障,并提前进行维护。在城市规划领域,数字孪生可以帮助规划者模拟城市的各种活动,包括交通流量、能源消耗、环境影响等,从而做出更加科学合理的规划决策。在医疗健康领域,数字孪生可以用于模拟人体器官或整个人体的生理状态,帮助医生进行疾病的诊断和治疗计划的制订。随着技术的不断发展和完善,数字孪生技术应用范围逐渐扩展到交通、能源等多个领域。在铁路智能信息处理领域,数字孪生技术的应用也日渐普遍,数字孪生技术赋能铁路智能化发展,为现代铁路系统的优化和创新提供了强大的技术支持。

二、国外数字孪生技术研究与应用现状

国外数字孪生技术的研究和应用主要围绕航空航天、船舶工业和工业制造三大领域展开,展现出多维度的探索成果和技术创新。

1. 航空航天领域

2010年,美国NASA发布了《航天技术路线图》,首次系统提出了数字孪生体的应用愿景,目标是在2027年前后实现全面部署。NASA明确了数字孪生的四大核心应用场景:

(1)发射前试飞,用于分析任务参数影响,验证异常处理策略。

(2)飞行镜像监控,实时反映飞行器的载荷、温度和损伤状态。

(3)故障后评估,用于诊断失效原因并优化应对方案。

(4)设计修正平台,通过虚拟仿真优化设计避免不必要的修改。

NASA预计,到2035年,数字孪生将帮助降低飞行器维护成本50%,服役寿命提升10倍。此后,美国空军进一步提出机身数字孪生(ADT)概念,用于集成飞机全生命周期数据,实现精准寿命预测与个性化管理。

基于数字孪生的航空航天寿命预测相较传统方法的优势有很多,首先消除了关键点分析的主观误判,提高了结构可靠性;其次通过双向耦合应力与损伤分析,提升了预测精度;此外采用动态模型更新,提高了分析实时性与准确性。

2. 船舶工业领域

数字孪生技术在船舶推进系统及整体设计中取得了突破性进展。研究者开发了一种基于柴油机的数字孪生模型,通过整合时域循环均值与唯象燃烧模型,显著提升了性能预测的效率和精确度,广泛应用于燃油优化、排放控制及航行性能提升。同时,在邮轮设计中,数字孪生技术融合系统工程理念,支持全生命周期的动态监控与优化,提升了设计效率并缩短开发周期。

3. 工业制造领域

数字孪生技术作为智能制造的重要支撑，广泛应用于生产线管理、设备维护和流程优化。国外制造企业如GE、西门子等，将数字孪生技术深度嵌入工业体系，通过实时数据反馈与仿真模拟，优化产品设计、提升生产效率，并显著降低运营成本。

三、国内数字孪生技术研究与应用现状

数字孪生技术在智能制造领域的研究和应用日益受到关注，并展现出显著的潜力。国内学者和企业围绕不同的制造环节和场景，结合数字孪生技术展开了广泛的研究。一些学者将数字孪生理念引入航空领域，结合空天地信息网络一体化，提出了面向航空6G的频谱认知智能管控体系架构，如图1-3所示。该研究构建了频谱智能管控架构，涵盖了频谱云、控制链、软件定义和传感网四大功能，主要集中在三维频谱空间的数字孪生、3D频谱智能决策机制、频谱图谱化的协同学习技术三个方面的技术研究。

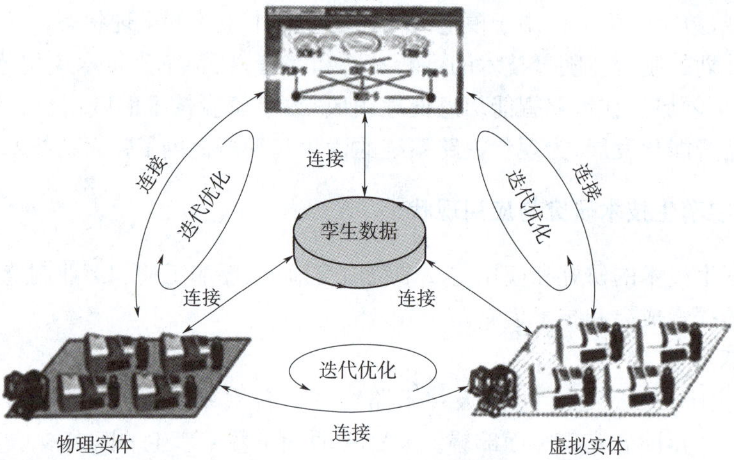

图1-3　数字孪生五维模型

国内数字孪生技术的研究与应用，主要覆盖于航空航天、工程机械和应急管理等多个领域，以理论创新与实际应用相结合为特点，展现出全面发展的趋势。

1. 航空航天领域

在航空航天领域，数字孪生技术逐步应用于复杂信息管理和资源优化。部分学者提出了“数字孪生卫星”概念。数字孪生卫星是将数字孪生技术与卫星工程中的关键环节、关键场景、关键对象紧密结合，基于模型与数据对物理空间的卫星工程进行实时的模拟、监控、反映，并借助算法、管理方法、专家知识、软件等对卫星工程进行分析、评估、预测、管理、优化，实现功能既包含空间维度上对各场景及对象的服务应用，又包含时间维度上的系统工程管理。从空间维度上，通过构建与卫星试验验证平台、卫星总装车间、卫星产品、卫星网络等对象或场景实时映射的数字孪生，实现更优更快的仿真、监控、评估、预测、优化和控制等功能服务，从时间维度上，形成贯穿卫星工程全生命周期的模型线程（model thread）、数据线程（data thread）、服务线程（service thread），对各阶段模型、数据、服务进行定义、转换、调用和关联，同时实现对总体设计、详细设计、生产制造、在轨管控、网络运维等环节真实同步，进而辅助卫星工程各阶段管控与协同。时间维度中的模型线程、数据线程、服务线程支撑着空间维度中各数字孪生的构建与

更新，同时基于空间维度中各数字孪生的辅助实现对时间维度中卫星工程的管理与控制。数字孪生卫星通过推动实现卫星工程中复杂系统及复杂过程的信息物理融合，以期解决工程各阶段与总体管理难、各系统与部门协作难、模型与数据利用效果差、产品和系统使用效率低等问题，提升卫星工程的基本能力与管理水平。

以空间和时间为主线，构建了能够模拟卫星在不同空间环境下运作状态的数字孪生模型。在频谱管理方面，面向航空 6G 的频谱认知智能管控体系架构也已提出。此架构结合了频谱云、控制链、软件定义和传感网等功能模块，采用了三维频谱空间数字孪生、3D 频谱智能决策机制和频谱图谱化协同学习等关键技术，从而实现了对航空资源的智能化管理。这些研究不仅提升了航空航天系统的可靠性，还促进了频谱资源的高效利用，推动了数字孪生技术在该领域的深入应用。

2. 工程机械领域

在工程机械领域内，数字孪生技术的探索与应用正以前所未有的速度推进，众多学者及研究集体在广泛领域内展开了详尽的探究。在机械制造范畴内，有研究聚焦于理论框架、标准化体系及应用场景的开发，深入探讨了车间级数字孪生数据如何促进实体与虚拟世界的交互融合，并揭示了这一交互机制的实现路径。

早期，有学者界定了数字孪生技术的概念，并详细解析了产品数字孪生体的核心意义，搭建起完整的体系结构，为数字孪生技术的后续发展奠定了理论基石。另有一些研究团队专注于数字孪生技术在复杂工业系统与装备领域的运用，系统性地总结了基本概念、潜在应用、技术精髓及未来趋势，并展示了初步的研究蓝图与阶段性研究成果，有力促进了该技术在工业实践中的应用步伐。

此外，还分析了数字孪生技术标准化需求，构建了相应的标准体系框架，并建立了数字孪生模型构建的理论框架。还有研究者创造性地提出了基于数字孪生驱动的大数据制造模式的开放式架构及其运行逻辑，从数字孪生驱动的双重世界描述、数字孪生与大数据的深度整合，以及大数据制造服务模式中模型的构建与优化三个维度，深入剖析了关键技术，为大数据制造服务模式的发展开辟了新视角与策略。

3. 应急管理与应急救援领域

在应急管理与应急救援领域内，国内数字孪生技术的探索与应用也正快速推进，众多学者和研究团队展开了深入研究与广泛探索。当前研究主要聚焦在系统框架、标准化体系、应用场景开发等方面，探索了数字孪生在应急响应中的关键技术与创新应用，并揭示了数字孪生如何通过虚拟与现实世界的双向互动实现动态响应的路径。这些研究同时探讨了数字孪生技术在应急管理应用中的指导性原则，并梳理了实施该技术时的核心挑战与关键技术创新点。

针对数字孪生技术在应急管理中的标准化需求，有学者研究并构建了相应的标准体系框架，包括数据采集标准、模型构建规范、仿真模拟标准等内容，并在此基础上提出了数字孪生模型的构建理论框架，为不同应用场景中的标准化操作提供了理论依据和实施路径。通过这一标准体系，国内应急管理中的数字孪生技术应用正逐步向规范化、系统化、智能化的方向发展，并在实际的应急救援应用中不断优化，有力提升了应急响应的效率和准确性。

第三节 数字孪生技术在铁路领域的应用

2019 年 9 月中共中央、国务院印发实施《交通强国建设纲要》，从基础设施、交通装备、运输服务、科技创新、安全保障、绿色发展、开发合作、人才队伍、治理体系和保障措施十个方面对我国交通运输发展进行了全方位规划，旨在推动交通发展由追求速度规模向更加注重质量效益转变，由交通方式相对独立发展向更加注重一体化融合大众转变，由依靠传统要素驱动向更加注重创新驱动转变，在推进交通强国建设的宏大背景下，我国正致力于构建一个安全、高效、绿色、智能的现代化综合交通体系，以满足人民群众日益增长的美好生活需要。交通强国战略的实施，不仅要求优化现有的交通基础设施，提升服务质量，还要依靠科技创新推动交通运输业的转型升级。其核心在于提升交通运输效率、安全性和智能化水平。然而，面对庞大的交通网络和复杂多变的运行环境，如何实现这一目标成为摆在我们面前的一大挑战。数字孪生技术提供了一种全新的解决思路，为我国交通运输领域带来了一场深刻的变革。它不仅有助于提升交通系统的运行效率和安全水平，还能为实现绿色、智能的交通发展提供有力支持。展望未来，数字孪生技术将继续在交通强国建设中发挥重要作用，助力我国交通运输事业迈向更高水平。

数字孪生技术也是智能铁路领域关注度在日益上升的技术。在铁路领域，数字孪生技术的应用正逐渐成为智能铁路 2.0 建设中的一个重要研究方向和技术手段。基于数字孪生的智能铁路不仅能够提升铁路系统的安全性、可靠性和运营效率，还能够为铁路系统的规划、设计、建设、运营和维护提供强有力的数据支持和决策依据。在铁路系统的健康管理和维护中，数字孪生技术作为一种先进的系统保障和健康管理技术，通过高精度传感器收集铁路系统的实时数据，可以将这些数据传输到云端或本地服务器上，与其虚拟副本进行同步。虚拟副本实时反映物理实体的状态和行为，为铁路系统的故障诊断、预测和健康管理提供强有力的数据支持。数字孪生技术在铁路领域的应用前景广阔，多个国家的铁路运营公司正积极采用这项技术来提升铁路设施的性能和可靠性，同时降低运营维护成本，以实现投资价值的最大化。

本节介绍了智能高速铁路的三大板块，包括智能建造、智能装备和智能运营。其中智能建造(intelligent building，IB)将 BIM、地理信息系统(GIS)、数字孪生、施工机器人、自动化质量检查、预制化与拼装化等技术与先进的工程建造技术相融合，实现高速铁路勘察设计、工程施工、建设全过程的精细化和智能化管理。智能装备(intelligent equipment，IE)，将全方位态势感知、自动驾驶、运行控制、故障诊断和健康管理等技术与先进装备技术相融合，实现高速铁路移动装备和基础设施全生命周期的安全化、高效化和智能化管理。智能运营(intelligent operation，IO)，将泛在感知、智能检测、增强现实、智能视频、事故预测及智联网等技术与高速铁路运营技术相结合，实现个性化服务、预测化运维和智能化运营。

一、数字孪生技术在智能建造的应用

数字孪生技术在铁路设备的智能制造中起到了关键作用。铁路设备的制造过程通常复杂且高度定制化，通过数字孪生技术可以实现制造过程的数字化、虚拟化和智能化。

(1)工程设计及仿真

在工程设计及仿真阶段，数字孪生技术通过构建铁路工程的数字孪生模型，设计师可以在虚拟环境中对设计方案进行模拟、测试和优化(图 1-4)。具体应用包括：

虚拟环境构建：利用数字孪生技术，可以创建与真实铁路工程相对应的虚拟环境，包括地形、地貌、构筑物等。

方案模拟与优化：在虚拟环境中，设计师可以对不同的设计方案进行模拟，观察其在实际运行中的表现,从而发现潜在的问题并进行优化。

性能评估:数字孪生模型还可以用于评估铁路工程的性能,如运行速度、安全性、舒适性等,为设计决策提供科学依据。

(a)人体舒适度分析　(b)室内外日照可视化　(c)室内风环境分析

(d)BIM整体模型　(e)装修可视化　(f)三维管综模型

图 1-4　工程设计及仿真优化

(2)自动化安装

在自动化安装阶段,数字孪生技术可以辅助实现更精确、高效的施工。具体应用包括以下几点。

预拼装模拟:通过数字孪生技术,可以在虚拟环境中对预制构件进行预拼装,模拟实际安装过程,提前发现并解决可能的问题。

施工指导:数字孪生模型可以提供精确的施工指导信息,如安装顺序、位置、角度等,确保施工过程的准确性和高效性。

实时监测与调整:在施工过程中,数字孪生模型还可以与实际施工情况进行实时对比,发现偏差并及时进行调整,确保施工质量和进度。

(3)信息化管理

在信息化管理阶段,数字孪生技术可以进一步提升管理效率和决策水平。具体应用包括:

数据集成与可视化:数字孪生模型可以集成来自不同来源的数据,如设计数据、施工数据、监测数据等,并通过可视化手段展示给管理人员,使其能够更直观地了解工程状态。

模拟与预测:基于数字孪生模型,可以进行各种模拟和预测分析,如施工进度模拟、安全风险预测等,为管理决策提供科学依据。

协同管理:数字孪生技术还可以促进不同部门之间的协同管理,通过共享数字孪生模型和数据,实现跨部门的信息共享和协同决策。

二、数字孪生技术在智能装备的应用

铁路行业的智能装备(如列车、轨道设备等)是实现智能铁路的核心要素,数字孪生技术在智能装备的开发和运维中发挥了巨大作用。

(1)列车孪生模型

通过建立列车的数字孪生模型,对列车的各个关键部件(如轮轴、制动系统、电气系统等)进行实时监控和预测性维护。基于实时数据,孪生模型能够模拟列车在不同工况下的性能表现,预估部件的寿命,提前安排维修计划,避免突发故障,从而提升列车运行的安全性与可靠性。图 1-5 为数字孪生智慧高铁管理平台。

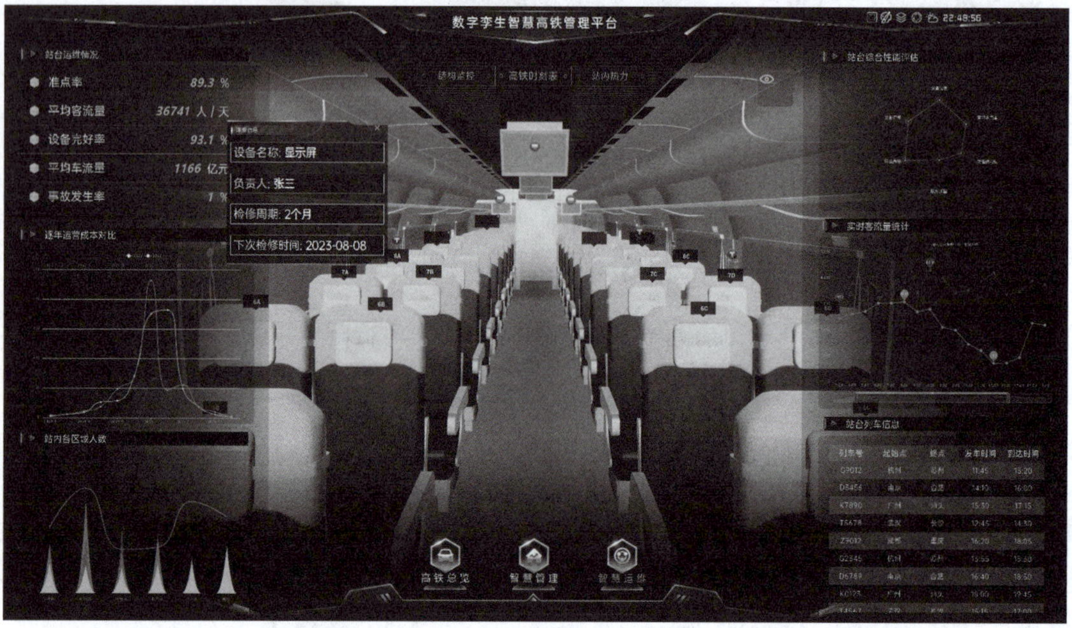

图 1-5　数字孪生智慧高铁管理平台

(2)智能监测与故障诊断

对于铁路基础设施如轨道、桥梁、信号系统等,数字孪生技术能够提供精准的故障监测与预测。在虚拟世界中,铁路设备的物理状态被实时映射到数字孪生模型上(图 1-6),通过数据分析可以及早发现潜在的设备老化、磨损等问题,提前采取措施进行维护或更换,从而减少运营中断和事故发生。

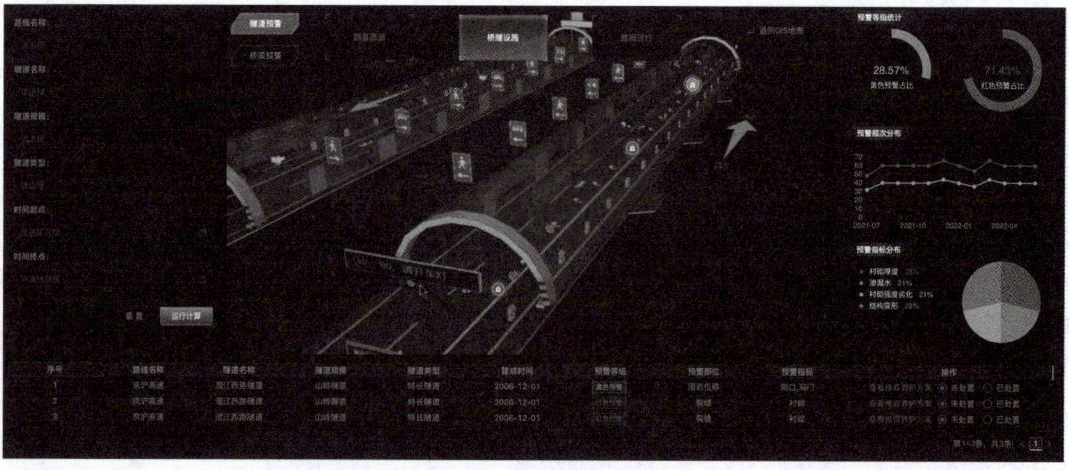

图 1-6　道路基础设施

三、数字孪生技术在智能运营的应用

数字孪生技术在铁路的智能运营中也具有广泛的应用，尤其是在交通管理、调度优化和应急响应等方面具有重要作用。

(1)列车运行计划优化与调度管理：铁路系统的数字孪生模型能够实时反映列车的运行状态、站点的拥堵情况以及轨道的使用情况。在此基础上，智能调度系统可以根据实时数据和历史数据，自动优化列车的运行时间表，最大限度地提高铁路系统的运输效率。此外，数字孪生还能模拟突发情况，如恶劣天气、设备故障等，帮助运营方制订更加灵活的应急预案。

(2)旅客体验优化：通过数字孪生模型对旅客流量进行预测和模拟，铁路运营商可以更好地管理车站内外的旅客流动，优化进出站口、候车区域等设计，并为旅客提供更加舒适的乘车体验。基于模型的运营优化还能提升旅客列车准点率，减少拥堵与延误。

复习思考题

1. 简述数字孪生技术的起源及其发展历程。
2. 讨论国内外数字孪生技术的应用现状及未来发展趋势。
3. 探讨数字孪生技术在智能铁路中的应用前景。

第二章
铁路数字孪生基础理论和方法

设想在一个繁忙的城市铁路枢纽，早高峰时段的车站内人潮涌动，旅客们争先恐后地涌向各自的列车。与此同时，调度指挥系统密切监控和指挥轨道上的列车，确保列车准时发车和到达。然而，列车延误、设备故障和旅客流动不畅等问题时常出现，给运营管理带来了巨大挑战。为了提升效率和安全性，管理者亟须找到一种方法，优化列车调度、实时监测设备状态，并有效引导旅客流动。

引入数字孪生技术之后，铁路系统的虚拟模型可以实时反映列车和设备的运行状态。通过传感器收集的数据，数字孪生能够实现实时监控，快速识别潜在故障并进行预警，从而避免设备问题导致的延误。此外，数字孪生通过模拟不同的场景，帮助管理者在高峰时期制订最佳的列车调度方案，确保旅客流动畅通。与传统依赖经验和定期检查的方法相比，数字孪生的实时数据分析、预测能力及动态决策支持，使得铁路运营更加智能高效，显著提高了响应速度和安全性。

数字孪生技术作为当前最前沿的科技之一，通过构建与物理实体同步的虚拟模型，实现对复杂系统的实时监测、控制和优化，已逐渐成为推动各行业数字化转型的重要工具。它不仅依赖于物联网、大数据、人工智能等技术的支持，还需要深厚的理论基础和科学的方法指导。

本章系统介绍数字孪生技术的基础理论和方法，为读者提供一个全面而深入的理解框架，详细阐述数字孪生的基础理论、概念模型与参考架构、基本要素、技术标准体系、成熟度模型，为读者后续深入学习和应用数字孪生技术奠定坚实的基础。

知识目标

1. 理解数字孪生技术的核心概念与基本原理。
2. 掌握数字孪生的概念模型。
3. 了解数字孪生的基本要素与特征。
4. 掌握数字孪生模型框架。

能力目标

1. 培养将理论知识应用于实际问题的能力。
2. 具备对复杂系统建模的分析能力。
3. 培养爱国精神，激励在数字孪生技术及相关领域中为国家科技进步和铁路现代化建设贡献力量，树立为实现科技自立自强的责任感和使命感。

第一节 数字孪生在智能高速铁路技术体系中的定位

智能高速铁路技术体系是针对铁路发展所面临的挑战提出的解决方案，旨在通过多种先进技术的集成，实现高速铁路系统全生命周期的智能化管理。为了帮助读者深入理解智能高速铁路的整体构架和各组成部分之间的关系，在此呈现智能高速铁路技术体系框架，如图 2-1 所示。该框架图将智能高速铁路的技术体系划分为智能建造、智能装备和智能运营三大核心领域，这三大领域涵盖了智能铁路建设、装备、管理和运维的各个方面。每个领域下细分为若干方向，共同构成了智能高速铁路的技术体系。此外，这三大领域构建在一个统一的智能平台之上，该平台整合了大数据、人工智能、边缘计算、物联网等技术，为整个智能高速铁路系统提供数据支撑和技术支持。通过这一框架图，读者可以清晰地了解智能高速铁路技术的全貌及各技术模块之间的相互协作关系，这将为后续数字孪生技术在高速铁路中的应用研究奠定基础。

第二节 面向铁路数字孪生的“模数驱动、轴面协同”理论

铁路数字孪生系统是涵盖设计、施工、运营全生命周期的复杂系统。复杂系统是指由多个相互作用的要素组成的整体，其行为特性和功能超越了各个组成部分的简单叠加。相比简单系统，复杂系统具有要素数量众多、要素之间关系复杂、系统行为具有涌现性等特征。基于复杂系统的研究方法是系统科学与工程的重要基础。

在复杂系统的基础上，智能高速铁路系统进一步体现出复杂巨系统的特点：子系统数量多、种类多，各自功能不同但又有协同作用；子系统的结构和关系会随着系统运行而变化；具有复杂通信和知识表示，子系统间需要大量数据交互，但知识和语义的表达方式不同。

为研究和管理复杂巨系统，需要从全局角度制订系统性的方法论。这种方法论包括系统科学与工程中的传统理论（如系统论、控制论和信息论）以及数字时代提出的“模数驱动、轴面协同”理论。

为了进一步过渡和解释这两者的关系，本节引入霍尔三维结构模型对理论的架构进行系统性描述。

一、霍尔三维结构模型

霍尔三维结构模型是系统工程领域的经典模型，包含逻辑维、时间维和知识维三个维度：

（1）逻辑维：描述系统的工作步骤或业务流程。

（2）时间维：描述系统全生命周期中的各阶段和进程。

（3）知识维：涵盖不同领域和专业的知识、数据和模型。

本书遵从的“模数驱动、轴面协同”理论与霍尔三维结构模型在结构上具有相似性和继承性：

（1）逻辑维对应要素面：“轴面协同”中的要素面涵盖了铁路设计、施工、运营等阶段的全业务要素。

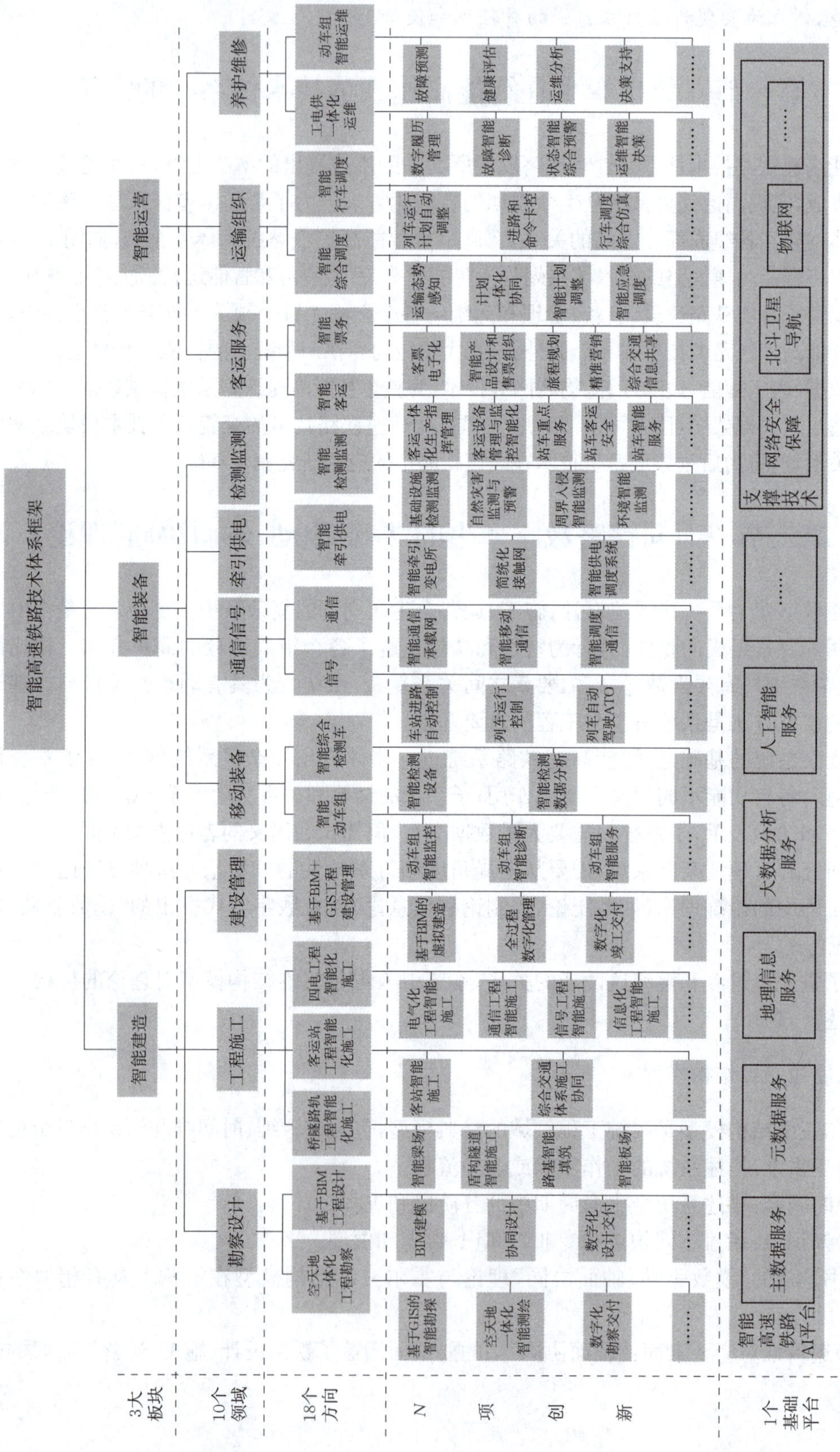

图2-1 智能高速铁路技术体系框架

(2)时间维对应生命周期轴:全生命周期轴贯穿设计、施工、运营,支持全阶段的信息无损传递和优化。

(3)知识维对应模型与数据:模数驱动通过表征模型和机理模型结合动态数据,构建多领域知识的综合系统。

通过结合霍尔三维结构模型,“模数驱动、轴面协同”理论为铁路数字孪生提供了系统性指导,能够实现复杂巨系统的高效管理和优化。

二、系统科学与铁路数字孪生的理论基础

铁路数字孪生的理论基础融合了传统系统科学理论与现代数据、模型驱动方法。以下是相关理论的核心内容及其与铁路复杂巨系统的关系:

1. 系统论

系统论强调系统是一个有机整体,通过整体作用支配和控制各个要素。铁路数字孪生系统通过数字模型将系统各要素集成为整体,动态管理系统与环境的相互作用,支持铁路系统的全局优化。

2. 控制论

控制论提供了反馈控制、输入输出和系统调节的基本工具。在铁路数字孪生中,控制论支持实时监测和动态反馈,确保目标实体与数字实体的同步,提升系统的可控性。

3. 信息论

信息论通过对数据流的处理和管理,为铁路系统提供信息传递与集成的理论基础。数字孪生依托信息论方法,对铁路系统中的人流、物流、能量流和信息流进行全面管理,为决策提供支持。

三、数据驱动与模型驱动的融合

铁路数字孪生系统的“模数驱动”理念通过结合数据驱动与模型驱动方法,实现复杂巨系统的动态分析与优化。

数据驱动基于对铁路运行过程中采集的大量实时和历史数据,挖掘隐含规律并优化系统性能。例如,通过传感器采集的轨道位移数据,结合聚类分析和频谱分析,可以预测轨道变形风险并制订优化方案。图 2-2 为基于数据驱动的研究流程。

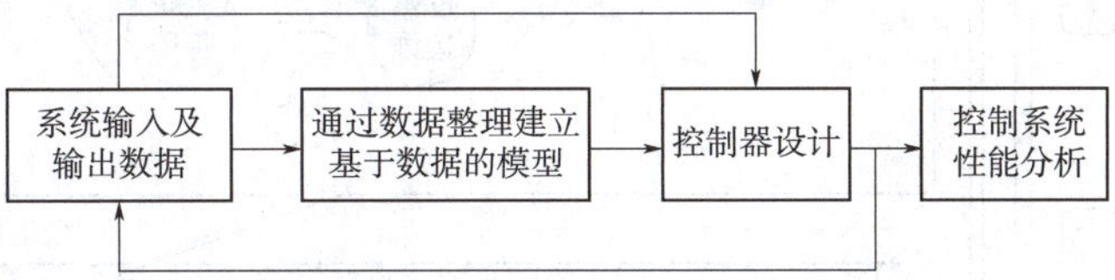

图 2-2 基于数据驱动的研究流程

模型驱动基于物理规律和数学表达式,对铁路设备和结构的运行机理进行精确描述。基于模型驱动的研究流程如图 2-3 所示,其应用场景如利用有限元方法模拟钢轨受力情况,可为结构设计和维护提供支持。

它们的融合应用即为模数驱动的关键理念。数据驱动用于实时感知和动态更新,模型驱动用于预测分析和精确控制。

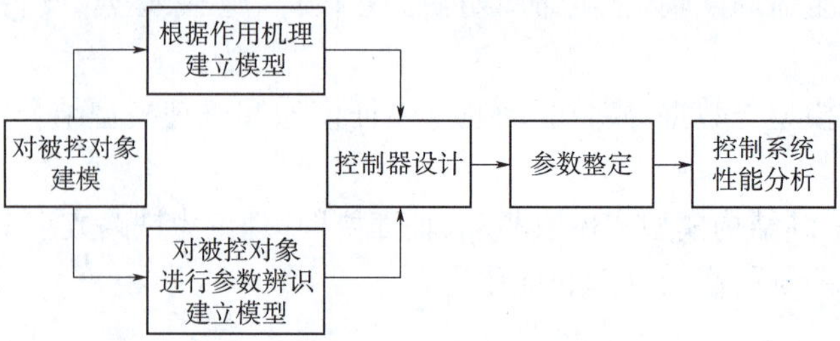

图 2-3　基于模型驱动的研究流程

四、面向智能铁路的"模数驱动、轴面协同"理论

基于系统科学和数据、模型驱动的综合集成方法，进一步提出了智能铁路复杂巨系统的"模数驱动、轴面协同"架构。

1. 模数驱动

"模"指铁路各业务对象的表征模型和机理模型，"数"指铁路设计、施工、运营过程中采集的动态数据。"模数一体"通过标准化管理实现模型和数据的无缝融合，支持全生命周期的优化。

2. 轴面协同

"轴"指铁路全生命周期的主轴线，包括设计、施工和运营各阶段；"面"指生命周期不同时间截面上的业务要素、环境因素等。通过"轴"上信息的无损传递和"面"上要素的协同优化，实现复杂巨系统的综合效能最优。图 2-4 为"模数驱动、轴面协同"系统模型架构。

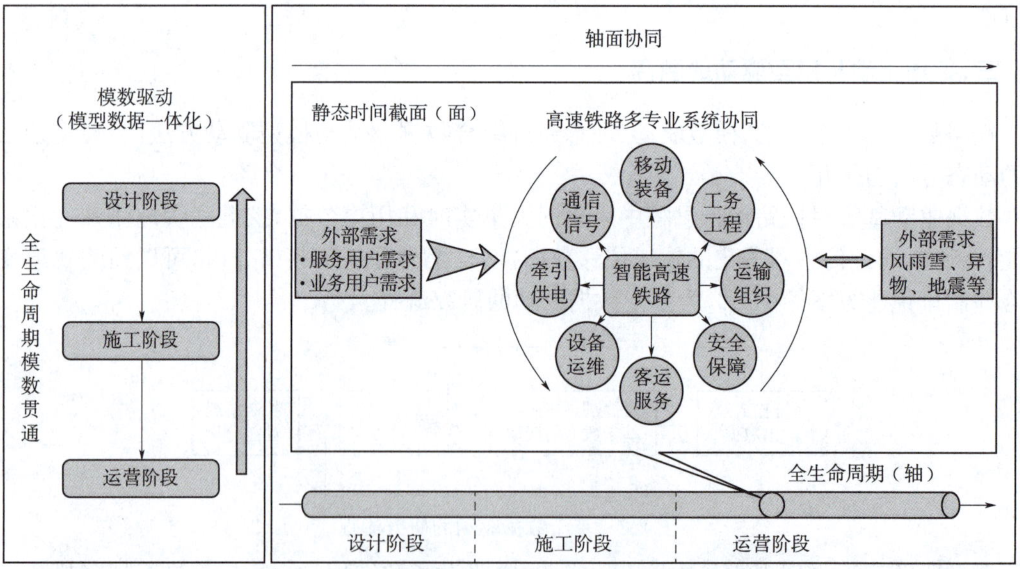

图 2-4　"模数驱动、轴面协同"系统模型架构

铁路数字孪生是涵盖设计、施工、运营全生命周期的复杂系统，从设计阶段开始产生了大量的模型，研究和构建铁路数字孪生需研究的数字孪生模型可分为表征模型和机理模型。通过将表征模型、机理模型与数据相融合实现模数一体化，以模数驱动为手段实现智能高速铁路的轴面协同。即轴上实现设计、施工、运营等全生命周期的正向信息无损传递和反向迭代优

化，面上实现全生命周期各静态时间截面上的全要素协同，达到“安全可靠、经济高效、温馨舒适、方便快捷、节能环保”等综合效能最优。

第三节　铁路数字孪生概念模型与参考架构

数字孪生最早起源于制造业，旨在通过数字模型在虚拟空间中映射物理实体，实现物理系统与数字系统的无缝连接。数字孪生系统通过数据采集、模拟仿真、数据分析、控制反馈等技术手段，使物理实体的运行过程在虚拟空间中得以实时再现，并对其未来状态进行预测和优化。铁路数字孪生专注于铁路系统的虚实结合，构建基于物理铁路设施（如轨道、列车、信号系统等）和数字模型的双向联动体系。

本节将探讨铁路数字孪生的基础理论及其核心概念模型，为铁路系统的数字孪生应用构建理论框架。

一、数字孪生概念模型

数字孪生不同于传统的建模和仿真技术，它强调物理实体与数字模型之间的动态双向交互，通过数据驱动实现虚实一体化的实时运行、预测与反馈优化。

从静态模型到动态虚拟原型（数字样机），再到动态双向交互的数字孪生，工程技术逐步实现了从离线静态分析到在线动态优化的跨越。

基于上述技术演进，数字孪生的概念模型作为其运行的基础框架，通过目标实体、数字实体、孪生互动和服务应用四个核心组成部分构建了一个虚实结合的交互体系，如图 2-5 所示。这四个要素共同构成了一个虚实结合的交互体系，使得数字世界和物理世界能够同步更新与交互。

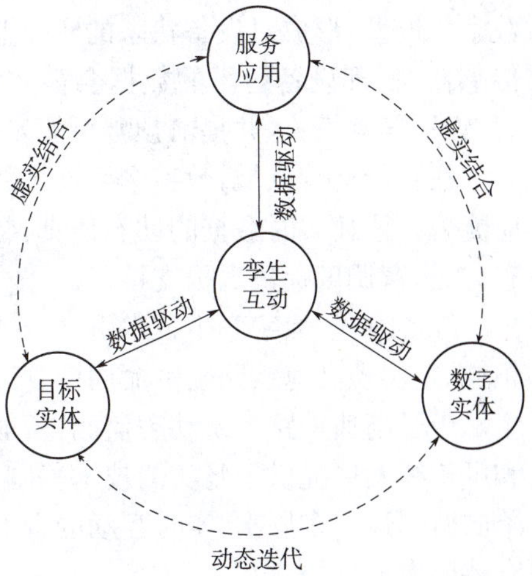

图 2-5　数字孪生交互体系

（1）目标实体：指现实世界中被数字化映射的物理对象。例如，在铁路数字孪生系统中，目标实体可以是列车、轨道、信号系统等物理基础设施。

（2）数字实体：是目标实体在虚拟空间对应的模型对象。它包括了目标实体的几何、物理、逻辑等属性，并且能够反映物理实体的动态变化。

（3）孪生互动：目标实体和数字实体之间通过测量与感知、反馈与控制等方式保持同步。通过物联网、传感器等技术，孪生互动实现了物理状态和虚拟状态的实时互联与信息交换。

（4）服务应用：数字孪生系统最终为业务决策提供支持，包括仿真、预测、优化、可视化等功能应用。

数字孪生系统的核心机制是基于数据驱动的虚实结合。通过传感器、边缘计算、物联网等技术，实时采集目标实体的运行数据，并将这些数据同步到数字实体中进行分析和处理。反过来，数字实体通过仿真和数据分析，将结果反馈给目标实体，进行物理系统的优化调整。

数字孪生的动态迭代机制是通过实时数据的获取与分析，持续优化系统性能的重要手段。目标实体的实时数据不断被输入到数字实体中，数字实体在此基础上进行动态仿真和预测，最终形成优化反馈，作用于物理实体，实现系统的自适应优化。

基于数字孪生概念模型，数字孪生技术可以应用于多个领域。在铁路系统中，数字孪生模型可以应用于列车调度、轨道维护、系统优化等场景，通过仿真、分析和优化，提升系统的效率和安全性。

（1）数据驱动：通过对目标实体进行数据采集、分析，并在迭代过程中不断优化决策与执行过程。数据驱动的迭代过程使得系统能够通过历史数据和实时数据优化未来的运行状态。

（2）虚实结合：目标实体和数字实体之间的双向互动，保证了物理系统和虚拟系统之间的动态同步。这种互动使得系统能够对目标实体进行实时监控、仿真和控制，达到精确管理的目的。

（3）动态迭代：目标实体的数据与数字实体实时同步，使得系统能够进行快速反应与调整。动态迭代的过程保证了物理系统在复杂环境中的高效运行。

二、铁路数字孪生概念

在智能建造领域，数字孪生技术通过构建动态、实时同步的虚拟模型，赋予了铁路建设过程中的可视化、模拟和分析能力。利用 BIM 和 GIS 等技术，数字孪生可以在项目的勘测设计、工程施工和建造管理等阶段，提供精确的虚拟场景，实现高精度的设计模拟、虚拟施工方案验证和动态施工管理。

在智能装备领域，数字孪生技术为铁路装备（如列车、轨道、供电系统、通信信号等）构建了数字化模型，形成对设备状态的实时监测、预测性维护和故障预警系统。通过安装在装备上的传感器，物理设备运行的数据会被实时同步至虚拟模型中，数字孪生能够监控设备的运行状态、识别异常模式，并提前预警可能发生的故障。

在智能运营领域，数字孪生技术的引入进一步优化了高速铁路系统的调度、管理和应急响应能力。依托实时数据的动态仿真，数字孪生系统可以模拟列车运行场景、监测列车的实时状态，为运营调度提供数据支持。

综上所述，数字孪生技术贯穿于智能高速铁路系统的智能建造、智能装备和智能运营三大领域，是实现高速铁路全生命周期管理的重要支撑。在智能高速铁路技术体系框架中，数字孪生赋予了高速铁路系统动态监测、智能分析和预测维护的能力，为高速铁路系统的安全、效率和可持续发展提供了坚实的技术基础。数字孪生的引入，标志着智能高速铁路系统从传统的单向监测迈向多层次、实时互动的智能化时代，使得铁路系统更具自适应性、可操作性和决策支持能力。

在智能高速铁路系统框架下，数字孪生不仅为设计、施工、运营等方面提供了智能支持，还为未来铁路技术的持续创新和优化奠定了基础。因此，数字孪生技术的应用在智能高速铁路中显得尤为重要，是推动铁路智能化、数字化、现代化发展的关键驱动力。

铁路数字孪生是基于“模数驱动、轴面协同”理论，面向铁路设施全生命周期的智能化技术体系，概念如图 2-6 所示。基于模数一体化平台，并集成 BIM、GIS、AI、主数据以及大数据等技术来构建虚拟空间，从物理空间中采集铁路系统的多源动静态数据，并依此构建设计、施工、运营等各阶段的表征模型和机理模型，再将预测结果反馈给物理空间，实现数字与现实的同步联动。

三、铁路数字孪生参考架构

铁路数字孪生系统参考架构提供了设计数字孪生系统的总体思路和框架，明确了功能与组成形式之间的映射关系。通过清晰的层次划分，该架构确保系统的可扩展性、交互性和智能性，主要包括目标实体层、孪生互动层、数字实体层和服务应用层四个部分，如图 2-7 所示。

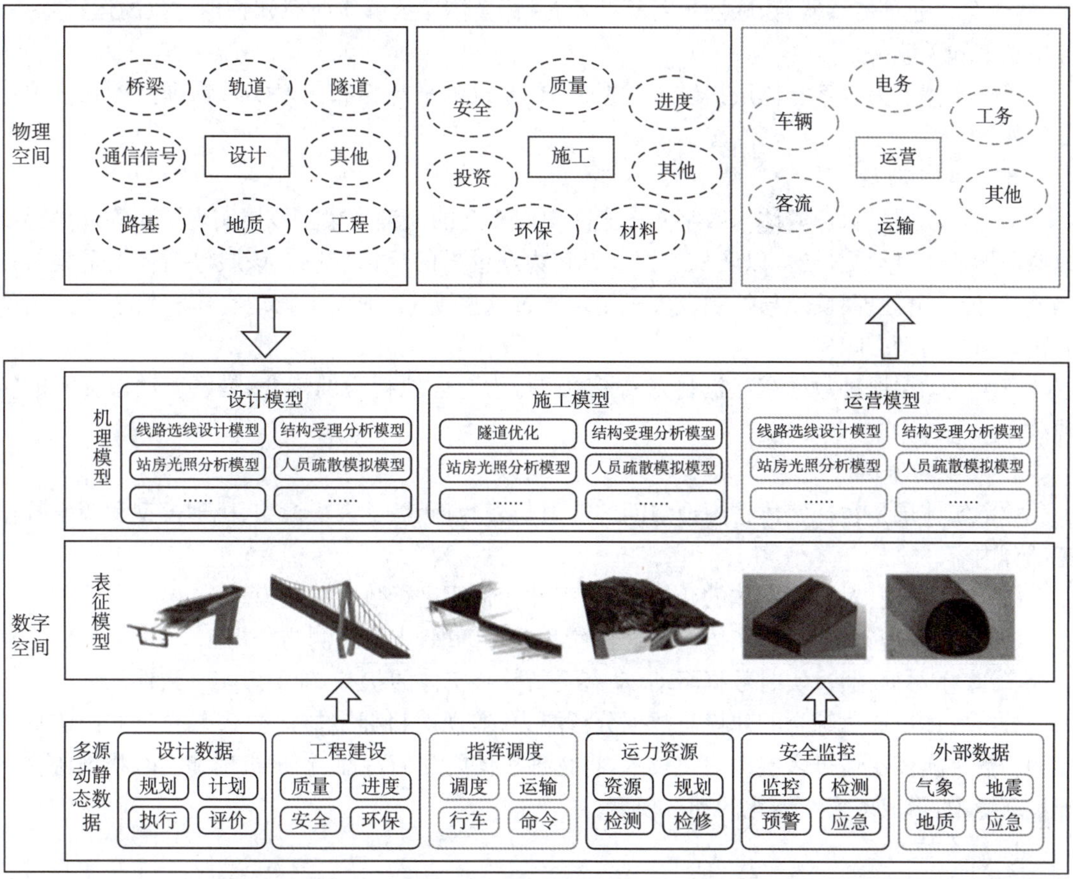

图 2-6 铁路数字孪生概念

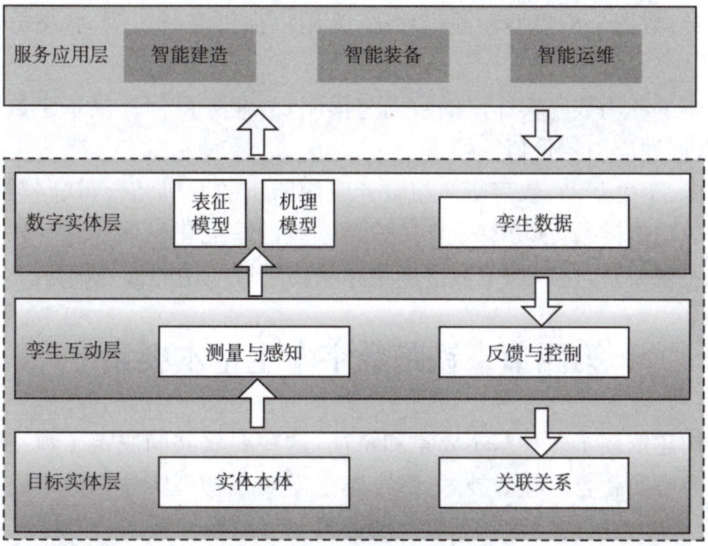

图 2-7 铁路数字孪生参考架构

1. 目标实体层

目标实体层是数字孪生系统的物理基础，由铁路的真实物理对象构成，如轨道、列车、桥梁、隧道等。通过传感器、物联网设备等技术，目标实体层能够实时感知物理对象的运行状态、环境条件和关联关系。

目标实体层为数字实体层提供了数据来源，通过测量与感知技术实现物理世界到虚拟世界的映射。

2. 孪生互动层

孪生互动层是目标实体与数字实体之间双向交互的关键桥梁。该层实现了从物理世界到虚拟世界的实时数据传输，以及从虚拟世界到物理世界的反馈控制。该层包括数据采集与传感、数据传输与处理、反馈与控制三大机制。通过这些功能，确保了物理实体和数字实体之间的实时同步与动态响应。

孪生互动层通过数据交互机制完成了物理行为与虚拟行为的耦合，是系统动态交互的实现载体。

3. 数字实体层

数字实体层是目标实体在虚拟空间的映射与表达，涵盖了表征模型、机理模型和孪生数据三部分内容。

(1)表征模型：对目标实体的几何、拓扑等外在特征进行数字化建模。

(2)机理模型：模拟目标实体的物理特性和运行机理，支持预测与分析。

(3)孪生数据：通过实时数据驱动，动态更新数字实体的状态，确保虚实一致性。

数字实体层通过综合的建模与数据分析能力，实现对目标实体运行状态的全方位仿真与预测。数字实体层通过多层次建模技术，将物理实体的几何特性、物理机理和实时状态融合在虚拟环境中，形成虚实一体化的动态模型。

4. 服务应用层

服务应用层是面向用户和业务的数字孪生服务提供层。该层通过智能分析和仿真功能，将数字孪生技术转化为铁路领域的实际应用，包括智能建造、智能装备、智能运维等场景。该层通过可视化工具、数据分析模型和预测算法，为用户提供实时监测、状态分析和运维优化的决策支持。

服务应用层通过利用数字实体层的数据与模型，为业务目标提供基于数字孪生的功能支持，最终实现从数据到应用的价值转换。

通过目标实体、孪生互动、数字实体与服务应用四层的有机结合，铁路数字孪生参考架构构建了一个完整的功能链条，能够有效支持铁路系统的智能化发展。这一架构不仅突出了功能层次间的逻辑映射关系，还展现了数字孪生在铁路领域应用的核心优势。

第四节　铁路数字孪生基本要素

数字孪生的构建依赖于多种基本要素和特征，这些要素共同决定了数字孪生系统的完整性和功能性。作为虚实融合的核心技术，数字孪生需要在物理实体与数字模型之间实现高度一致的映射，并对实际系统的运行状态进行动态感知与预测分析。

本节将重点分析数字孪生的基本要素，包括表征模型、机理模型和动静态数据，分别从几何特性、物理规律和数据交互三个维度展开阐述，揭示这些要素在铁路数字孪生系统中的具体实现与相互作用，进而为数字孪生的应用提供理论与实践的支撑。

一、表征模型

表征模型是对铁路工程本体精确、全面、动态的数字描述，是开展铁路工程数字孪生应用的基础。表征模型包括了实体的几何和非几何信息。

几何信息主要指一些外形描述、长宽高等具体信息以及几何关系信息，通过这些描述来确定模型的基本形态。非几何信息主要由特性层、级别层和类别层等构成，其中特性层是按照模型的分级单元划分特点，由特定的身份描述、定位描述、技术信息、系统信息、项目信息等属性集组成。身份描述包括实体的名称、类型、编码等；定位描述指在铁路线性坐标体系下的起止里程、中心里程、高程等信息；技术信息主要指材质、引入标准、施工过程信息等；系统信息是从专业角度出发，包含专业、子系统等内容；项目信息包含了铁路名称、参建方信息、线路信息等。级别层则是根据工程划分的管理单元，类别层主要是铁路建设管理的要素，包括人、机、工、环。典型的铁路数字孪生表征模型示例如图 2-8 所示。

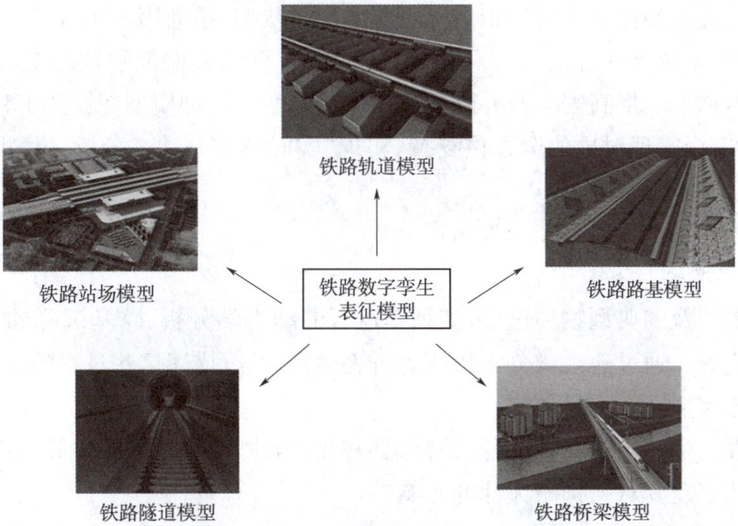

图 2-8　典型的铁路数字孪生表征模型示例

1. 铁路站场模型

参照 IFC4 标准，铁路信息模型数据存储标准定义了铁路站场。站场信息模型数据由空间结构单元和构件组成。铁路信息模型数据存储标准将铁路结构和铁路构件定义为两个父类，并由此派生出相应的空间结构子类和站场构件子类。

2. 铁路轨道模型

轨道信息模型基础数据架构由空间结构单元、组合件、构件和零件四种类型组成，其他子类从上述四种类型中继承，同时进行相应的属性扩展，进而获得铁路轨道信息模型的完整数据存储标准。

3. 铁路路基模型

根据 IFC4 定义的土木空间结构单元，针对铁路路基数据模型架构的各组成部分（空间结构单元、组合件、构件），铁路路基信息模型数据存储标准分别进行了相应扩展。

4. 铁路隧道模型

铁路隧道的数据存储标准适用于新奥法设计与施工的隧道及其组成单元。隧道信息模型基础架构是在IFC4标准的土木工程结构单元类、土木构件类和土木工程零件类基础上，进行相应的派生和预定义，进而生成了空间结构单元类、构件类和零件类。由这三种类型继续向下派生，得到更为细致的铁路隧道数据存储标准。

5. 铁路桥梁模型

铁路桥梁信息模型基础数据架构由空间结构单元、组合件和构件组成。三种类型分别继承自土木结构类、土木工程组合件类和土木工程构件类，并继续向下派生，得到铁路桥梁数据模型。

二、机理模型

机理模型是数字孪生系统的重要组成部分，用于描述业务实体或实体间作用机理的分析模型，涵盖实际世界中物体或系统的物理特性和行为规律。这些模型可以涉及岩土工程、力学、机械、电磁等多个领域，通过数学表达式或仿真算法精准还原实际系统的运行机制。

数字孪生机理模型能够实时模拟实际系统的运行状态，帮助用户实时了解当前状态、预测未来变化，并支持系统优化。通过这种模型，人们可以更深入地理解铁路工程系统的内在规律，从而优化运行效率、提高安全性并降低成本。数字孪生机理模型在铁路工程中的应用包括对进度、质量和安全管理对象的全方位支持，实现“实时感知—动态分析—模拟评估—超前预测—优化控制”的闭环管理。

机理模型的构建包括以下几个方面：

1. 物理过程建模

铁路工程中涉及的典型物理过程，如列车运行的动力学分析、路基沉降的变形分析、桥梁振动的动态响应等。通过建立微分方程或解析表达式，可以描述这些过程的基本规律。

2. 化学过程建模

针对铁路设施中的化学腐蚀问题（如桥梁钢材的锈蚀、混凝土的碳化等），机理模型能够模拟化学反应的速率及其对结构耐久性的影响。

3. 多场耦合建模

铁路系统中常涉及多物理场的耦合现象，例如轨道—列车相互作用中的动力学、热力学与摩擦学之间的耦合，以及隧道内部空气流动对结构稳定性的影响。

4. 数字计算技术的融合

机理模型的实现需要借助数值计算技术，如有限元分析、离散元法和计算流体力学等，这些技术为铁路工程提供了高精度的仿真工具。

通过构建机理模型，可以对铁路系统的运行状态进行多维度、多尺度的模拟和分析，从而实现故障预测、性能优化以及应急预案的制订。

三、动静态数据

动静态数据是支撑数字孪生系统高效运转的核心资源，涵盖了铁路工程的实时运行数据与长期静态特性数据的结合。

1. 动态数据

动态数据指铁路系统运行过程中产生的实时数据，包括列车位置、速度、电流、电压、温度、振动等。这些数据通过物联网传感器实时采集，并通过通信网络传输到数字孪生平台，用于分析系统的实时状态。

(1)时间序列特征：动态数据以时间序列形式存在，具有较强的时序相关性，是进行趋势预测和状态监测的基础。

(2)实时性与准确性：动态数据需要高频采集和传输，以确保数字孪生模型的实时性和精准性。

2. 静态数据

静态数据是指铁路系统中长期存在且相对不变的属性信息，包括轨道几何信息、桥梁结构参数、隧道设计规范等。静态数据通常来源于工程设计阶段的文档资料、BIM 模型或其他工程数据库。

(1)存储与管理：静态数据存储在铁路数字孪生系统的数据库中，通过与动态数据的交互，为状态分析和性能优化提供上下文信息。

(2)辅助分析：静态数据为动态数据的监测和分析提供了基准和约束条件，例如轨道的设计参数对实际运行状态的校正作用。

(3)动静结合：动静态数据的结合是铁路数字孪生系统发挥作用的关键。动态数据提供实时状态监测，而静态数据为状态分析提供参考基线。两者共同作用，可以实现对铁路系统的实时监测、故障诊断以及长期规划。

动静态数据的有效管理和融合，为数字孪生平台的高效运行奠定了数据基础，并为智能化铁路建设提供了重要保障。

第五节 铁路数字孪生技术标准体系

随着数字孪生技术的广泛应用，建立统一、规范的标准体系对于推动技术的普及和深化具有重要意义。数字孪生标准体系能够确保不同系统和平台间的兼容性、互操作性以及数据的有效传递，从而支持多领域协作应用的发展。

本节将详细介绍国内外数字孪生标准体系的现状和发展趋势，重点分析铁路数字孪生标准体系的构建原则和框架。此外，还将探讨数字孪生的参考架构，为铁路系统的数字孪生实施提供标准化、系统化的设计思路和技术支持。

一、国外数字孪生标准体系

国际数字孪生标准体系起步可以追溯到 20 世纪末，最早由美国国防工业提出，应用于航空航天和军事领域。随着工业 4.0 的提出，欧美等国家开始在工业制造和智能城市等领域逐渐引入数字孪生的理念，重视通过标准化促进数字孪生技术的落地与推广。

欧美等国家逐步形成了系统的数字孪生标准体系。国际标准化组织(ISO)、国际电工委员会(IEC)等国际标准组织已发布了一系列数字孪生相关标准和技术规范。同时，美国、德国、英国等国家也相继出台了各自的数字孪生行业标准，覆盖制造业、交通、城市建设等多个领域，已经在多个行业和领域中建立了较为成熟的标准框架。

国外数字孪生标准体系较为完善，ISO、IEC等国际组织和各国标准化机构在推动跨行业的数字孪生应用中发挥了重要作用。尤其是在工业制造和智慧城市领域，欧美国家已经形成了较为成熟的数字孪生技术框架和实施指南，标准体系也逐步趋于规范和统一。

国际标准体系主要包括以下内容：《智能制造工业中的数字孪生框架》（ISO 23247—3：2021）等用于智能制造的数字孪生系列标准，为不同制造业和工业提供了数字孪生的基础框架和指南；IEEE P2660.1等联合智能系统、物联网与数字孪生技术标准，定义了物理系统和虚拟模型之间的接口和互操作方法；数字孪生体联盟（DTC）发布的跨平台互操作性标准，支持建筑、交通、能源等行业的数字孪生标准化；美国机械工程师学会（ASME）发布的数字孪生在工业设备中的应用标准，通过设备的建模、仿真和控制等标准指导数字孪生在机械工程中的应用。

二、国内数字孪生标准体系

中国的数字孪生标准体系起步相对较晚，主要在工业4.0的背景下逐渐兴起。最早的数字孪生应用出现在制造业领域，随着智能制造的发展，国内开始重视数字孪生技术及其标准体系的构建。

国家标准化管理委员会、工业和信息化部等机构逐步发布了数字孪生相关的技术规范和标准，涉及基础框架、数据建模、平台技术等方面。中国在数字孪生标准体系的构建上已取得初步成效，部分行业标准已应用于智能制造、智慧城市、交通等领域。

国内的数字孪生标准体系仍在不断完善中，尤其是在标准统一性和适应性方面，国内标准与国际标准接轨的工作正在积极推进。随着数字孪生在制造业、交通、能源等领域的快速应用，国内的标准体系逐步建立并向多行业覆盖，形成了相对完整的标准框架。

国内标准体系主要包括《数字孪生应用指南》（T/CSPSTC 74—2021）和《数字孪生系统框架》（GB/T 43441.1—2023）等总体标准，从定义、结构和功能等方面对数字孪生进行了系统性规范，为数字孪生的标准化工作提供顶层设计。

国内数字孪生标准体系强调了标准与本土产业实际需求的结合，旨在推动数字孪生在各行业的广泛落地应用，为产业升级和智能化发展提供坚实的技术基础。

三、铁路数字孪生标准体系

数字孪生标准体系是确保数字孪生技术规范化、可扩展性和互操作性的基础，为数字孪生在多行业、多场景的应用提供了统一的标准。为技术研发、行业应用和多方协作提供了标准化指导，有助于推动数字孪生技术在更大范围内的应用与推广。

随着铁路数字孪生应用工作的不断推进，新产品、新技术和新模式在铁路数字孪生建设中逐渐开始普及应用，不断涌现出新的标准化需求。铁路数字孪生关键技术创新研究、数字孪生平台建设、数字孪生技术工程应用开展等方面工作都迫切需要系统全面的铁路数字孪生标准体系提供支撑。

铁路数字孪生标准体系框架由总体标准、数字孪生数据标准、数字孪生技术标准、数字孪生应用标准以及网络与数据安全标准、管理与服务标准构成，主要包括6个一级类目、17个二级类目，其中网络与数据安全标准、管理与服务标准为了与既有智能铁路标准衔接，采用智能高速铁路标准体系中相应标准，如图2-9所示。

图 2-9 铁路数字孪生标准体系框架

01 为总体标准，位于数字孪生标准体系框架底层，对标准体系建设起着基础支撑和总体规约作用，统领标准体系建设；02 为数字孪生数据标准；03 为数字孪生技术标准，位于标准体系框架中央，是标准体系最为核心和关键的部分。其中，02 数字孪生数据标准作为保障数字孪生系统数据流动运转的依据，驱动模数融合下多业务协同、虚实交互等核心功能实现；03 数字孪生技术标准，对数字孪生建设过程涉及的核心关键技术进行规定，是数字孪生系统良好运行的关键，决定了数字孪生自动化、智能化水平；网络及数据安全标准、管理与服务标准位于标准体系框架两侧，沿用智能建造标准体系相应内容，为铁路数字孪生系统提供网络及数据安全、管理与服务等方面的技术规范，保障系统安全可靠地建设、运行和管理。04 为数字孪生应用标准，位于标准体系架构中的最顶层，以数字孪生各标准子体系为基础，指导铁路建设过程中各专业数字孪生技术的实际落地应用。

第六节 铁路数字孪生技术体系

数字孪生模型需要精确地映射物理设施，并通过动态数据的输入实现实时的更新与优化。模型技术体系涵盖了从感知层到应用层的全方位支撑，确保了数据采集、处理、传输、存储等环节的顺畅连接。

本节将探讨铁路数字孪生模型的构建技术体系，重点分析如何通过标准体系、评价体系等提升数字孪生的系统效能。

数字孪生模型是现实世界实体或系统的数字化表现，可用于理解、预测、优化和控制真实实体或系统，因此，数字孪生模型的构建是实现模型驱动的重要基础。技术体系作为一种重要的思想和方法论，可以为铁路数字孪生提供一个有力的总体设计手段。依据铁路数字孪生的内涵，围绕铁路数字孪生工程的建设需求，建立了以标准体系、评价体系为支撑，包含感知层、数据层、模型层、平台层、应用层的铁路数字孪生模型技术体系。

感知层包括铁路工程全生命周期过程中布设的各类前端感知设备，为数字孪生构建提供数据来源。数据层是铁路数字孪生的数据支撑，规定涵盖铁路设计、施工、运维全生命周期全业务面的孪生数据来源，并对孪生数据开展数据分类、数据存储、数据表示、数据处理、数据使用与维护等；模型层是基于铁路建造与运维阶段的设计、监测、管理等数据，动态构建的铁路多专业几何与机理模型，对铁路物理实体的几何特性与物理属性进行精准刻画与综合表达；平台层是统一汇集数字孪生表征模型、机理模型和动静态数据等模数资源，建立以铁路模数一体为核心的资源服务和共享体系，强化模数一体服务资源化和网络化，提供模数相关服务；应用层包括了基于数字孪生结合铁路车、机、工、电、辆专业在勘察设计、施工建造、运维维护等阶段开展的数字化管控应用，构建数字孪生环境下的工程管理，为铁路精细化管理提供应用支撑；标准体系和评价体系贯穿整个架构。

铁路数字孪生的技术体系主要围绕铁路建设管理中铁路实体的高精度数字孪生模型构建与更新，通过铁路物理实体与数字空间的精准映射、虚实交互、先知先觉、以虚控实，实现基于数字孪生模数一体的铁路工程质量、安全、进度等要素精准管控，提高铁路工程管理的数字化智能化水平和效能，总体架构如图 2-10 所示。

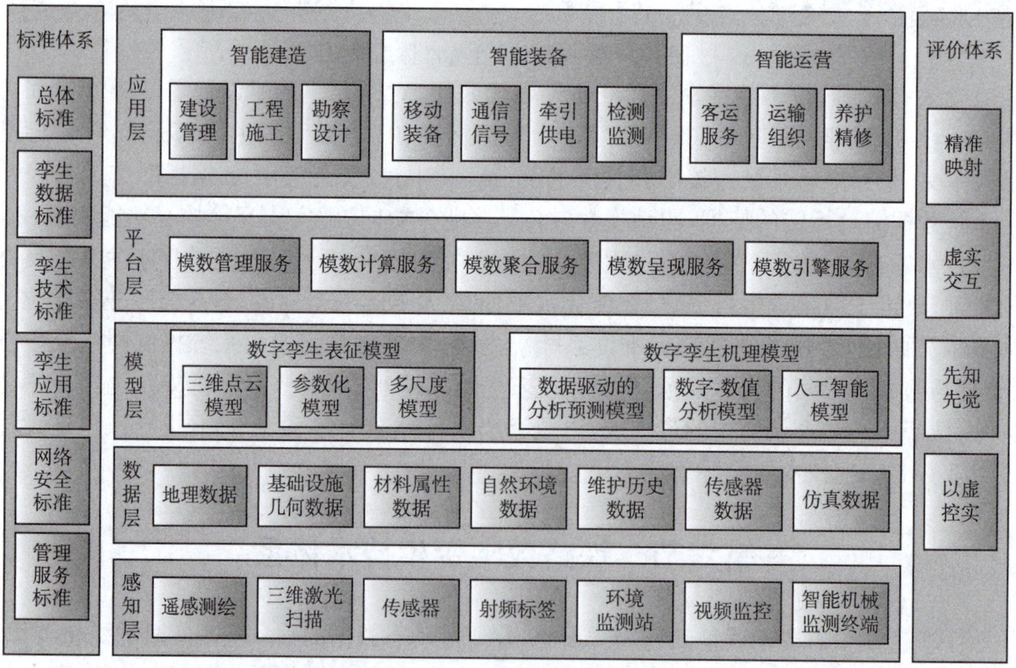

图 2-10　铁路数字孪生技术体系

(1)感知层

根据业务场景需要，感知层以一定频率采集特定范围或部位的工程孪生数据。通过感知层对数据进行采集，存入数据层，支撑模型层数字孪生表征模型构建和机理模型运算仿真。常见的感知手段包括遥感测绘、三维激光扫描、传感器、射频标签、环境监测站、视频监控以及智能机械监测终端等。

(2)数据层

铁路数字孪生数据是指用于创建、维护和操作铁路数字孪生模型的各种信息。这些数据涵盖了铁路工程不同实体的特性,贯穿整个铁路工程的生命周期,从设计和规划阶段到建设、运行和维护阶段,以提高系统的效率、可靠性和安全性。

(3)模型层

基于海量多源孪生数据,构建孪生模型,主要包括表征模型与机理模型。表征模型指基于BIM、3D建模等技术构建的铁路站场、轨道、路基、隧道、桥梁等各类业务实体的可视化信息模型。机理模型指表达业务实体或实体间作用机理的分析模型,描述实际世界中物体或系统的物理特性和行为的模型,这可以是机械、电气、热力学等方面的模型。数字孪生模型能够实时模拟实际系统的运行,使用户能够了解当前状态并预测未来的变化,通过数字孪生,人们可以更好地理解和优化实际系统的运行,提高效率并减少成本。

(4)平台层

铁路数字孪生平台层向上支撑智能建造、智能装备、智能运营等应用场景,向下对接数据层,是连接应用层与数据层的核心枢纽。该层以"模数一体"为核心,构建了完整的资源管理与服务体系,整合了数字孪生表征模型及动静态数据。通过模数管理、模数计算、模数聚合、模数呈现、模数引擎等核心服务,实现模型与数据的统一管理、智能计算、多源融合、可视化交互及虚实协同。

(5)应用层

根据铁路数字孪生使用场景和现场需求,铁路数字孪生可用于铁路智能建造、智能装备、智能运营全生命周期。其中,智能建造包括建设管理、工程施工、勘察设计等。智能装备包括移动装备、通信信号、牵引供电、检测监测等。智能运营包括客运服务、运输组织、养护精修等。针对不同应用场景,数字孪生系统可提供实施监测与模拟、智能决策支持、培训与演练、维护预测与预防等功能服务。

(6)标准体系

铁路数字孪生标准体系包含6个一级类目,是数字孪生标准化工作的顶层设计和基础保障,是标准化建设的重要内容,可以明确标准之间的相互关系,并使之形成有机联系整体,并随着铁路数字孪生相关技术和应用需求的不断发展进行优化和扩展。

(7)评价体系

铁路数字孪生评价主要基于孪生模型、孪生数据、孪生控制、连接交互、仿真计算五个维度,分析影响数字孪生成熟度的多维关键因素指标,对数字孪生的建模能力、实时性能、可扩展性和可视化效果等方面进行评估,为开展评判、优化数字孪生研究与应用提供支撑。

第七节　铁路数字孪生成熟度模型

随着数字孪生在铁路系统中的广泛应用,其成熟度的评价也愈发重要。成熟度模型帮助衡量数字孪生系统的智能化水平,识别系统中的薄弱环节,为后续优化提供指引。

本节将介绍铁路数字孪生成熟度模型的分级标准,从精准映射、虚实交互到以虚控实等多个维度，详细阐述成熟度评价方法和体系。

一、铁路数字孪生成熟度等级

铁路数字孪生成熟度是指铁路数字孪生在应用于铁路特定功能场景时的智能化特征，数字孪生的成熟度进化即一个数字孪生的生长发育将经历的层次阶段。结合铁路数字孪生全生命周期、全要素定义，将铁路数字孪生分为精准映射(L1)、虚实交互(L2)、先知先觉(L3)、以虚控实(L4)四个成熟度等级，如图 2-11 所示。

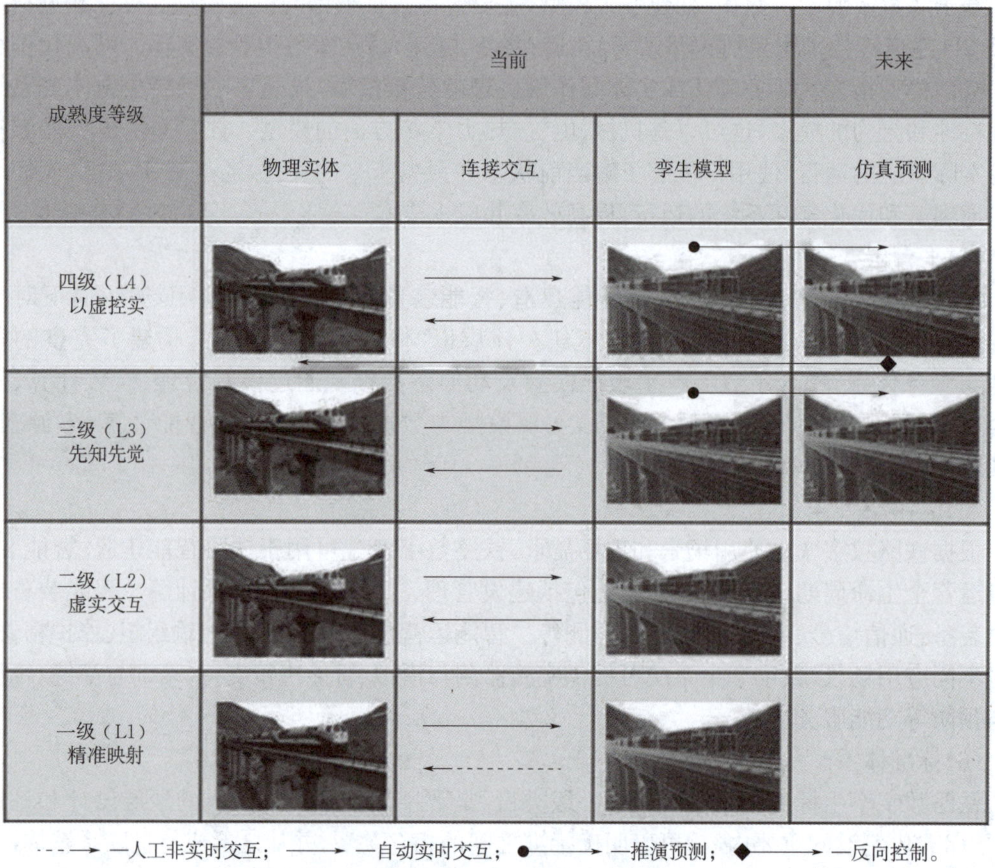

图 2-11　铁路数字孪生成熟度等级

精准映射实现对物理世界的动静态进行数字化建模；虚实交互全面、及时、精准地实现数字间及其与物理之间实时互传信息和数据；先知先觉包含两个阶段，先知是指基于完整信息和明确机理预测未来，先觉是基于不完整信息和不明确机理推测未来；以虚控实通过数字化空间的结果自动反馈物理世界。

1. 一级(L1)：精准映射

精准映射是指对物理世界的动静态进行数字化建模，具有该能力的数字孪生处于成熟度的第一等级(L1)。在该等级，数字孪生通过空天、地面、地下等各层面的传感器布设和信息采集，形成物理世界铁路的动态刻画，通过建模技术对铁路及沿线环境精准刻画，最终在微观、中观和宏观层面上形成铁路实体的精准映射。

以铁路桥梁、隧道等工程实体为例，在物理实体设计、施工、运维全生命周期里，基于 BIM

建模、三维激光点云建模、视频分析、遥感影像等技术，采用数据驱动、模型驱动的方法，动态实时采集铁路工程全时全域全系要素数据，构建与动态更新铁路工程构件—单元—系统多粒度的铁路数字孪生模型，用户可以远程快速准确获取铁路工程实时状态，使精准高效的工程项目管理成为可能。

2. 二级(L2)：虚实交互

虚实交互是指实现数字世界与物理世界实时互传信息和数据。具备该能力的数字孪生处于成熟度的第二等级(L2)。在精准映射的基础上，增加由数字孪生模型到物理实体的数据传输通道，实现虚实实时双向闭环交互，突破空间和环境约束对于物理实体交互的限制，对铁路工程物理对象进行远程指挥调度，提高管理效率。

以铁路建设管理为例，依托工程调度指挥系统，建立多维度的建设管理指标体系，包括衡量进度、投资、人员机械、质量、安全、物资等方面的具体数据指标，通过建设过程数据的实时采集与集成分析，及时掌握铁路工程的状态，同时通过一体化的工程建设管理方法开展铁路工程的建设与管理，动态平衡建设管理各项指标，实现建设管理的虚实互动。

3. 三级(L3)：先知先觉

先知先觉指通过数字孪生基于一体化的模型数据和机理算法，推测数字孪生和物理实体在未来的行为状态，具有该能力的数字孪生处于成熟度的第三等级(L3)。

在该等级，数字孪生模型能够在与物理实体虚实交互的基础上，通过合理利用数字孪生模型所描述的显性机理和数字孪生数据所蕴含的隐性规律，实现对物理实体未来运行过程的在线预演和对运行结果的推测，从而在一定程度上将未知转化为预知。

以铁路桥梁健康监测为例，通过分析桥梁混凝土等材料的历史监测数据，结合桥梁维护日志中的缺陷信息和病害发生信息，挖掘得到环境温湿度、服役时间等信息与桥梁材料发生病害现象之间的关联关系。在实际的桥梁运维阶段，通过实时监测环境温湿度等相关数据，预测桥梁发生缺陷的季节和时间，根据桥梁状态主动开展预测性维修养护。

4. 四级(L4)：以虚控实

以虚控实是通过数字化空间的结果反馈物理世界，在不需要借助人工外力的情况下，利用数字孪生模型自主控制物理实体的运行，具有该能力的数字孪生处于成熟度等级的第四级(L4)。在该等级，数字孪生在包含 L1～L3 层级数字孪生的特征功能的基础上，物理实体和数字孪生模型实现长时间的同步运行，在全生命周期中通过动态重构实现自主互控，构建可持续的数字孪生。

以铁路隧道 TBM 隧道掘进智能化控制为例，在 TBM 运行阶段，通过多类传感器监测 TBM 运行的掘进参数、扭矩、阻力和周围地质环境，控制 TBM 掘进姿态纠偏、卡机预警、淹机预警、进度计划调整、施组资源统筹安排等功能，实现对 TBM 掘进场景的精准描述、诊断、预测、决策，实现 TBM 施工作业全生命周期的数字孪生应用。

二、数字孪生成熟度评价维度

数字孪生成熟度等级从宏观层面描述了数字孪生发展的阶段性特性和演进大致路径。为了进一步开展数字孪生成熟度评价研究与分析，需要构建更加精细可操作的数字孪生成熟度评价方法，分析确定具有代表性的成熟度评价因子。因此从五个评价维度研究确定了影响数字孪生成熟度的 15 个相关因素，将其作为评价因子开展成熟度评价，明确各个评价因子对数字孪生成熟度的影响。

1. 数字孪生模型维度(DM)

从数字孪生模型维度考虑，数字孪生成熟度指标包括了数字孪生模型层级(ML)、更新频率(UF)、模型保真度(MA)、数字孪生生命周期(LC)，根据以上评价因子对数字孪生模型成熟度进行分级评价，见表 2-1。

表 2-1　数字孪生模型维度评价因子

评价因子	成熟度等级与内容
数字孪生模型层级(ML)	一级(ML1):构件级数字孪生
	二级(ML2):单元级数字孪生
	三级(ML3):系统级数字孪生
	四级(ML4):体系级数字孪生
更新频率(UF)	一级(UF1):孪生模型在人工操作条件下完成按次更新
	二级(UF2):孪生模型在满足一定条件时可自动延时更新
	三级(UF3):孪生模型在满足一定条件时可实时同步更新
	四级(UF4):孪生模型与物理实体在全生命周期保持实时同步更新
模型保真度(MA)	一级(MA1):模型可以孪生物理实体较低精细度的几何或机理特征
	二级(MA2):模型可以孪生物理实体较高精细度的几何或机理特征
	三级(MA3):模型可以孪生物理实体更丰富多维度的几何或机理特征
	四级(MA4):模型可以孪生物理实体的特征以及多特征之间关联关系
数字孪生生命周期(LC)	一级(LC1):孪生覆盖物理实体某一个阶段中的局部时间范围
	二级(LC2):孪生覆盖物理实体一个完整阶段
	三级(LC3):孪生覆盖物理实体两个及以上阶段
	四级(LC4):孪生覆盖物理实体全生命周期

(1)数字孪生模型层级(ML):按照数字孪生对象范围不同，数字孪生模型层级可划分为体系级、系统级、单元级和构件级。体系级主要是指具体的铁路工程，例如成渝中线数字孪生工程、京张高速铁路数字孪生工程等；系统级包含具体的一条隧道、一座桥梁等；单元级指具体的工点，例如隧道施工的每个掌子面均为一个工点，每座洞门也为一个工点；构件级指构成工程的各个要素，如桥梁构件包含桥梁板件、梁段、锯齿块、支承垫石、桥墩节段、桥台节段等。铁路工程是复杂的系统，铁路项目可以包含一条或多条铁路线和一个或多个铁路枢纽。铁路线可包含一条或多条线路中心线，一条或多条轨道，一个或多个路基、桥梁、隧道、车站、建筑工点。因此工程实体的单元是不同尺度，根据工程划分的管理单元，从小至大依次是构件级、单元级、系统级和体系级，每个基本的实体要素不同。体系级主要是指具体的铁路工程，例如成渝中线数字孪生工程、京张高速铁路数字孪生工程等；系统级包含具体的一条隧道、一座桥梁等；单元级指具体的工点，例如隧道施工的每个掌子面均为一个工点，每座洞门也为一个工点；构件级指构成工程的各个要素，如桥梁构件包含桥梁板件、梁段、锯齿块、支承垫石、桥墩节段、桥台节段等。铁路数字孪生对象分类分级如图 2-12 所示。

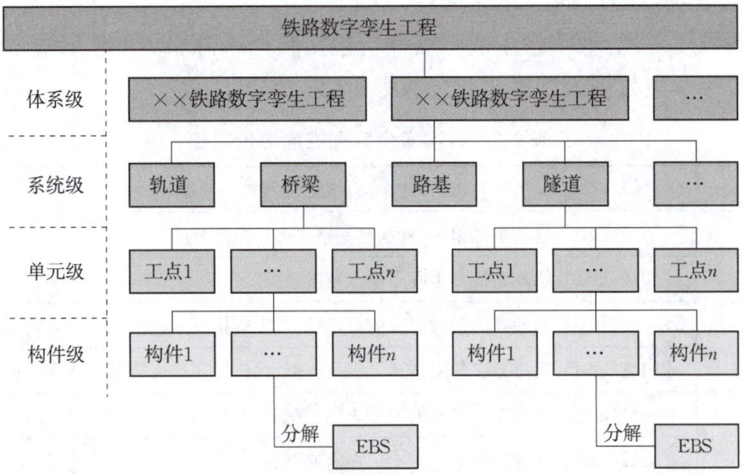

图 2-12　铁路数字孪生对象分类分级

(2)更新频率(UF):数字孪生处理输入信息、提供反馈输出的频率快慢均不同。实现虚拟实体与物理实体之间状态同步的过程称为孪生过程,整个孪生过程从虚拟实体或物理实体的状态变化感知探测到开始,然后信息传导到对应实体,再对信息进行处理并更新同步对应实体的相应状态。数字孪生开展以上孪生过程的频率即为数字孪生的更新频率,或者孪生频率。更高的数字孪生更新频率可以更及时地同步虚拟实体与物理实体之间的变化,从而构建更加真实可靠的数字孪生。

(3)模型保真度(MA):模型保真度用来描述数字孪生模型和孪生物理对象的丰富程度,区别于传统的表征模型的精细度(LOD)描述,因为并非所有的孪生模型都具备精细度(LOD)属性,所以孪生模型保真度不局限于表达模型空间几何精度。

将模型保真度定义为对物理对象多层次孪生的能力。如图 2-13 所示,案例 1 中数字孪生 A 相比于数字孪生 B,具备更细致的描述子系统的能力,因而其具有更高的保真度;案例 2 中数字孪生 A 与数字孪生 B 相比,可以描述更丰富的特征,如力学、空气动力学等多维度特性,因而其具有更高的保真度;案例 3 中数字孪生 A 与数字孪生 B 相比,可以孪生更丰富的特征关联关系,因而其具有更高的保真度。

(4)数字孪生生命周期(LC):根据数字孪生对物理实体孪生覆盖时间范围进行划分,包括全生命周期中的特定周期,如设计、施工、运维中的一个;或者是涉及两个及以上生命周期,考虑数据和模型的移交;最终是构建覆盖铁路全生命周期各阶段的数字孪生。

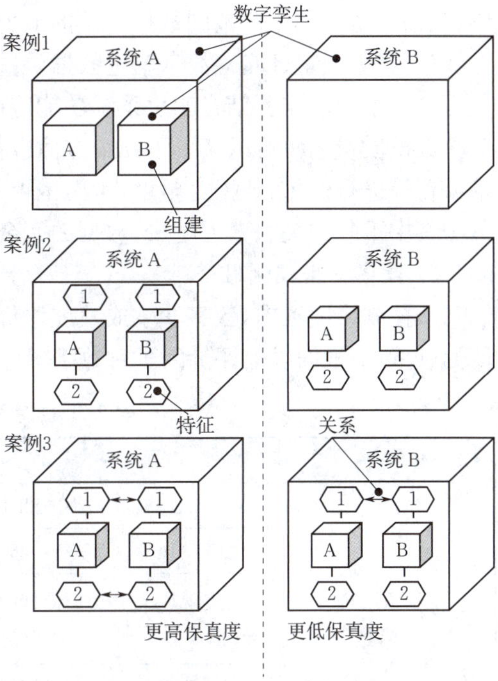

图 2-13　数字孪生模型保真度

2. 数字孪生数据(DD)

从孪生数据维度考虑,数字孪生成熟度评价包括数据来源(DS)、数据质量(DQ)。根据以上评价因子对数字孪生数据成熟度进行分级评价,见表 2-2。

表 2-2 数字孪生数据维度评价因子

评价因子	成熟度等级与内容
数据来源(DS)	一级(DS1):物理实体单一手段、单一格式测量数据
	二级(DS2):物理实体多手段多模态测量数据
	三级(DS3):物理实体多模测量数据,数字孪生连接交互数据
	四级(DS4):通过数字孪生仿真、预测、分析、优化循环迭代数据
数据质量(DQ)	一级(DQ1):孪生数据可能存在重复、缺漏、错误
	二级(DQ2):孪生数据无重复、错误,存在缺漏
	三级(DQ3):孪生数据无重复、错误、缺漏,数据质量较高
	四级(DQ4):孪生数据无重复、错误、缺漏,数据质量高

(1)数据来源(DS):孪生数据是数字孪生的重要组成部分,考虑数字孪生是物理对象数据的集中访问节点,丰富的数据来源有助于构建更加精细真实的数字孪生。从数据来源类型来看,可以分为结构化数据和非结构化数据。结构化数据包括传感器数据,非结构化数据包括文档、图形、影像等。另一方面,数字孪生数据来源不仅包括数字孪生物理实体测量数据,还包括通过仿真、预测、分析、优化获得的数据,数字孪生通过将不同来源数据融合处理,实现更高层次或更复杂精细的仿真分析预测。数字孪生需要在设计时考虑迭代使用融合数据的反馈机制,从而具备处理更广范围数据来源的能力。

(2)数据质量(DQ):数字孪生数据质量的好坏直接影响孪生模型的构建和性能,具体孪生数据的质量要求需要结合孪生系统功能应用的具体需求。

数据质量通常可以从以下几个方面进行考量:数据准确度,通过计算数据集的平均值和标准偏差等进行评价;数据完整度,考虑是否具备任务具体执行所需要的全量数据;数据冗余度,数据集中重复或关联数据越少,数据的冗余度就越低,从而提高孪生数据的利用计算效率。

3. 数字孪生控制(DC)

从控制维度考虑,数字孪生成熟度评价包括自动化程度(AL)、智能化程度(IL)、自主学习能力(LA)。根据以上评价因子对数字孪生控制成熟度进行分级评价,见表 2-3。

表 2-3 数字孪生控制维度评价因子

评价因子	成熟度等级与内容
自动化程度(AL)	一级(AL1):数字孪生辅助用户实现功能,不能直接控制物理实体
	二级(AL2):自动执行一部分数字孪生功能,或者在有限的条件下具备自动化功能
	三级(AL3):虚拟实体可以无须外部输入或操作,独立进行决策并进行操作,用户依然可以进行干预
	四级(AL4):虚拟实体无须外部输入或操作,独立进行决策并进行操作,用户只能进行有限的干预

续上表

评价因子	成熟度等级与内容
智能化程度(IL)	一级(IL1):现状描述
	二级(IL2):诊断分析
	三级(IL3):超前预测
	四级(IL4):机理揭示
自主学习能力(LA)	一级(LA1):无学习能力
	二级(LA2):被动学习
	三级(LA3):有监督的学习
	四级(LA4):强化学习

(1)自动化程度(AL):自动化数字孪生需要面对环境变化影响时,根据预定目标主动做出响应,包括具备接收和处理环境信息的能力,建立物理世界和虚拟世界的双向连接,具有自身或外部环境的预测模型。一个不具备自动化能力的数字孪生体在工作时需要外界进行额外的操作,例如人工操作或输入提前设定的阈值等。为了进一步区分自动化数字孪生,可以将其自动化程度从低到高划分为五个等级。第一级(用户辅助自动化),数字孪生可以辅助用户实现功能,不能直接控制物理实体。第二级(部分自动化),数字孪生可以自动执行一部分数字孪生功能。第三级(有条件的自动化),在有限的条件下具备自动化功能。第四级(高度自动化),虚拟实体可以无须外部输入或操作,独立进行决策并进行操作,用户依然可以进行干预。第五级(完全自动化),虚拟实体无须外部输入或操作,独立进行决策并进行操作,用户只能进行有限的干预。

(2)智能化程度(IL):数字孪生按照智能化程度高低可以划分为四个阶段,分别是现状描述、诊断分析、超前预测、机理揭示。

(3)自主学习能力(LA):数字孪生通过学习过往经验优化自身的能力定义为自主学习能力,可以按照自主学习能力高低划分为无学习能力、被动学习、有监督的学习和强化学习阶段。

4. 连接交互(CI)

从连接交互维度考虑,数字孪生成熟度评价包括数字孪生交互模式(DI)、数字孪生连接模式(DC)、人机互动能力模式(IA)、交互设备类型模式(ID)评价因子。根据以上评价因子对连接交互成熟度进行分级评价,见表2-4。

表2-4　数字孪生连接交互维度评价因子

评价因子	成熟度等级与内容
数字孪生交互模式(DI)	一级(DI1):单体数字孪生,不与其他数字孪生集成
	二级(DI2):模数不统一的多模型关联系统数字孪生(耦合)
	三级(DI3):模数统一具有分散目标的多系统数字孪生(弱耦合)
	四级(DI4):具有统一目标的多孪生体数字孪生(强耦合)
数字孪生连接模式(DC)	一级(DC1):手动实现物理实体到数字孪生方向信息流通
	二级(DC2):半自动实现物理实体到数字孪生方向信息流通

续上表

评价因子	成熟度等级与内容
数字孪生连接模式（DC）	三级（DC3）：自动实现物理实体到数字孪生方向信息流通
	四级（DC4）：自动实现物理实体与数字孪生双向信息流通
人机互动能力模式（IA）	一级（IA1）：数字孪生只可以接收预设请求，对命令格式和数据结构有严格要求
	二级（IA2）：数字孪生可以接收预设的问题指令集，对命令格式要求更加宽松
	三级（IA3）：数字孪生对用户的指令输入具有更好的适应性
	四级（IA4）：数字孪生可以接收用户自然语言等更便捷、高效的指令
交互设备类型模式（ID）	一级（ID1）：传统的单一模式交互设备，例如键盘、鼠标、触摸屏等
	二级（ID2）：集成利用多类型交互设备，通过智能手机平板、VR/AR 设备实现交互
	三级（ID3）：面向特定任务场景，具备自适应能力的辅助交互，结合多种交互设备，具备自主学习能力
	四级（ID4）：面向跨场景多任务，自适应匹配适合的交互方式

（1）数字孪生交互模式（DI）：在解决复杂问题时，多个数字孪生需要相互作用、互相配合。在数字孪生关联互动维度，可以将数字孪生之间互动程度划分为三个层级，第一级为最简单的单体数字孪生，不与其他数字孪生集成；第二级为多个数字孪生相互关联的系统数字孪生，系统中每个数字孪生具有单独的目标；第三级为具有统一目标的多孪生体数字孪生。

（2）数字孪生连接模式（DC）：将虚拟实体和物理实体的连接集成方式定义为数字孪生连接模式，研究认为数字孪生应包含数字—物理、物理—数字双方向的信息流通，但因为数字—物理方向孪生信息传输的场景有限、技术手段欠缺等原因，双向的孪生实现起来还存在一定困难。此外，孪生信息传递按照自动化程度还可以分为手动、半自动、全自动等，具体的自动化程度需要根据孪生场景和功能要求进行确定。

（3）人机互动能力模式（IA）：人机交互能力按照适应性高低可以分为三级：第一级数字孪生只可以接收预设请求，对命令格式和数据结构有严格要求；第二级数字孪生可以接收预设的问题指令集，对命令格式要求更加宽松；第三级数字孪生对用户的指令输入具有更好的适应性。

（4）交互设备类型模式（ID）：用户通过交互界面或设备交互并理解数字孪生产生的结果。随着虚拟现实、增强现实、语音识别、动作捕捉等技术的快速发展和相关设备的成熟应用，越来越丰富的人机交互方式成为可能，并拓展数字孪生应用的人机交互方式，大致可以分为以下三种类型。第一种是传统的单一模式交互设备，例如键盘、鼠标、触摸屏等机械输入设备和显示屏等视觉展示输出设备。第二种是集成利用多类型交互设备，利用图像显示、触控操作、语音识别、手势识别、对话分析等多种方式，通过智能手机平板、VR/AR 设备实现交互。第三种是具备自适应能力的辅助交互，结合多种交互设备，具备自主学习能力，集成相应地使能技术或系统，如：室内定位系统、集成摄像机、物体识别等，最终根据任务目标实现用户与孪生对象的动态感知与交互。

5. 仿真计算（SC）

从计算维度考虑，数字孪生成熟度评价包括计算能力（CC）、孪生触发机制（TT）。根据以上评价因子对仿真计算成熟度进行分级评价，见表 2-5。

表 2-5 数字孪生仿真计算维度评价因子

评价因子	成熟度等级与内容
计算能力（CC）	一级（CC1）：计算反馈时间小时级
	二级（CC2）：计算反馈时间分钟级
	三级（CC3）：计算反馈时间秒级
	四级（CC4）：计算反馈时间毫秒级
孪生触发机制（TT）	一级（TT1）：人工判断选择触发孪生时机
	二级（TT2）：数字孪生在预设特定条件下自动触发
	三级（TT3）：数字孪生在预设有限条件下自动触发
	四级（TT4）：数字孪生在完全随机条件下根据任务目标自动触发

（1）计算能力（CC）：数字孪生的计算能力表现为虚拟实体处理信息的能力，该指标直接影响数字孪生的孪生更新能力、仿真预测能力、图像处理能力，是决定数字孪生整体响应时间和及时数据处理能力的核心指标。

（2）孪生触发机制（TT）：该评价指标描述数字孪生任务触发启动的方式，包括人为触发和自动触发，其中自动触发根据具体业务场景需要又可以分为连续工作和断续工作等方式。

三、铁路数字孪生成熟度评价模型

铁路数字孪生成熟度等级和铁路数字孪生成熟度评价因子共同构成了铁路数字孪生成熟度模型，如图 2-14 所示。其中，铁路数字孪生成熟度等级系统描述了数字孪生的阶段性目标和各个发展阶段所具有的典型特征，而数字孪生成熟度评价因子则从五个评价维度，分别梳理了不同成熟度等级的数字孪生所需要具备的不同方面的能力，为数字孪生成熟度评价奠定了基础。

为了有针对性的评价铁路数字孪生成熟度等级，发现数字孪生短板不足，从而进行改进，需要基于以上成熟度评价内容对具体铁路数字孪生应用开展等级评价和评分，首先需要确定其整体的成熟度等级和相应的成熟度评分，针对各个评价维度进行细致分析，明确每个维度评价因子的成熟度等级，通过综合评估清晰地识别出该数字孪生应用当前存在的短板和不足之处，为后续的改进和提升提供具有针对性的优化建议。

在评估铁路数字孪生某个具体维度下的具体某项指标时，如果该数字孪生应用满足一级要求得 1 分，满足二级要求得 2 分，依次类推，最高打分为满足四级要求得 4 分，等级要求满足程度与得分见表 2-6。

表 2-6 等级要求满足程度与得分对应

成熟度等级要求满足程度	得分	成熟度等级要求满足程度	得分
一级	1	三级	3
二级	2	四级	4

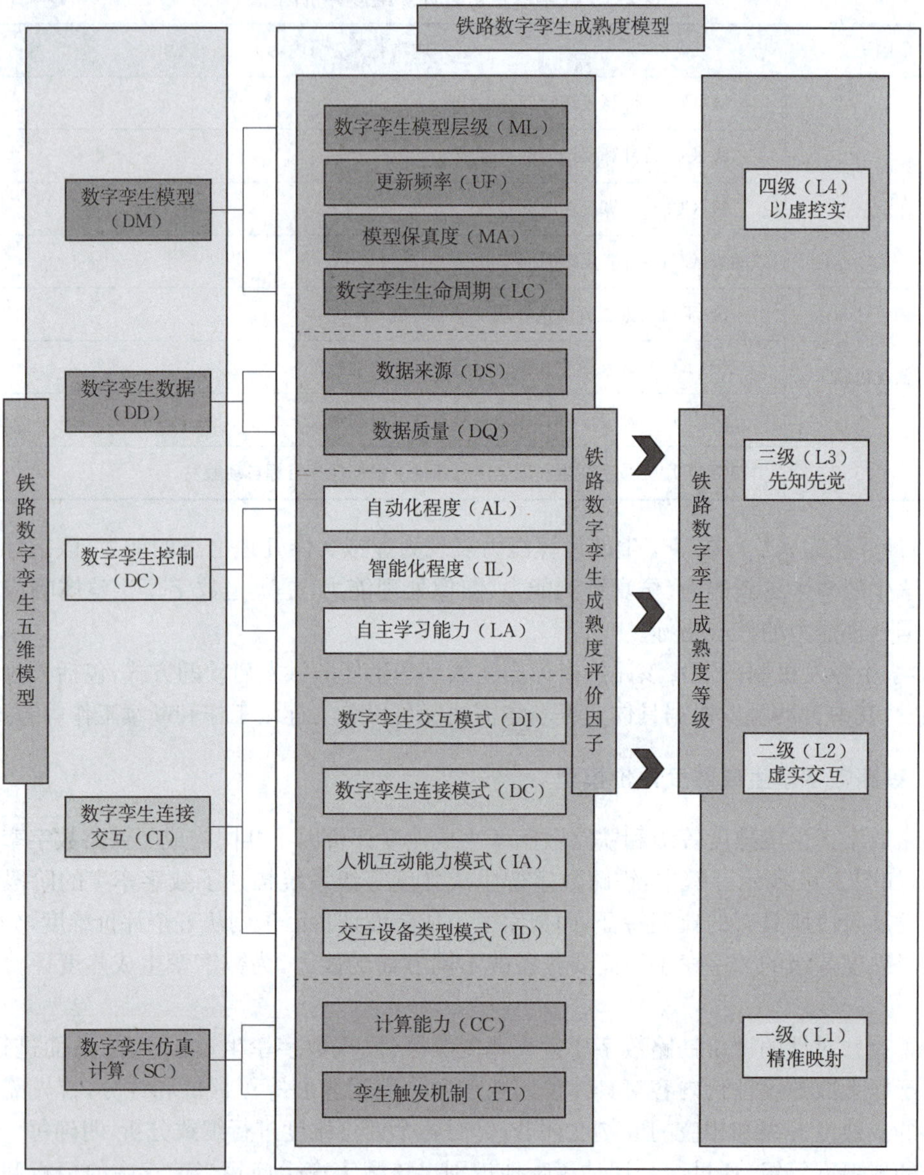

图 2-14　铁路数字孪生成熟度模型

铁路数字孪生应用成熟度等级与成熟度评分 S 对应关系见表 2-7。成熟度评分在 3～4 分的孪生应用，处于数字孪生第四级（L4）；成熟度评分在 2～3 分的孪生应用，处于数字孪生第三级（L3）；成熟度评分在 1～2 分的孪生应用，处于数字孪生第二级（L2）；成熟度评分在 0～1 分的孪生应用，处于数字孪生第一级（L1）。

表 2-7　铁路数字孪生成熟度评分与孪生等级对应关系

成熟度等级	得分	成熟度等级	得分
一级（L1）	$0<S\leqslant 1$	三级（L3）	$2<S\leqslant 3$
二级（L2）	$1<S\leqslant 2$	四级（L4）	$3<S\leqslant 4$

为了进一步明确数字孪生应用在具体维度的成熟度情况，以便采取针对性加强措施，可以进一步采用象限图的形式进行说明分析，如图 2-15 所示。图中横轴代表某评价维度的权重，纵轴代表成熟度打分情况，根据五个维度的权重分配和成熟度打分具体情况，绘制各维度的成熟度和权重分布情况。图中用竖线、斜线和空白划分为三部分，如果某维度评分在竖线区域，代表某数字孪生应用在该维度的数字孪生成熟度已超出特定孪生应用的需求。如果某维度评分处在斜线区域，代表数字孪生应用该维度的孪生成熟度适中，下一步在该维度领域可以维持现状，不再需要过多提升。如果某维度评分处在空白区域，代表该维度孪生程度不足，下一步需要着重提升。

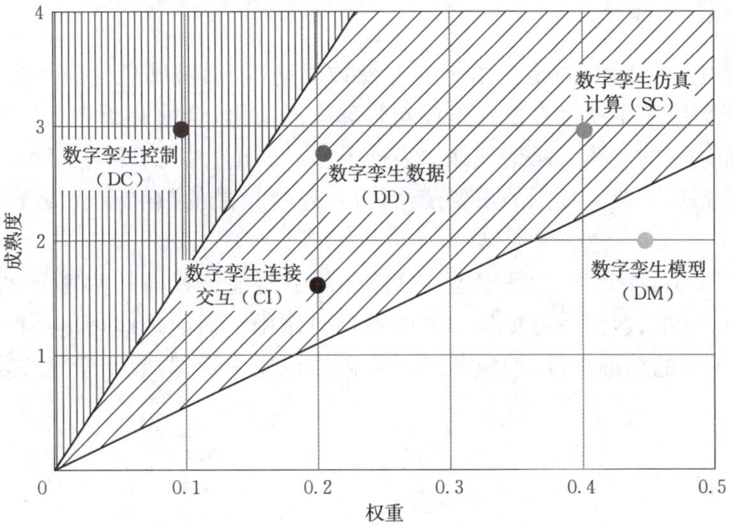

图 2-15　某铁路数字孪生案例各维度等级分布

图 2-15 中给出了某铁路数字孪生案例的成熟度数据，数字孪生控制维度孪生成熟度较高，但是在该孪生应用中的权重较低，因此在控制维度的提升需求并不迫切。相较而言，数字孪生模型在该应用中的权重最高，但是成熟度等级评价偏低，需要针对该维度指标项重点补强。其他维度的成熟度和权重在图中处于中间平衡分布位置，只有连接交互维度孪生成熟度相比较低，需要提升。因此，下一步需要针对该数字孪生案例的数字孪生模型和连接交互两个维度指标项进行加强。

复习思考题

1. 数字孪生的基本要素有哪些？请给出简短描述。
2. 请简要描述数字孪生模型的构建框架。
3. 数字孪生成熟度模型通常包括哪些维度？每个维度的定义和作用是什么？
4. 详细描述数字孪生系统由哪些层次组成？各层次的主要功能是什么？
5. 请分享一个成功实施数字孪生的案例。该案例如何展示成熟度模型的应用。

第三章
铁路数字孪生表征模型构建技术

铁路数字孪生表征模型构建技术是支撑模数驱动、轴面协同理论应用的重要组成部分。本章将深入探讨数字孪生技术在铁路建设与管理中的应用，全面解析表征模型的构建方法及其在各具体工程领域的实践。从地理地质表征模型到站前、站房、四电工程的表征模型，每一部分都承载着铁路数字孪生技术的重要使命，旨在通过精准的数字模型实现对铁路系统的全面监测与优化。

本章将深入介绍数字孪生表征模型在铁路领域的构建流程与技术细节，帮助读者认识其在提升铁路设计、施工、运营及维护效率方面的重要作用。无论是地理地质的复杂环境模拟，还是站前、站房工程的精细设计，抑或是四电工程的智能化管理，数字孪生技术都提供了强有力的支持。

知识目标

1. 掌握铁路数字孪生表征模型的基本概念与原理。
2. 了解数字孪生技术在铁路领域的应用背景与意义。
3. 熟悉地理地质、站前工程、站房工程、四电工程等表征模型的构建方法与技术。

能力目标

1. 能够根据实际需求，选择合适的数字孪生表征模型构建方法。
2. 能够运用所学知识，参与铁路数字孪生表征模型的构建与优化工作。
3. 能够分析并解决在铁路数字孪生表征模型构建过程中遇到的技术问题。

第一节　表征模型构建方法总述

在铁路数字孪生系统中，表征模型的构建是实现系统精准模拟与动态控制的关键步骤。表征模型旨在通过数字化方式再现铁路各组成部分的几何、结构和功能特性，为工程规划、施工、运维和管理提供精确的基础数据。随着信息化技术的发展，表征模型逐渐从传统的二维数据表达拓展至三维立体结构，通过多种建模方法的结合，实现了更高的精度和更丰富的应用场景。

典型的表征模型包括三维点云表征模型、参数化表征模型和多尺度表征模型，如图 3-1 所示。这些表征模型各具优势，在模型构建的不同阶段发挥着重要作用。

本节将详细介绍各类表征模型构建技术及其在不同应用场景中的适用性，通过分析三维点云、参数化、多尺度和基础设施表征模型技术的特点，为后续的地理地质、站前工程、站房工程及四电工程的模型构建奠定理论基础和技术支持。

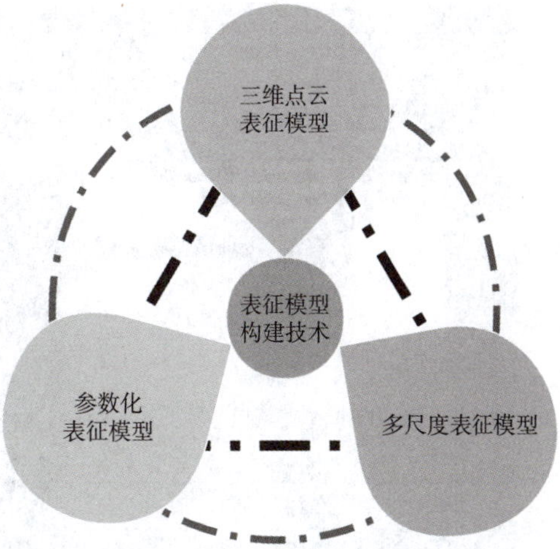

图 3-1 表征模型分类

一、三维点云表征模型

随着信息化和数字化技术的快速发展，获取和处理三维点云数据已变得更加便捷和高效。基于三维重建点云数据的数字孪生三维表征模型能够动态反映实体的几何信息，包括物体的外形描述、尺寸（如长度、宽度和高度）等具体信息，以及物体内部几何关系。通过这些详细的几何描述，三维点云表征模型可以为模型的基本形态构建提供支持。

1. 三维点云的表示与特点

三维点云是由大量离散点组成的一个数据集，其中每个点包含 X、Y、Z 几何坐标和强度值，该强度值通常反映物体表面的反射特性。点云数据的主要特点包括：

(1)密度不均匀(稀疏性)：点的分布密度因采样条件或物体表面特性而不均匀。

(2)不规则性：与网格(mesh)或体素(voxel)相比，点云数据没有明确的拓扑结构。

(3)无纹理信息：点云仅记录几何信息，缺乏表面纹理数据。

2. 点云数据的组织与处理

为了高效存储与处理点云数据，常采用八叉树(octree)等分层组织方式。八叉树是一种适用于三维空间的树形结构，它的构建规则包括：

(1)根节点表示整个三维空间。

(2)从父节点起，每个节点根据空间划分规则分为 8 个下一层的子节点。

(3)以此类推逐层分割，直到子节点所包含的采样点个数小于规定的数目(比如 1)或达到规定的划分层数为止。

这种数据组织方式能够大幅提升空间分解效率，尤其在点云数据处理和三维重建中应用广泛。图 3-2 是一个以八叉树数据组织的点云例子。

三维点云表征模型的应用非常广泛，包括但不限于地表模型、土方模型、隧道掌子面模型、隧道结构模型和施工机械设备模型等。在这些模型的支持下，可以从多方面对建筑、工程和基础设施项目进行优化与控制。例如，基于三维点云表征的实体几何信息，可用于优化项目进度、管控工程质量以及进行风险预测和分析。图 3-3 为三维点云表征模型典型应用。

除此之外，许多研究者在这一领域也进行了相关的深度应用研究。例如，Reja 基于倾斜摄影和三维点云数据，开展了项目管控优化研究。通过这些技术，研究者可以更好地实时监测项目进展，动态调整施工方案，提高施工效率和精确度。Tran 通过对隧道三维点云模型与设计模型的误差对比，探索了隧道的质量控制方法，这一方法有效地改善了隧道工程质量。

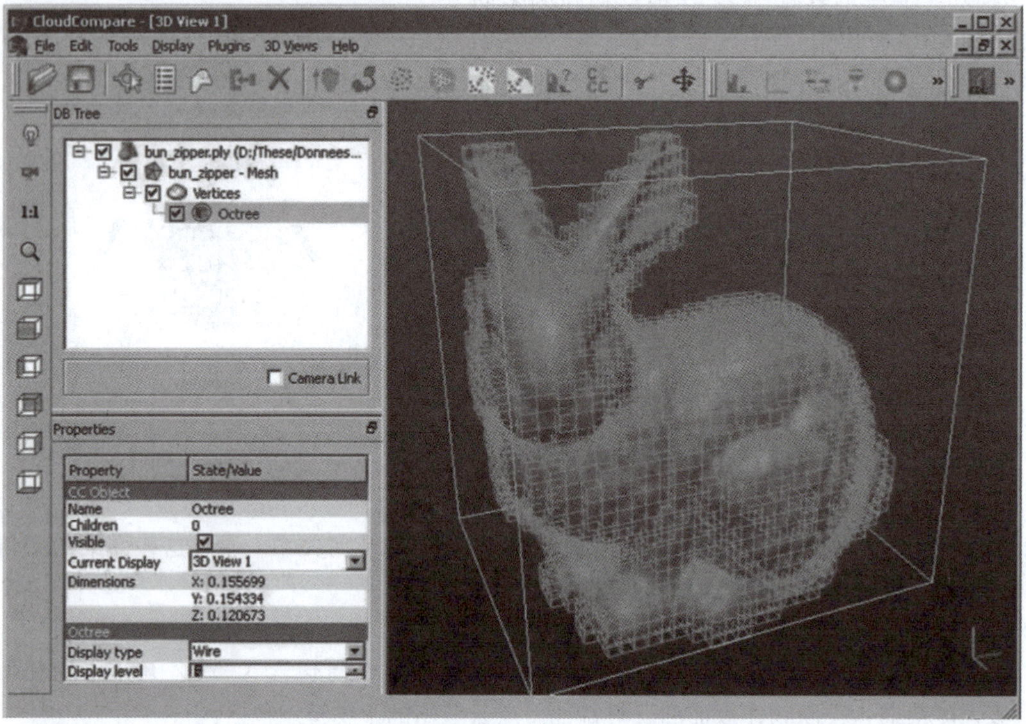

图 3-2　以八叉树数据组织的三维点云表征模型

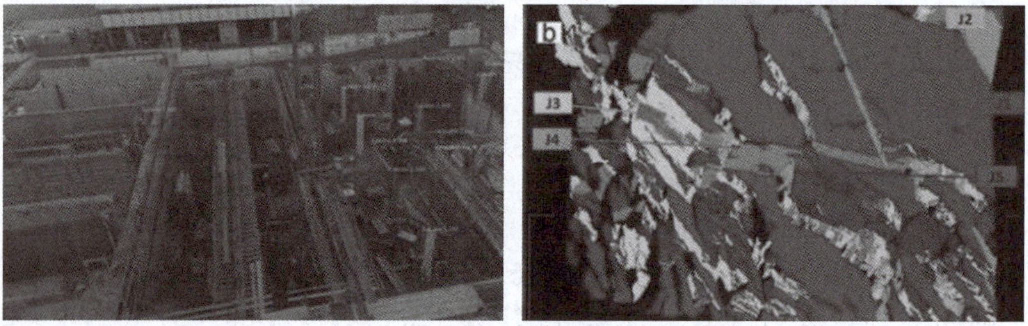

图 3-3　三维点云表征模型典型应用

二、参数化表征模型

数据驱动的参数化表征模型是一种通过参数控制几何形状的建模方法，能够灵活地创建和修改对象的空间几何特征。参数化建模的核心是通过参数对几何模型的形状进行精确的控制，从而实现对对象几何特征的及时精准表达。通过将几何模型的控制变量减少到少数几个关键参数，参数化表征模型能够有效简化模型管理，特别是在需要表达复杂的组装关系或几何约束（如距离、相切、共轴等）时更具优势。

典型的参数化建模方法包括边界表示（boundary representation，B-rep）和构造实体几何（constructive solid geometry，CSG）。B-rep 方法通过记录物体的内外边界，显式地描述物体的几何信息；而 CSG 方法则是通过记录物体的构建过程来完成对物体几何形态的描述。此外，自动参数化建模方法通过拓扑架构参数对模型的形状进行控制，使得模型的形状被参数化为少数几个控制参数，进一步增强了模型的关联性和可编辑性。图 3-4 展示了基于点云数据的参数化建模。

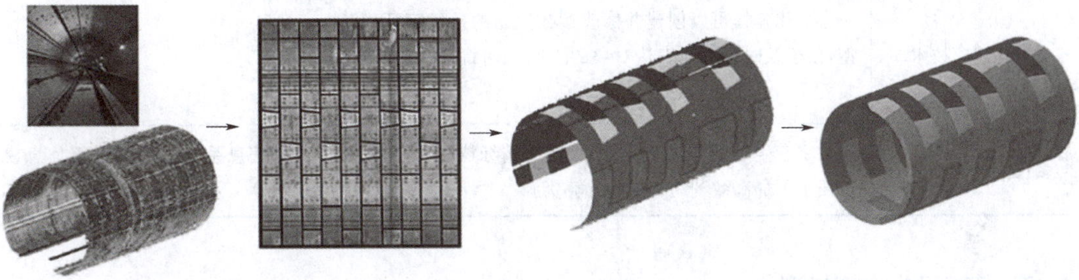

图 3-4　基于点云数据的参数化建模

在数字孪生应用中，参数化表征模型的优势尤为显著。例如，Koch 通过扩展 IFC 格式的 BIM 模型，创建了结构和地理信息集成表达的参数化模型；Goedert 利用图像识别技术提取工程进度信息，更新了工程实体的参数化模型；而 Jelena 则基于盾构隧道装配式模型的拼装过程，构建了隧道的参数化模型。与传统 BIM 模型相比，参数化模型能够通过自动采集的数据实现从数据到模型的自动化构建，能够及时反映出物理实体的实际特征。

数字孪生的参数化模型具有轻量化、可编辑、兼容度高等特点，可广泛应用于可视化设计变更、进度追踪与管控等领域，为数字孪生的应用提供了基础模型支撑。这类模型不仅适用于项目的可视化展示和动态更新，更能满足现代工程中对数据驱动的高效管理和实时反馈的需求。

三、多尺度表征模型

多尺度表征模型在数字孪生中的应用，是为了应对复杂多样的应用场景和广泛的功能需求。根据不同的应用场景需求，数字孪生模型被划分为不同的尺度和精细粒度（LOD），从而可以在保持模型精度的同时，更高效地利用计算资源。多尺度表征模型的构建，使得在特定应用中可以选择适当的模型细节层级，实现资源的合理分配和优化。

在多尺度信息处理方面，GIS 模型具有优异的空间信息处理能力，而 BIM 模型则能表达实体的精细结构信息。因此，在构建铁路工程的数字孪生模型时，往往需要将 BIM 和 GIS 模型进行集成，以便综合表达地理空间信息和工程结构细节。这种集成模型能够满足铁路数字孪生在地理场景和工程细节两个层面的应用需求。

通过多尺度表征模型的划分和 LOD 的合理应用，数字孪生可以在不降低精度的前提下，灵活适配不同的工程场景需求，实现从宏观地理场景到微观工程细节的高效表达。这种模型构建方法不仅优化了资源使用，还使得模型的应用更加广泛，能够更好地支持复杂的铁路数字孪生应用。表 3-1 为三种技术概述及对比。

表 3-1　三种技术概述及对比

技术名称	概　述	应用场景
三维点云技术	基于三维重建点云数据的数字孪生三维表征模型，可以动态反映实体的几何信息，包括外形描述、长宽高等具体信息以及几何关系信息，通过这些描述来确定模型的基本形态	激光雷达（LiDAR）、摄影测量、三维扫描

续上表

技术名称	概　述	应用场景
参数化建模技术	参数化建模可以创建并修改参数控制的几何表征模型，便于及时精准地表达对象的空间几何特征，例如组装关系	边界表示(B-rep)、构造实体几何(CSG)
多尺度表征模型	数字孪生模型分为不同尺度与模型精细粒度(LOD)，以便于更加高效利用有限的计算资源	地理信息系统(GIS)、建筑信息模型(BIM)

四、基础设施表征模型

基础设施表征模型是铁路数字孪生技术中不可或缺的一环，它涵盖了铁路系统中各种设施的数字化表示，为后续的全生命周期管理提供基础。基础设施表征模型的构建方法是对三维点云、参数化、多尺度等多种表征技术的综合应用，通过对设施的几何形态、功能特征及其与环境的互动关系的数字化再现，实现对设施的全面感知和管理。

在具体应用中，基础设施表征模型为铁路系统中的各类工程(如地理地质、站前工程、站房工程、四电工程)提供了数据支持与模型支撑。通过建立统一的表征模型，不仅能够实现各模块的独立分析与处理，还能增强不同设施模型之间的关联性与数据的互操作性，为铁路系统的整体智能化管理奠定坚实的数字基础。

此基础设施表征模型在铁路全生命周期的各个阶段都有广泛应用。从规划设计阶段的需求分析到施工建设过程的进度监控，再到运营维护期间的健康监测，基础设施表征模型提供了丰富的数据支持和全面的管理视角。后续章节将逐步深入探讨各类具体工程在基础设施表征模型中的应用与实践，展示其在不同工程场景下的特征与技术实现。图3-5是铁路全生命周期基础设施表征模型构建流程。这种模块化的构建方式不仅增强了不同系统间的数据互通和协同，还为全生命周期的监控、预测和管理提供了统一的数字平台。

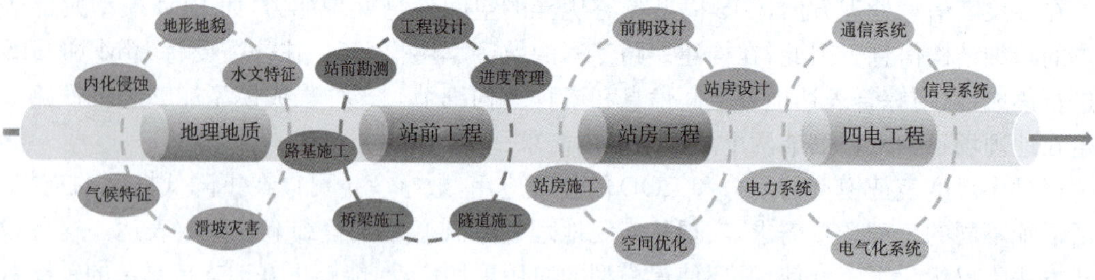

图3-5　铁路全生命周期基础设施表征模型构建流程

在第三章第二节～第五节中，将深入探讨这些具体工程模块在铁路数字孪生中的应用，实现对铁路系统的智能化、全生命周期管理。

第二节　地理地质表征模型构建技术

在铁路工程的规划和建设中，复杂的地质构造和多变的地理环境对线路选址、地基处理、结构设计和施工技术提出了极高要求。准确而全面的地理地质表征模型能够有效再现工程所处的自然环境。

本节将介绍地理地质表征模型的构建方法及关键技术，将地质特征转化为可操作的数字模型，为工程建设和决策提供科学的依据与支持。

一、地理地质环境特征概要

在地理地质表征模型构建中，首先要了解铁路沿线可能面临的地理地质环境，这些环境因素直接影响模型的设计和应用。在地理地质表征模型构建中，需要综合考虑多种地质和环境因素，并将其准确纳入模型，确保铁路建设和运营的安全与高效。

图 3-6 是常见的几种地理地质环境特征，具体介绍如下：

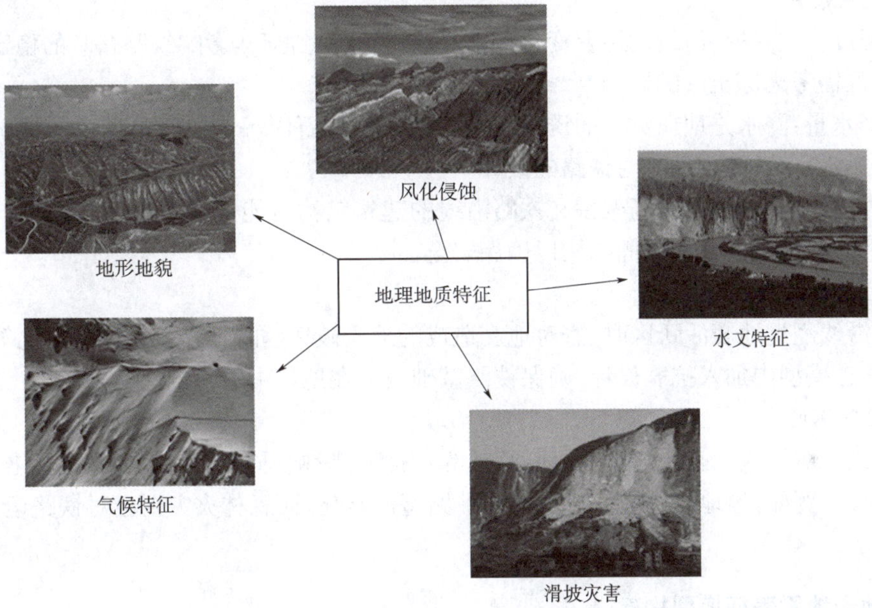

图 3-6　常见的地理地质环境特征

1. 地质构造环境

地质构造环境主要包括断层、褶皱、岩层倾角等，这些地质特征影响铁路建设的稳定性和安全性。断层活动可能引起地震，导致铁路基础设施破坏，而褶皱和岩层倾角则影响隧道和路基的施工方案。

2. 地质灾害环境

(1)滑坡：铁路沿线经过山区时，坡面稳定性较差的区域容易发生滑坡。滑坡的发生可能由降雨、地震或其他人为活动引起，对铁路运营造成严重影响。

(2)泥石流：尤其在暴雨季节，山区的铁路沿线可能会发生泥石流，对路基和轨道构成破坏。

(3)沉降：在软土地基区域或地下水位变化频繁的地区，铁路基础设施可能因地基沉降而发生变形，影响运营安全。

3. 水文环境

(1)地下水：铁路沿线的地下水位和流向会影响土层的稳定性，尤其是在高地下水位的地区，容易导致土壤的液化或不稳定。

(2)河流和湖泊:铁路经过水体附近时,需要考虑水体的季节性变化(如汛期涨水)对铁路基础设施(如桥梁和路基)的影响。

(3)地表径流:在多雨地区,地表径流可能会侵蚀铁路沿线的土壤或导致水害,对路基构成威胁。

4. 土壤类型和特性

(1)软土和膨胀土:软土地基和膨胀土地区需要进行特殊的工程处理(如加固、排水处理等)以防止沉降或土体膨胀引起的地基不稳定。

(2)岩石类型:铁路隧道建设时,岩石类型(如花岗岩、石灰岩等)直接决定了施工的难度和支护方式。硬质岩石隧道需要较大的施工机械,而软质岩石可能需要加强支护。

5. 气候条件

(1)温度变化:铁路沿线的温差变化可能导致土壤冻融循环,影响铁路路基的稳定性,尤其在寒冷地区需考虑冻土层的影响。

(2)降水量:降水是地质灾害的诱因之一,如滑坡、泥石流等。在降水量大的地区,铁路设计需加强排水系统,防止水害对铁路的破坏。

(3)风速和风向:强风对高架桥和铁路沿线的建筑结构可能造成影响,尤其在风速频繁变化的地区,需要特别设计和加固结构以确保安全。

6. 地震活动

铁路沿线经过地震活跃区时,需对地震造成的地质破坏(如断层错动、地基液化等)进行深入研究,并在模型中加入抗震设计,确保铁路基础设施在地震中的稳定性。

7. 生态环境

铁路建设对沿线生态环境(如湿地、森林等)有潜在影响,同时,生态环境的变化也会影响铁路的运行。例如,湿地的水文变化可能导致路基湿软化,而森林火灾则会对铁路运营安全构成威胁。

二、地理地质表征模型构建

在铁路工程的建设过程中,复杂多样的地理地质环境对工程的规划、设计和施工带来了诸多挑战。铁路线路的选址和工程设计需要充分考虑所处的地质条件,以确保工程的安全性、经济性和可持续性。针对其地理位置和地质特征,不同环境会影响工程的地基处理、结构设计和施工技术的选择。

面对复杂的地质条件和多变的地理环境,地理地质表征模型能够以数字化方式再现场地的地质特征和空间关系,为工程决策提供可靠依据。以下是地理地质表征模型构建的关键技术和方法。

地理地质表征模型构建是铁路数字孪生系统的重要基础环节,通过建立真实的地理与地质环境模型,为铁路工程的设计、施工和运维提供精确的数字化支持。结合三维点云、参数化建模和多尺度模型等技术,地理地质表征模型能够细致地呈现复杂的地质结构和地形特征,确保在不同施工阶段和运营中能够高效管理和优化铁路工程的地理地质信息。

1. 三维点云技术在地质表征中的应用

三维点云技术在地质表征模型的构建中发挥着重要作用。通过地面激光扫描设备或无人机搭载的高精度传感器,可以获取地质环境的三维点云数据,用于生成高分辨率的地形地貌模型。这些点云数据能够精确捕捉地表的高程、坡度和形态，如在山地铁路建设中，三维点云技术能够直观地展现山体的几何形态和岩层分布，帮助优化地基设计，预测潜在风险，并提高施工方案的科学性。

此外，三维点云技术的实时数据采集与动态更新能力使其在地质变化监测中表现突出。例如，可以通过定期获取地表点云数据监测滑坡活动、地表沉降或变形等动态变化。三维点云实时监测手段为施工和运维过程中的风险识别与管理提供了关键支持，确保潜在地质风险能够被及时发现并有效应对。

2. 参数化建模技术在地质特征构建中的应用

参数化建模技术在地理地质表征模型中用于构建和控制地质单元的形状、尺寸及其相互关系，使地质模型能够具备灵活的可调整性。通过参数化建模，可以在三维地质模型中定义岩层、断层、地基等地质构造的参数，例如层厚、倾角、深度等。参数化模型的优势在于其高效性和灵活性，能够在不同地质条件下快速调整模型，满足实际应用需求。比如，在构建断层带或地下水文结构的模型时，参数化建模可以根据地质勘查结果快速调整地层的结构特征，使得模型更加贴合实际地质条件。这能够支持地质分析，还能对工程设计方案的适应性进行快速验证。

3. 多尺度表征模型与精细粒度控制

地理地质环境的复杂性和铁路工程的广泛覆盖需要多尺度表征模型来满足不同场景的需求。在地理地质表征模型中，多尺度表征模型可以根据应用场景的不同需求提供相应的细节层级(LOD)。例如，在整体规划阶段，模型可以采用较低精细度，侧重于展示宏观地形和地质条件；而在关键地段如隧道和桥梁施工区域，则采用更高精度的模型来细化描述岩层、断层和地下水文等地质特征。这种多尺度表征模型的应用，能够优化计算资源，平衡模型的效率与精度，使得在不牺牲关键细节的前提下，有效管理和控制地质特征。

4. 动态更新与地质监测

地理地质表征模型的动态更新能力是确保铁路工程安全和效率的关键。在施工和运维过程中，利用传感器和遥感设备定期采集地质和地形数据，并将其动态更新至地质表征模型中。通过这种动态更新方式，能够实时反映地质变化。例如，在滑坡易发区，通过周期性获取的点云数据，可以检测到地表的位移或沉降情况，从而及时采取措施。此外，动态更新的地质模型还能够用于长期监测地质风险，为灾害预警和应急响应提供数据支持。

5. 智能分析与应用

结合智能分析算法，地理地质表征模型能够提供多种高级应用功能。例如，基于机器学习的地质分析算法可以对点云和地质参数数据进行深入挖掘和预测，评估未来可能发生的地质灾害风险。这些智能分析功能能够帮助决策者优化施工方案，降低施工风险。同时，通过模拟不同地质环境下的工程行为，可以测试和优化设计方案，以提高工程的安全性和可持续性。

综上所述，基于三维点云、参数化建模和多尺度表征模型的地理地质表征模型能够全面支持铁路工程中的地质特征表达和风险管理。从地质勘测、模型构建到动态更新和智能分析，地理地质表征模型在铁路数字孪生系统中提供了可靠的数据基础和智能化支持。这种基于数字孪生的地质表征方式，不仅提升了工程的精确性和安全性，也为未来的地质风险管理和应急决策提供了有力的保障。

第三节　站前工程表征模型构建技术

站前工程是铁路建设项目中不可或缺的基础部分，涵盖了从铁路选址、线路规划、土建施工到基础设施建设的全过程。通过建立数字化的站前工程表征模型，可以更加全面、动态地反映工程的实际进展和施工情况。

本节将详细介绍站前工程表征模型的构建方法及关键技术，为实现铁路工程的高效管理与控制提供支持。

一、站前工程建设过程概述

站前工程是铁路建设中最为基础和关键的部分，涵盖了桥梁、隧道和路基等基础设施的建设。其建设过程复杂，涉及多个施工阶段和大量工程技术。在站前工程建设过程中，确保结构的稳定性、安全性和工程质量至关重要。以下是站前工程建设过程的详细介绍。图 3-7 为站前工程建设概览。

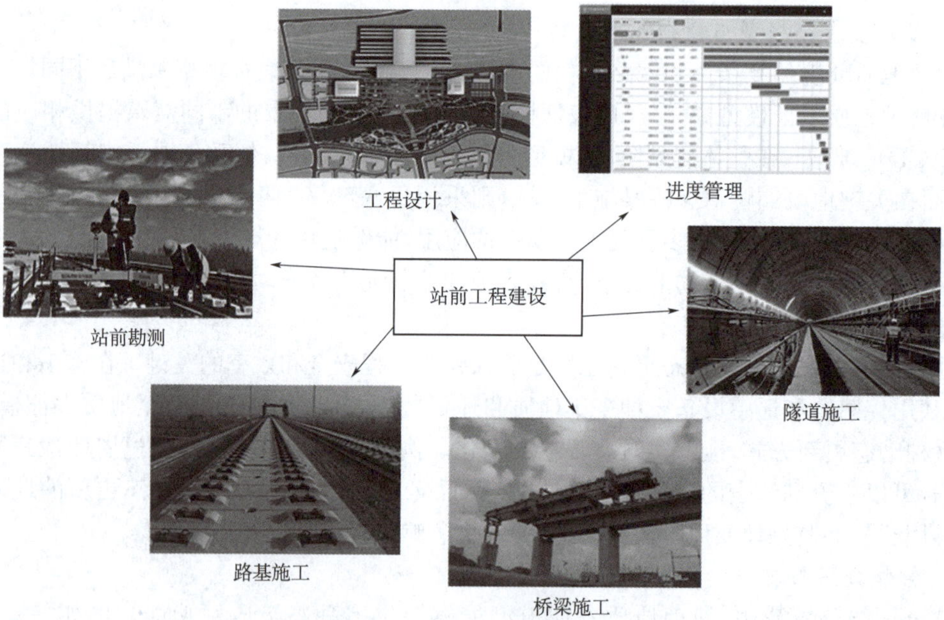

图 3-7　站前工程建设概览

1. 前期勘测与设计

在站前工程的初期阶段，需要对工程沿线进行详细的地质勘测和环境评估。这包括地形测量、地质结构分析、水文条件研究等。这些数据将用于后续的工程设计，以确保设计方案符合地质和环境条件。

根据勘测结果，工程团队会制订详细的施工图纸，包括路基、桥梁和隧道的设计方案。这一阶段的设计工作需要考虑到地质条件、环境因素以及施工的可行性。

2. 路基施工

路基施工是站前工程的基础工作，通常包括地基处理、土方填筑和压实、排水系统的构建等。不同地质条件下,路基施工方法也有所不同,例如在软土地基上可能需要进行加固处理。

路基施工过程中,需确保地基的稳固性,并采用适当的防护措施(如挡土墙、护坡)以防止滑坡或沉降。

3. 桥梁施工

桥梁施工是站前工程的重要组成部分,通常包括基础桩的施工、桥墩和桥台的建设、桥面铺设等步骤。桥梁建设中,需考虑桥梁的跨度、荷载设计以及抗震措施。

在建设过程中,施工团队需进行精确的结构受力分析,以确保桥梁在不同荷载和地质条件下的稳定性。

4. 隧道施工

隧道施工是一项技术复杂且风险较高的工程,通常采用盾构法或明挖法。施工过程包括隧道掘进、支护安装、喷混凝土加固等步骤。

隧道施工需实时监测掘进过程中地质条件的变化,并根据实际情况调整支护措施,以确保施工安全和隧道的结构稳定性。

5. 质量控制与安全管理

在站前工程建设过程中,质量控制和安全管理是确保工程顺利进行的关键。施工团队会通过定期检查和测试,确保施工质量符合设计要求,并采取必要的安全防护措施,以减少施工风险。

6. 施工进度管理

站前工程的施工进度需要严格管理。通常采用施工计划和进度监控系统,以确保工程按时完成。施工团队会根据工程实际进展进行调整,确保项目在规定的时间内高效完成。

二、站前工程表征模型构建

站前工程表征模型的构建是铁路数字孪生系统的重要组成部分,旨在全面再现站前工程的地理和结构特征,为施工、管理和监测提供精确的数字化支持。结合三维点云、参数化建模和多尺度表征模型等技术,站前工程的表征模型能够细致地展现施工过程中的关键环节,包括前期勘测与设计、路基施工、桥梁施工、隧道施工、质量控制与安全管理以及施工进度管理等。

1. 三维点云技术在站前工程中的应用

三维点云技术在站前工程的表征中起到了基础作用,特别是在前期勘测与设计阶段。通过使用激光雷达(LiDAR)和无人机等设备获取施工场地的三维点云数据,可以生成高精度的地形模型,展示地表的形态与地貌特征,为路基、桥梁和隧道施工的方案设计提供依据。在施工过程中,点云数据还能帮助实时监测工程进度和施工质量。例如,通过对比实际施工过程中的点云数据和设计模型,检测路基、桥梁和隧道的施工偏差,确保施工精度和质量。

2. 参数化建模技术在站前工程中的应用

站前工程中,参数化建模技术能够有效地表达工程的几何特征及其相互关系。在路基、桥梁和隧道施工阶段,通过参数化建模可以建立精细的工程构件模型,并对模型的形状、尺寸和位置等几何参数进行控制。参数化建模的优势在于其高度灵活性和可编辑性,使得模型能够根据设计变更和施工需求进行快速调整。例如,在桥梁施工中,可以基于参数化模型控制桥墩高度、跨度和桥面宽度等关键参数,确保工程符合设计规范。同时,参数化建模还能够结合施工进度管理,实时更新模型状态,帮助现场管理人员更直观地了解施工进展。

3. 多尺度表征模型与精细粒度控制

站前工程涉及的场地广泛，施工内容复杂，因此需要采用多尺度表征模型，以便在不同层级上有效管理施工过程。多尺度表征模型能够在宏观和微观层级上对站前工程进行不同粒度的表征。例如，在站前整体规划阶段，可以采用较低精细度的模型来展示地理和地形特征；而在桥梁、隧道等重要结构施工中，则采用高精细度的模型来详细刻画结构特征和施工进度。图 3-8 是闵浦三桥工程 BIM 模型。这样的多尺度表征模型使得管理者可以在宏观上进行总体调度，并在微观层面上对关键部位进行细致管控。

图 3-8　闵浦三桥工程 BIM 模型

4. 动态更新与施工进度管理

结合站前工程的施工进度管理需求，表征模型的动态更新至关重要。在施工过程中，通过传感器和无人机等设备，实时采集现场的施工进度和质量数据，并将这些数据动态更新到站前工程的表征模型中。例如，通过周期性获取的点云数据，可以将施工状态与进度计划进行比对，确保施工过程按计划进行。当施工进度出现偏差或质量问题时，可以及时进行调整，从而降低风险，确保项目按时交付。

5. 质量控制与安全管理

站前工程表征模型还可以应用于质量控制和安全管理中。通过三维点云和参数化模型，监测施工过程中结构的形变、沉降等信息，及时识别和处理潜在的质量问题。此外，模型可以结合地质信息和安全风险数据，识别施工区域的地质隐患，为安全管理提供支持。多尺度表征模型能够在不同粒度上对施工环境进行分析和评估，为关键部位的施工质量提供保障。

综上所述，基于三维点云、参数化建模和多尺度表征模型的站前工程表征模型能够全方位支持站前工程的各个关键环节。从前期勘测设计、路基和桥梁施工，到隧道施工、质量控制与安全管理，再到施工进度的实时跟踪，站前工程的表征模型为铁路数字孪生系统提供了数据驱动和智能化支持。这种数字化表征方式不仅提升了站前工程的管理效率和安全性，也为铁路项目的后续运维提供了精准的基础数据。

第四节　站房工程表征模型构建技术

站房工程是铁路站点建设中不可或缺的组成部分，其建设过程涉及建筑结构设计、施工进度管理以及功能空间的优化配置。数字孪生系统能够构建出精细化的站房数字孪生模型，帮助全面呈现和监控站房设施的各项特征。

本节将详细探讨站房工程表征模型的构建方法及关键技术。

一、站房工程建设过程概述

站房工程是铁路站点建设中的核心组成部分，涵盖车站建筑结构的设计、施工以及功能空间的优化配置。站房工程不仅需要考虑结构的稳定性和美观性，还需要兼顾功能性、安全性和能源效率等多重因素。以下是站房工程建设过程的详细介绍。图 3-9 为站房工程建设概览。

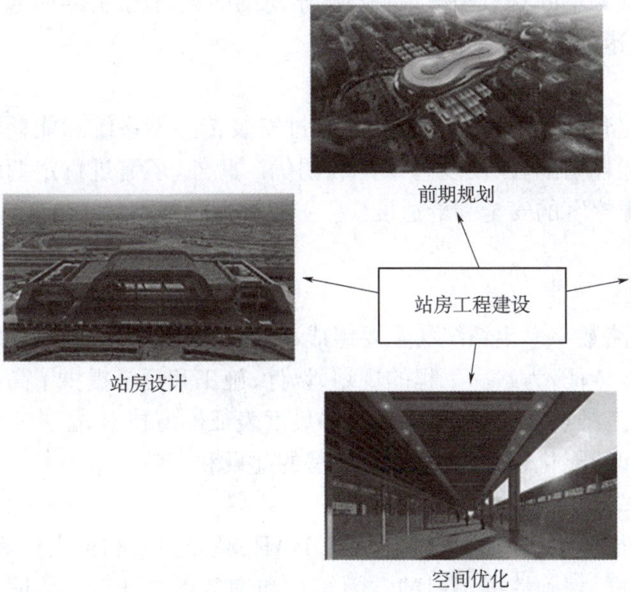

图 3-9　站房工程建设概览

1. 前期规划与设计

站房工程的建设从前期规划和设计开始。工程设计团队首先对车站周围的地理和交通环境进行调研，并制订建筑功能布局和空间组织方案。设计需充分考虑站房的使用需求，包括旅客候车区、商业区、办公区、设备房等功能区的合理布局。

在设计过程中，还需应用建筑信息模型(BIM)技术创建站房的三维建筑模型，精确展示建筑结构和细部构件。BIM 模型能够帮助设计团队进行方案的优化调整，提高设计精度，并确保结构的可行性和安全性。

2. 站房结构施工

站房工程的施工需要依照建筑设计图纸严格进行，通常分为基础施工、结构主体施工和外部装饰三个阶段。基础施工包括桩基打桩和基坑开挖，确保站房有稳固的地基。

结构主体施工是站房建设的核心阶段，包括钢筋混凝土结构的搭建以及承重梁、柱、楼板的施工。这一过程需要使用 BIM 技术进行进度和质量控制，以确保施工过程按计划进行，并保证结构的稳定性。

外部装饰包括外墙、玻璃幕墙、屋顶等部件的安装。在这一阶段，还需进行各功能区的内部装修和设备安装，例如电气系统、空调系统、消防系统的布置。

3. 功能空间配置与优化

在站房的内部空间配置过程中，需要合理规划旅客流动路线，确保候车区、进出站口、商业区等功能区布局符合实际运营需求。通过旅客流量模拟和分析，可以优化站房的内部通道设计，以提高旅客通行效率。

功能区配置还需考虑多样化需求，如商业服务、应急通道设置等，以提升站房整体的运营效能和舒适度。

4. 能效管理与调试

站房建设完成后，需要进行能效管理系统的安装和调试，以确保站房在运营过程中的能源利用效率。通过能效模型，可以预测不同季节和使用状态下站房的能耗情况，并对暖通空调系统、照明系统等进行优化调整，以达到节能目的。

5. 运营管理与维护

站房投入运营后，需要建立完善的管理和维护机制。通过安装传感器系统和能耗监测系统，实时监控站房的运行状态和能耗情况，以便及时维护和调优。此外，还需进行定期的结构安全检查和消防设备检测，以保障旅客的安全和舒适度。

二、站房工程表征模型构建

站房工程表征模型构建是铁路数字孪生系统的重要组成部分，通过数字化、信息化的手段精确呈现站房的几何、结构和功能特征，为站房工程的规划、设计、施工和运维提供了高效的数据支持。站房工程表征模型结合三维点云、参数化建模和多尺度表征模型技术，能够实现对站房设施的精细化表达、实时监控和智能化管理，助力铁路站房的建设和高效运维。

1. 三维点云技术在站房表征中的应用

三维点云技术是站房工程表征模型构建的基础，通过 LiDAR、激光扫描和无人机等设备，可以高效获取站房的三维几何数据，精确捕捉站房的空间结构和细节。三维点云数据能够构建站房的整体形态，为后续的参数化建模和多尺度表达提供初始数据支撑。在站房施工过程中，三维点云数据也用于实时监控建筑的施工进度和质量，例如通过对比实际施工与设计模型，发现并纠正施工偏差，确保建筑质量。在站房的运维管理阶段，点云数据可定期更新，用于监测建筑的状态变化，及时发现结构变形、损耗等潜在问题。

2. 参数化建模在站房构建中的作用

参数化建模在站房工程表征模型中用于精确控制站房的几何参数，使得站房模型的构建更加灵活和可编辑。站房结构中的多个构件（如柱、梁、墙体、楼板等）可通过参数化建模定义其关键参数（如高度、宽度、厚度等），实现几何参数与设计需求的紧密对接。这一特性在站房工程中尤为重要，因为站房内部布局复杂且各设施之间相互关联。参数化建模能够快速调整站房的几何特征，适应设计变更或优化施工需求。通过参数化模型，可以在设计阶段模拟不同方案的效果，验证布局的合理性和空间的利用率，从而优化站房的功能性和人流动线。同时，参数化建模在设施维护中也十分便利，任何更改都可以迅速反映在数字模型中，提升管理效率。

3. 多尺度表征模型与精细粒度控制

在站房工程表征模型中，不同的应用需求和管理场景对模型的精度要求不同，因此需要多尺度表征模型来进行适应性构建。在宏观层面，站房的总体结构模型可以采用较低精度的模型，以展示站房的基本形态和空间分布；而在关键部位（如承重结构、设备机房和候车区域等）则应用高精细度模型，细致刻画每个细节。这种多尺度表征模型使得在保证整体效能的前提下，对特定区域的管理更加精确。例如，在站房的电气设备和供水设施区域，采用高精度模型便于运维人员进行检测和维修，而在普通区域则可以使用简化模型，以节省计算资源。这种多尺度表征模型还支持复杂的施工进度监控，使管理人员可以在不同精度下观察站房工程的建设情况。

4. 动态更新与状态监测

站房工程表征模型不仅在建设过程中为施工提供支持，在后续的运营管理阶段同样具有重要价值。通过在站房的关键位置布设传感器，并定期采集建筑的结构、温湿度、消防、空气质量等环境数据，将这些数据动态集成到表征模型中。动态更新的站房模型能够及时反映站房设施的运行状态，并对可能出现的安全隐患（如结构变形、火灾风险等）进行监测和预警。例如，在站房的候车大厅和候车区域，可以实时监测人流密度、空气质量和设备状态，为运维人员提供及时的反馈，确保站房的安全与舒适。此外，动态更新的模型还能够为节能和资源管理提供数据支持，优化站房的日常运营。

5. 智能分析与运营管理

基于站房表征模型的智能分析功能，使得站房工程的日常管理更加高效和智能化。例如，通过在模型中嵌入智能分析模块，可以对站房的空间使用率、设备耗能情况等关键指标进行实时分析。结合机器学习算法，模型可以预测站房设备的维护需求，提前安排检修，从而降低故障率和维护成本。智能分析还可以为站房的运营管理提供决策支持，例如通过分析人流和设施使用情况，优化候车区域的布局，提升旅客的出行体验。结合数字孪生技术，可以对站房进行虚拟仿真，模拟不同情况下的应急响应方案，从而提升站房的应急处理能力和管理效率。

综上所述，站房工程表征模型构建技术结合三维点云、参数化建模和多尺度表征模型，构建了精准、高效的站房数字孪生模型。从施工过程到后期运维管理，站房工程表征模型提供了全面的数据支持和智能化管理手段，使得站房在功能性、安全性和管理效率上均得到显著提升。这种数字化表征方式，不仅推动了站房工程的现代化建设，也为铁路站房的长久运营和可持续发展奠定了坚实的技术基础。

第五节　四电工程表征模型构建技术

四电工程涵盖了铁路系统中的通信、信号、电力和电气化四个关键系统，为铁路的安全、高效和稳定运行提供了重要的基础支撑。通过构建四电工程表征模型，可以在数字孪生系统的支持下实现对四电系统的精细化表达和动态监控。

本节详细探讨四电工程表征模型的构建方法与关键技术，为实现铁路四电系统的智能化管理奠定基础。

一、四电工程建设过程概述

四电工程是指铁路系统中通信、信号、电力和电气化设备的安装和运行保障，是确保铁路安全、高效运营的重要基础工程。四电工程的建设涵盖从设计、施工到维护的全流程管理，其核心目标是在铁路系统中建立一个高效稳定的信息传递、信号控制和供电体系，以确保列车的安全运行和铁路设施的稳定运营。四电工程的四电包括：

1. 通信系统

铁路通信是传送相关信息而建设运用的通信系统的总称，准确、及时、可靠地传输相关信息，满足铁路运输生产和经营管理需要。铁路通信网主要包括承载网、业务网和支撑网。

通常在铁路枢纽设通信站，在铁路沿线车站设通信机房，在沿线区间设置相关通信设施。以上设备设施作为通信节点，通过接入网（光纤、电缆等）实现延伸覆盖，接入用户（包括终端和系统）并为其提供所需的通信业务。

2. 信号系统

铁路信号是计算机技术、现代通信技术和自动控制技术在铁路运输生产过程中的具体应用，是铁路运输的“中枢神经”，是铁路现代化的重要标志之一。

信号是在行车工作中，对乘务人员与行车有关人员指示运行条件而规定的物理特征符号，即指示列车运行及调车作业的命令。铁路信号设备是保证行车安全，提高运输效率，改善行车组织方式，提升运营管理水平的关键设施。

铁路信号系统从功能实现角度分，通常由车站联锁设备、列车运行安全防护设备、远程调度设备、信号检测及监测设备、数据传输网络、信号电源及信号基础设备等组成。

铁路信号基础设备是铁路信号系统的重要组成部分，主要包括信号装置、转辙设备、继电器、轨道状态检查装置、应答器等。

3. 电力系统

电力系统为铁路的各类设备（包括信号系统、通信系统和车站设施）提供稳定的电力支持，保障系统的正常运行。电力系统通常包括电力变电站、输电线路以及备用电源。

电力系统主要由高压输电线路、变电设施、供电设备以及供电监控系统组成。高压输电线路将电能传输到铁路沿线的变电站，再通过变电站将电力分配到各个子系统。

电力系统建设需包括变电站的建设与配电设备的安装。此外，施工团队还需要布设输电线路，并对整个供电网络进行测试和调试，以确保供电的稳定性和安全性。

4. 电气化系统

电气化系统为铁路的电气化列车提供动力，是确保列车在高速铁路线路上获得稳定动力的核心设备。

采用电力牵引的铁路称为电气化铁路。电气化铁路由牵引供电系统和电力机车两部分组成。

电气化系统的建设需在铁路沿线布设接触网，同时进行受电弓和接触网的匹配调试，以确保两者在高速行驶条件下的稳定接触。此外，还需对供电系统进行实时监控，以应对电压波动和其他异常情况。

四电工程的各个子系统密切协作，共同保障铁路系统的安全、稳定和高效运营。在施工过程中，工程团队需要进行全方位的测试和调试，并建立监控系统，确保系统的稳定性和安全性。

二、四电工程表征模型构建

四电工程表征模型构建是铁路数字孪生系统的核心部分之一，通过建立精确的数字化模型，全面表征四电系统的结构、功能及状态，为四电工程的设计、施工、运维提供高效的数据支撑。四电工程表征模型采用三维点云、参数化建模和多尺度表征模型等技术，构建了从宏观整体到微观细节的多层次模型，为通信、信号、电力和电气化各子系统提供精细化的数字孪生表达。

1. 三维点云技术在四电表征中的应用

三维点云技术是四电工程表征模型的基础，通过 LiDAR、激光扫描和无人机等设备，能够高效获取四电工程设施的三维几何数据。这些数据在四电系统的空间布局和设施安装中起到了重要的支撑作用。三维点云技术可用于构建接触网、信号机、轨道电路等设施的精细模型，清晰呈现设备的空间位置和连接关系。例如，在变电站的建设中，三维点云数据可以帮助精确定位每个高压设备的位置，优化空间布局。此外，点云数据还可以用于施工过程中的动态监测，实时检测四电设施的施工进度和偏差情况，确保工程按设计规范进行。

2. 参数化建模在四电构建中的作用

参数化建模技术在四电工程表征模型构建中具有显著优势，能够通过几何参数的控制实现对设备模型的高精度和灵活性控制。在四电系统中，每个子系统包含多种设备，例如通信系统的光纤传输设备、信号系统的信号机和轨道电路、电力系统的变电所设备和电气化系统的接触网支柱等。通过参数化建模，可以为这些设备定义一系列关键几何参数（如高度、厚度、间距、角度等），以便模型在不同条件下的快速调整。参数化模型的可编辑性不仅支持设计阶段的方案优化，还在施工和运维阶段具有实时调整的灵活性。例如，在牵引变电所的设计中，可以通过参数化模型调整变压器、开关设备的布局和连接方式，以适应不同站点的供电需求和空间限制。

3. 多尺度表征模型与精细粒度控制

四电工程表征模型需要在不同尺度和精细粒度下表达，以便满足各个子系统的多样化应用需求。在宏观层面，多尺度表征模型可用于展示整个四电系统的布局和连接关系；在微观层面，可以使用高精度模型对重要设备进行详细刻画。这样的多尺度表征模型构建可以在管理层面上实现灵活的调度和监控。例如，在调度管理中，可以使用较低精度的模型快速查看四电系统的整体分布，而在关键区域，如接触网支柱、信号机和变电设备区域，则使用高精度模型，确保维护和检修过程中的准确性。这种分层次的精细粒度控制不仅能优化计算资源的利用，还能确保在需要关注的关键区域达到最佳的管理效果。

4. 动态更新与状态监测

四电工程表征模型的动态更新能力是保证四电系统安全高效运维的关键。在实际运营中，通过传感器和遥感设备实时采集通信、信号和供电设备的状态数据，将这些数据动态集成到四电表征模型中。例如，在电气化系统中，动态监测接触网的受力、磨损情况，实时更新接触网的状态表征，确保电气化设备的稳定运行。通信系统和信号系统中的设备，如光纤传输线路和信号控制设备，也可以通过实时数据监测状态变化，当出现异常时，模型可以进行预警，提示维修人员及时检查和维护。此外，动态更新的表征模型能够记录四电系统的运行历史，为未来的检修和故障排查提供数据支持，有效提升运维效率。

5. 智能分析与决策支持

四电工程表征模型通过智能分析模块的嵌入，能够提供多种高级应用，进一步提升四电系统的管理效率和智能化水平。智能分析功能结合机器学习算法，能够预测设备的健康状态和维护需求。例如，通过分析历史数据和运行状态，模型可以预测变电设备和接触网的维护周期，提前安排检修，减少设备故障率。同时，表征模型可以实现对四电系统能耗的实时分析，通过对电力和电气化系统的能耗分析，帮助优化系统的能源使用。此外，模型还能支持应急响应模拟，如通过仿真通信中断或信号系统故障场景，测试应急方案的有效性，确保四电系统在突发情况下的安全可靠。

6. 虚拟仿真与运维管理

借助数字孪生技术，四电工程表征模型能够实现系统的虚拟仿真，从而在仿真环境中测试各种运营策略和运维方案。例如，可以在数字模型中模拟供电系统的负荷变化、信号系统的拥堵情况，从而分析系统的响应能力和故障风险。通过虚拟仿真，运维管理人员可以提前识别潜在问题，优化运维策略。同时，四电表征模型还能够支持日常的远程监控和管理，如实时监控四电设施的状态，识别和处理异常情况，为铁路的安全运营提供可靠支持。

综上所述，基于三维点云、参数化建模和多尺度表征模型的四电工程表征模型构建，全面实现了对四电系统的数字孪生表达，为铁路项目的四电系统设计、施工和运维提供了精确的数据基础和智能化管理手段。这一数字化表征方式不仅提升了四电系统的可靠性和运行效率，还为铁路运输的智能化运营提供了坚实的技术支持。通过动态更新和智能分析，四电工程表征模型为铁路数字孪生系统注入了智能决策和高效运维的新动能。

复习思考题

1. 铁路数字孪生表征模型构建过程中主要涉及哪些技术？请给出简短描述。
2. 在构建铁路数字孪生表征模型时，如何确定使用何种表征模型？
3. 请列举几种常见的铁路数字孪生应用场景，并解释其在实际操作中的价值。
4. 构建铁路数字孪生表征模型时，如何平衡模型的复杂度与实用性？
5. 请分享一个铁路行业数字孪生表征模型构建的成功案例。

第四章
铁路数字孪生机理模型构建技术

本章是深入理解铁路数字孪生技术的重要内容，从机理模型构建技术的角度出发，详细探讨在铁路数字孪生中如何构建准确、高效的机理模型。通过对基于本构关系的机理模型、基于有限元的机理模型以及基于数据驱动的机理模型等多种构建技术的介绍，读者将能够掌握不同类型的机理模型在铁路数字孪生中的应用场景和构建方法。

本章内容既包含理论知识的介绍，也注重实践操作的指导。通过理论结合实践的方式，读者将能够深入了解铁路数字孪生机理模型构建的全过程，并能够在实践中灵活运用所学知识，解决实际问题。无论是对于铁路工程领域的专业人员，还是对于对数字孪生技术感兴趣的读者，本章都将提供宝贵的参考和启示。

知识目标

1. 掌握铁路数字孪生机理模型的基本概念及其重要性。

2. 了解不同类型的机理模型构建技术，包括基于本构关系的机理模型、基于有限元的机理模型和基于数据驱动的机理模型。

3. 理解各种机理模型构建技术的优缺点，以及它们在铁路数字孪生中的应用场景。

能力目标

1. 能够根据实际需求选择合适的机理模型构建技术，进行铁路数字孪生机理模型的构建。

2. 能够运用所学知识，分析和解决铁路数字孪生机理模型构建过程中遇到的问题。

3. 能够提升对铁路数字孪生机理模型构建技术的敏锐洞察力和创新能力。

第一节　机理模型构建技术总述

铁路数字孪生机理模型的构建是数字孪生技术在铁路领域应用的核心环节之一。机理模型通过多种理论与技术手段，建立起虚拟模型与物理世界之间的精确映射关系，支持对铁路设施的运行状态进行全面描述与预测。

本节所介绍的铁路数字孪生机理模型构建技术主要分为三大类：基于本构关系的机理模

型构建技术、基于有限元的机理模型构建技术，以及基于数据驱动的机理模型构建技术。这些模型和技术结合了不同数据和计算方法，以支持在复杂的工程环境中进行精准的仿真、预测和分析。图 4-1 为机理模型构建技术分类。

除此之外，通过融合表征模型、机理模型和数据，构建模型与数据一体化的驱动模式，以此为手段实现智能高速铁路的轴面协同。在轴上实现设计、施工和运营等全生命周期内的信息正向无损传递和反向优化迭代，在面上实现各静态时间截面的全要素协同，从而达到“安全可靠、经济高效、温馨舒适、方便快捷、节能环保”等综合性能的最优状态。

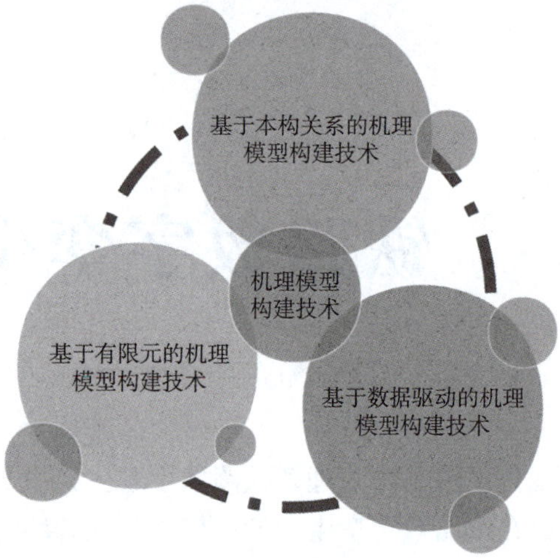

图 4-1　机理模型构建技术分类

一、基于本构关系的机理模型构建技术

本构关系是描述材料在应力和应变作用下的基本物理特性，这些关系构成了许多工程分析和设计的基础。在铁路领域，基于本构关系的机理模型主要用于描述钢轨、桥梁、隧道以及道床材料在不同荷载条件下的行为。这种模型通过结合材料的物理和化学特性，能够提供精确的应力—应变预测，为轨道和列车的设计、故障诊断和维护提供了科学依据。

二、基于有限元的机理模型构建技术

有限元分析作为一种数值计算方法，被广泛用于模拟和分析复杂的铁路结构问题。FEA 通过将复杂的结构离散化为多个小单元，并求解这些单元的局部解来构建整体系统的全局解。在铁路领域，这一技术应用于轨道应力分析、桥梁动力学响应以及隧道围岩的稳定性评估等方面。基于有限元的模型能够精准预测铁路基础设施在列车载荷下的变形和应力分布，为优化设计和安全评估提供了重要支持。

三、基于数据驱动的机理模型构建技术

随着大数据和人工智能技术的发展，基于数据驱动的机理模型逐渐成为铁路系统分析和优化的核心手段。通过利用大量实时传感器数据和历史运行记录，结合机器学习算法，数据驱动的模型能够捕捉铁路系统中复杂的非线性动态行为，提供设备健康监测、故障预测以及列车调度优化等功能。这种技术的核心优势在于其自适应性和实时性，使铁路系统能够快速响应环境变化并进行优化调整，从而提升整体运行效率和安全性。

第二节　“由虚到实”：基于本构关系的机理模型构建技术

本节重点探讨基于本构关系的机理模型构建技术，其核心逻辑是“由虚到实”。通过解析材料与结构的本构关系，将理论模型与铁路工程的实际物理特性相结合，建立能够准确描述结构力学行为的数学模型。这些模型为铁路数字孪生技术提供了基础性的力学支持，涵盖钢轨、

道岔等关键部件的应力—应变关系、温度应力分析和地基变形等领域。

一、钢轨和道岔结构的应力—应变关系

钢轨是铁路的关键组成部分，承受列车荷载以及外界环境（如温度变化）的复杂影响。因此，准确描述钢轨的力学行为对于其使用寿命和安全性至关重要。为了分析钢轨在不同应力条件下的力学性能，常常使用弹塑性本构模型和损伤模型来对钢轨的应力—应变关系进行模拟。下面将详细介绍这两种模型的构建与应用。

1. 弹塑性本构模型

在低应力条件下，钢轨表现为线弹性材料，即其应力和应变的关系可以通过经典的胡克定律来描述。在此范围内，钢轨不会发生永久变形，且加载后可完全恢复原状。胡克定律描述了材料在弹性阶段的应力—应变关系，其数学表达式为

$$\sigma = E \cdot \varepsilon \tag{4-1}$$

式中 σ——应力；

ε——应变；

E——钢轨材料的弹性模量。

式(4-1)适用于钢轨在屈服点以下的工作状态，此时钢轨的变形是可逆的。

然而，当钢轨的应力超过屈服点（即屈服应力 σ_y），材料进入塑性变形阶段，其应力—应变关系变为非线性。为了描述这一阶段的行为，常常使用双线性硬化模型。在塑性区，钢轨材料的应力表示如下：

$$\begin{cases} \sigma = E \cdot \varepsilon, & \varepsilon \leqslant \varepsilon_y \\ \sigma = \sigma_y + H \cdot (\varepsilon - \varepsilon_y), & \varepsilon > \varepsilon_y \end{cases} \tag{4-2}$$

式中 σ_y——屈服应力；

ε_y——屈服应变；

H——硬化模量。

通过该模型，可以准确描述钢轨在超过屈服点后的塑性变形行为，包括材料的硬化效应。

2. 损伤模型

钢轨在长期使用过程中，会出现疲劳裂纹和损伤累积，这些微观损伤会逐渐降低钢轨的承载能力，最终导致钢轨失效。为了描述钢轨的损伤累积过程，常用损伤力学模型来表征材料的劣化行为。该模型通过引入损伤变量 D 来表示材料的损伤程度。

损伤变量 D 的取值范围在 0～1 之间，$D=0$ 表示材料无损伤，$D=1$ 表示材料完全失效。在损伤力学模型中，损伤变量会对材料的弹性模量产生影响，因此应力—应变关系可以修正为

$$\sigma = (1-D)E \cdot \varepsilon \tag{4-3}$$

其中，$1-D$ 为损伤影响因子。当 D 随着时间增加时，材料的有效弹性模量逐渐减小，导致材料的承载能力下降。通过该模型，可以预测钢轨的疲劳寿命以及失效过程，帮助制订合理的维护和更换策略，以延长钢轨的使用寿命并减少维护成本。

二、轮轨接触的非线性力学模型

轮轨接触是铁路力学中的核心问题，涉及复杂的接触力学关系，尤其是在高速、重载列车的运行过程中。基于本构关系的轮轨接触模型，主要用于分析轮轨系统中的应力分布、接触面

积、摩擦力和磨损现象等。为了更好地描述这种非线性接触行为，通常采用两类经典的模型：赫兹接触理论和 Kalker 理论。这两个模型分别侧重于弹性接触和非线性摩擦滑动的不同方面，提供了不同的解决思路。图 4-2 为铁路轮轨接触示意。

图 4-2 铁路轮轨接触示意

1. 赫兹接触理论

赫兹接触理论用于描述两个弹性体之间的局部接触问题，特别是当这些弹性体在小变形条件下相互作用时的接触变形。赫兹接触理论假设接触面为椭圆形，并根据接触物体的几何特性和施加的载荷，给出最大接触压力和接触面积的关系。

赫兹接触理论中，接触压力 P 与垂直载荷 F 以及接触椭圆的半径 a 之间的关系为

$$P=\frac{3F}{2\pi a^2} \tag{4-4}$$

式中 P——接触压力；

F——垂直载荷；

a——接触椭圆的半径。

这一理论的核心在于通过假设接触区域为椭圆形，能够有效计算出轮轨接触过程中的压力分布和接触面积。这在分析列车运行中的接触应力和轮轨磨耗时具有重要意义。特别是对于铁路工程中，理解轮轨间的接触应力有助于优化钢轨和车轮的设计，延长其使用寿命。

2. Kalker 理论

当轮轨之间发生相对滑动时，摩擦力和滑动速度之间的关系变得更加复杂，不能仅依赖赫兹接触理论来描述。这时，需要引入 Kalker 理论，该理论考虑了轮轨接触中的非线性摩擦现象，能够模拟轮轨之间的打滑和黏着行为。

Kalker 理论的重点在于描述接触区域内的剪切力和相对滑动速度之间的非线性关系。通过这种方式，工程师能够更精确地计算轮轨系统在高速运行中的打滑现象，并预测可能发生的摩擦损耗和能量损失。此模型广泛应用于轮轨磨耗分析、列车动力学仿真等领域，帮助优化轮轨系统的摩擦管理，减少能源损失和维护成本。

三、无缝线路的温度应力分析

无缝线路是一种优化设计的铁路结构，通过减少或消除钢轨之间的伸缩缝，来提高列车运行的平顺性和稳定性。然而，温度变化对无缝线路的影响不可忽视。钢轨随着环境温度的变化会产生热膨胀或收缩，从而导致温度应力的积累。为了精确描述无缝线路中由温度变化引起的应力问题，可以使用热弹性本构模型来进行分析。

热弹性应力模型的定义是，当环境温度升高时，钢轨会发生膨胀，如果这种膨胀受到约束（例如由于轨枕或路基的固定作用），则钢轨内部会产生压缩应力。反之，当温度降低时，钢轨则会收缩，从而产生拉应力。温度应力的计算公式为

$$\sigma_T=E\cdot\alpha\cdot\Delta T \tag{4-5}$$

式中 σ_T——温度应力；

E——钢轨的弹性模量；

α——钢轨材料的线膨胀系数；

ΔT——温度变化量。

通过式(4-5)，可以预测钢轨在温度变化时的应力状态。这一模型的应用帮助工程师优化无缝线路的设计和施工，特别是在极端气候条件下，防止钢轨因过度胀缩而发生断裂或轨道变形。无缝线路的温度应力管理是确保铁路安全运行的关键。

四、铁路基础设施的地基变形模型

铁路的长期稳定性不仅取决于轨道和车辆，还受制于其下部结构——铁路基础设施。地基是铁路荷载的重要承载部分，随着时间的推移，地基可能会发生沉降、变形，影响铁路的稳定性。为了描述铁路基础设施的地基力学行为，常用弹塑性本构模型来分析土壤或混凝土基础在各种工况下的应力和变形。

铁路基础设施的地基变形模型主要指地基的弹塑性本构模型。土壤的力学特性表现为复杂的非线性弹塑性行为，在小应力条件下，地基材料表现为弹性体，其应力和应变关系遵循线弹性理论。但随着应力增加，材料进入塑性阶段，表现出永久变形。土壤的应力—应变关系常通过莫尔—库仑准则进行描述。

$$\tau=c+\sigma\cdot\tan\varphi \tag{4-6}$$

式中 τ——剪应力；

σ——法向应力；

c——黏聚力；

φ——土壤的内摩擦角。

通过该模型，可以预测铁路地基在长期荷载作用下的沉降和塑性变形。特别是在复杂地质条件下，如软土层区域，该模型有助于工程师设计加固措施，确保铁路结构的长期稳定性。

五、桥梁结构的力学行为分析

铁路桥梁是承受列车动态荷载的重要基础设施，其结构的力学行为对于铁路安全至关重要。列车通过时产生的振动和荷载会引起桥梁结构的变形和应力集中，特别是在大跨度桥梁上。为了对桥梁结构的力学行为进行分析，常用弹性—塑性本构模型和振动分析模型来描述桥梁的应力分布和动力响应。图 4-3 为桥梁结构力学示意。

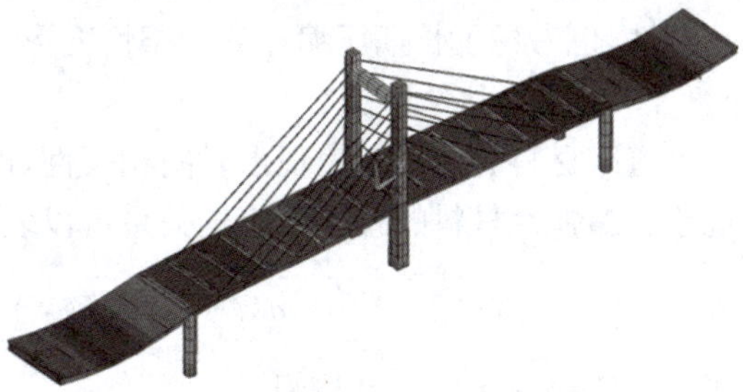

图 4-3 桥梁结构力学示意

1. 弹性—塑性本构模型

桥梁的主要结构材料(如钢和混凝土)在应力较小时表现为弹性，在屈服应力之后进入塑性变形阶段。桥梁结构在承受列车荷载时，其应力—应变关系可以通过经典的梁理论来表示。弯矩 M 和应力 σ 的关系为

$$\sigma=\frac{M\cdot y}{I} \tag{4-7}$$

式中 M——桥梁横截面的弯矩；

y——距离中性轴的距离；

I——截面的惯性矩。

式(4-7)帮助工程师计算桥梁在列车通过时的应力分布，预测可能的应力集中区域，进而设计合理的桥梁结构以确保其安全性。

2. 振动分析

列车动态荷载对桥梁产生的振动也可以通过动力学模型进行分析。桥梁的振动频率和幅度与列车的速度、重量以及桥梁的固有频率有关。通过对桥梁的动力响应进行分析，工程师可以确定可能的共振区域，并采取措施减少振动对桥梁结构的影响。

六、道床和轨道结构的力学模型

道床作为轨道系统的重要组成部分，其力学性能直接影响到列车的运行平顺性和轨道的长期稳定性。道床材料通常由碎石或混凝土组成，具有复杂的力学特性。为了描述道床材料在列车荷载下的变形行为，常使用弹塑性和黏弹性本构模型来进行分析。图 4-4 为道床和轨道结构示意。

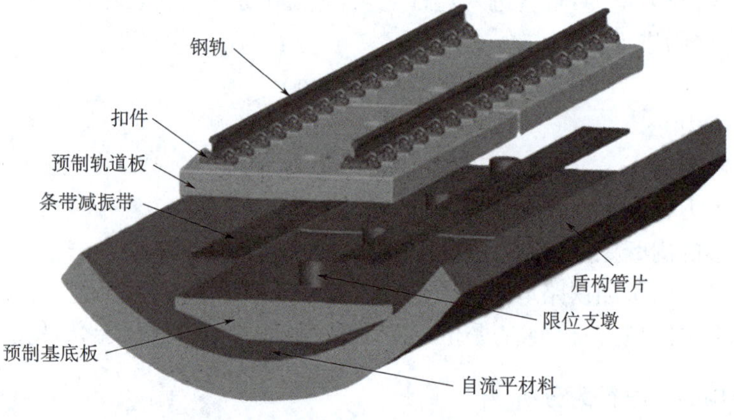

图 4-4　道床和轨道结构示意

1. 道床的弹塑性模型

道床材料在列车荷载作用下会产生压缩变形，随着列车频繁通过，道床材料逐渐发生永久变形。其应力—应变关系可以通过弹塑性模型来描述，这种模型既考虑了道床材料的弹性回复特性，也考虑了长期压缩导致的塑性变形。

2. 道床的黏弹性模型

道床材料的变形还表现出时间相关性，即道床在长期荷载作用下会出现应力松弛或蠕变现象。黏弹性材料的应力—应变关系可以表示为

$$\sigma(t)=E_0\varepsilon(t)+\int_0^t E_1(t-\tau)\frac{\mathrm{d}\varepsilon(\tau)}{\mathrm{d}\tau}\mathrm{d}\tau \tag{4-8}$$

式中　E_0——瞬时弹性模量；

$E_1(t)$——黏弹性松弛模量。

通过该模型，可以准确描述道床材料在不同时间尺度下的力学响应，预测道床的长期沉降和稳定性。

七、隧道结构的力学模型

铁路隧道作为铁路线路的重要基础设施,其结构在施工和使用过程中受到复杂的应力条件。隧道围岩的力学行为是隧道设计和施工的重要内容,尤其是在复杂地质条件下,围岩的变形和破坏可能影响隧道的安全性。基于本构关系的弹塑性和损伤模型常用于描述围岩的力学行为。图 4-5 为隧道结构力学分析示意。

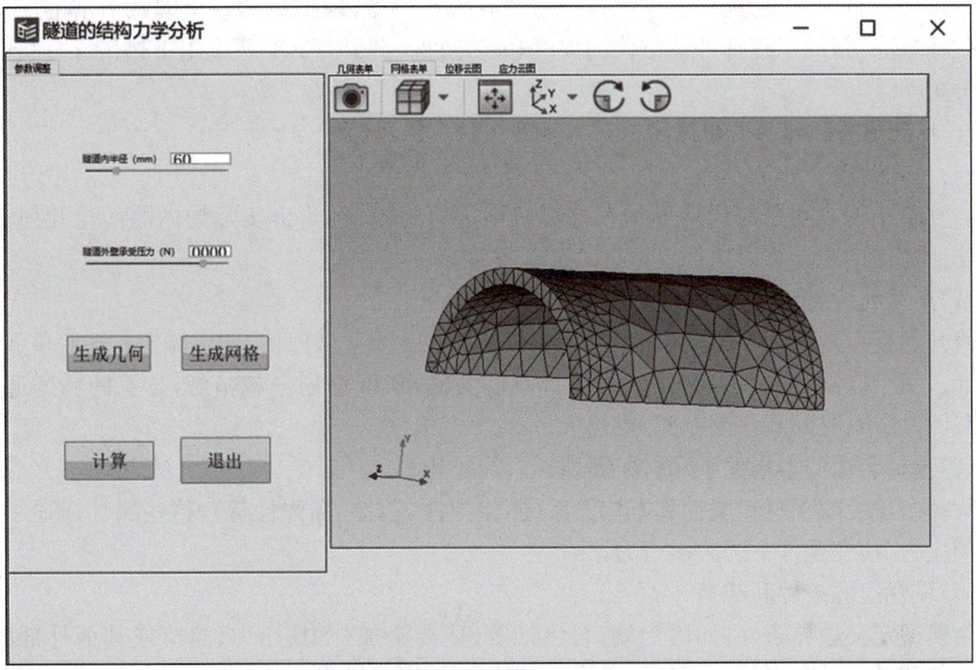

图 4-5 隧道结构力学分析示意

1. 围岩的弹塑性模型

隧道围岩在受到外部荷载时,最初表现为弹性变形,但随着荷载的增加,围岩材料会进入塑性变形阶段。围岩的应力—应变关系可以通过弹塑性模型描述,尤其是在复杂地质条件下,准确描述围岩的变形行为至关重要。

2. 损伤模型

隧道的长期使用过程中,围岩可能会发生损伤累积,进而影响隧道的稳定性。通过损伤力学模型,可以描述围岩的劣化过程,预测隧道的寿命,并指导隧道的维护和加固。

第三节 “由实到虚”:基于有限元的机理模型构建技术

在铁路数字孪生系统中,有限元分析方法是实现由实到虚的重要手段,它的目的是构建出精确的数字模型。该方法输入实际测量的几何、材料和边界条件,建立离散化的数学模型,对复杂结构的力学行为进行模拟与预测。

本节将探讨有限元方法在铁路数字孪生系统中的应用,并介绍其与仿真技术的深度融合,为铁路结构的优化设计与性能评估提供重要支持。

一、有限元分析方法

有限元分析是一种数值计算方法,用于求解工程和物理问题中复杂的边界值问题,尤其适用于结构力学、热传导、流体动力学、电磁场等领域的分析。FEA 的基本思想是将复杂的问题分解为许多简单的、易于处理的单元,通过求解这些单元的局部解,再将这些局部解组合成整个系统的全局解。

有限元分析的常见方法是结构分析,通过有限元模型,模拟结构在不同载荷下的应力、应变和位移分布,帮助工程师评估结构的强度和稳定性。此外,FEA 还应用于热传导分析、流体力学分析等。

1. 有限元分析的基本步骤

(1)几何建模

将复杂结构或问题的几何形状在计算机中进行建模,创建出实际物体的简化几何表示。这一步通常借助于计算机辅助设计(CAD)工具完成。

(2)离散化(网格划分)

将几何模型划分为许多较小的单元(如三角形、四边形、六面体、四面体等),这些单元称为有限元。每个有限元的节点是用于数值计算的关键点,网格划分越精细,计算的精度通常越高,但计算成本(时间和存储空间)也越大。

(3)选择合适的本构关系和材料属性

为每个单元赋予材料属性和本构关系(例如弹性、塑性、黏弹性等),这些属性描述了材料在不同应力、应变条件下的力学行为。

(4)设置边界条件和载荷

为模型定义边界条件,如固定端、自由端等,还要施加外力、压力、热流或其他外部载荷。边界条件和载荷是有限元分析的重要输入,它们直接影响结果的准确性。

(5)求解

利用数值计算方法,通常通过矩阵求解的方式,来计算每个单元在载荷作用下的位移、应力、应变等物理量。常用的方法是通过最小二乘法、加权余量法或虚功原理,将偏微分方程转化为线性方程组来求解。

(6)结果后处理

将数值计算得到的解以图形、曲线或颜色云图的形式进行可视化。例如,在结构力学问题中,常见的结果输出包括位移场、应力场、应变场、反应力等。这些结果可以帮助工程师评估设计的合理性与安全性。

2. 有限元分析在铁路领域的应用

FEA 的应用场景分为静态分析和动态分析,静态分析评估结构为在恒定载荷下的应力和变形,如建筑结构的荷载分析;动态分析模拟结构为在瞬态载荷(如冲击、振动)下的响应,如列车碰撞测试、地震响应分析。

在铁路领域,基于有限元的机理模型构建技术为结构分析、轨道设计和车辆运行等复杂问题的求解提供了强有力的工具。该技术通过将铁路系统中的复杂结构(如轨道、桥梁、隧道和车轮等)离散化为有限元单元,再利用数值方法对这些单元的应力、应变、位移及其他物理量进行计算,从而实现对铁路基础设施的力学性能和使用寿命的准确预测。

在实际应用中，有限元模型被广泛用于分析钢轨的应力分布、道岔的疲劳行为以及桥梁结构的动力响应。例如，利用有限元方法可以构建精细的轨道—道床—桥梁一体化模型，通过模拟列车高速通过时的动态载荷，预测轨道系统的位移、振动及应力集中区域。此外，有限元分析还可用于隧道结构的稳定性分析，通过模拟隧道围岩在不同地质条件下的变形与应力分布，为隧道支护设计提供科学依据。

在列车与轨道的接触问题上，有限元技术能够准确模拟轮轨间的接触力学行为，分析轮轨磨损、疲劳及轨道变形等问题。这不仅有助于优化车轮和钢轨的几何设计，还能提高铁路系统的运行效率和安全性。总之，基于有限元的机理模型为铁路系统的优化设计、故障预测及安全评估提供了重要的技术支持。

3. 有限元分析的特点

FEA 具有高精度、广泛适用、灵活性和节约成本等优点，不仅能够精确地模拟复杂物理问题，还适用于各种类型的物理问题。通过虚拟仿真减少物理实验的需求，处理复杂几何形状和边界条件，适应不同的工程和科学应用。其优点主要体现在：

(1)适应复杂几何结构：有限元法能够处理复杂的几何形状和边界条件，使其在工程领域应用广泛。

(2)高精度：通过适当的网格划分和细化，可以获得非常高的计算精度。

(3)灵活性强：可以适应不同类型的物理问题，如线性问题和非线性问题。

二、离散仿真技术

离散仿真技术是一种用于模拟事件驱动系统的方法，它的特点是系统状态在离散事件发生时才发生变化，而在事件之间的时间段内系统状态保持不变。可见，与连续仿真不同，离散仿真关注的是系统的事件而非时间的连续性。离散仿真技术适用于描述系统中离散事件的发生及其对系统状态的影响，广泛应用于制造、物流、交通运输等领域。铁路系统中的许多操作，如列车调度、站台管理和旅客流量分析，都是典型的事件驱动系统，适合采用离散仿真技术进行建模和分析。

进行离散仿真首先需要对离散事件系统建模，离散事件系统的建模也是离散仿真技术的核心。常用的建模方法包括 Petri 网和事件调度等。

1. Petri 网

Petri 网是一种用于描述和分析离散事件系统的图形化工具。它由地点(places)、变迁(transitions)和弧(arcs)组成，用于表示事件的发生和状态的变化。

(1)地点(P)：表示系统的状态或资源。例如，在铁路系统中，地点可以表示站台的状态，如空闲、占用。

(2)变迁(T)：表示事件或活动。例如，列车的到达和离开就是典型的变迁。

(3)弧(A)：连接地点和变迁，表示状态的变化。弧可以从地点指向变迁(表示前置条件)，也可以从变迁指向地点(表示后置结果)。

Petri 网的状态表示为一个标识向量(marking)，用来表示每个地点中令牌(tokens)的数量。令牌的移动遵循以下变迁规则：

(1)启用规则：当变迁的所有前置地点都有足够的令牌时，变迁被启用，可以发生。

(2)发生规则：一旦变迁发生，它会消耗前置地点的令牌，并在后置地点生成令牌。

例如，铁路站点的管理可以用 Petri 网建模，其中地点表示站点的状态（如空闲、占用），变迁表示列车的到达和离开。假设有两个地点 P1（空闲）和 P2（占用），一个变迁 T（列车到达）。初始状态下，P1 有一个令牌（表示站台空闲），当 T 发生时，令牌从 P1 转移到 P2（表示站台被占用）。

$$\text{P1（空闲）}\xrightarrow{\text{T（列车到达）}}\text{P2（占用）}$$

2. 事件调度

事件调度是一种常用的离散事件仿真方法，通过调度事件的发生时间来模拟系统的动态行为。基本步骤如下：

（1）事件列表：维护一个按时间顺序排列的事件列表。每个事件包含事件发生的时间和事件类型。

（2）事件处理：依次处理事件列表中的事件，根据事件类型更新系统状态，并生成新的事件加入列表。例如，在列车调度中，一个事件可以是“列车到达站台”，处理此事件会更新站台状态并调度下一个事件，如“列车离开站台”。

（3）仿真时钟：通过推进仿真时钟来模拟时间的流逝。仿真时钟的推进通常基于事件发生的时间。

例如，在铁路系统中，仿真时钟推进到某个时刻，处理“列车到达”事件，更新站台状态，并调度“列车离开”事件，推进仿真时钟到下一个事件发生的时间。

进行连续仿真分析时，常用算法有蒙特卡罗仿真、离散事件驱动模拟等。

3. 蒙特卡罗仿真

蒙特卡罗仿真是一种基于随机抽样的仿真方法，用于分析和预测系统在不确定性条件下的行为和性能。这种方法通过生成大量的随机样本，模拟系统的运行，进而通过统计分析得到系统的整体表现。蒙特卡罗仿真广泛应用于金融工程、风险分析、工程设计和优化等领域，特别适用于复杂系统的性能评估和不确定性分析。应用步骤如下：

（1）定义输入变量的概率分布

首先，确定系统中所有不确定因素，并为这些因素定义合适的概率分布。输入变量可以是任何影响系统行为的因素，如需求量、处理时间、资源可用性等。常见的概率分布包括正态分布、均匀分布、指数分布等。例如，在铁路系统中，列车到达时间和旅客数量可以分别定义为正态分布和泊松分布。

（2）通过随机抽样生成输入样本

使用随机数生成器根据定义的概率分布生成大量输入变量的样本。这些样本用于模拟不同场景下系统的输入条件。例如，如果列车到达时间服从正态分布，可以生成多个到达时间样本；如果旅客数量服从泊松分布，可以生成多个旅客数量样本。

（3）对每个样本运行仿真模型，记录输出结果

将每个生成的输入样本代入仿真模型中，运行仿真，记录相应的输出结果。输出结果可能包括系统性能指标，如平均等待时间、服务水平、资源利用率等。例如，运行铁路系统仿真模型，记录每个样本下的列车等待时间、站台利用率等。

（4）分析输出结果的统计特性

收集所有仿真运行的输出结果，进行统计分析，计算输出结果的统计特性，如平均值、方差和置信区间。通过这些统计特性，可以评估系统在不同条件下的性能，并识别潜在的风险和瓶

颈。例如，通过分析列车等待时间的平均值和方差，可以评估不同调度策略的效率；通过计算置信区间，可以评估系统性能的可靠性和稳定性。

4. 离散事件驱动模拟

离散事件驱动模拟是一种通过调度和处理事件来模拟系统行为的方法。在这种仿真中，系统状态仅在离散事件发生时才发生变化，事件之间的时间段内系统状态保持不变。这种方法适用于事件驱动系统的模拟，如生产线、物流系统和交通运输系统。常见的算法有下一事件时间推进算法和固定时间步长算法。

(1)下一事件时间推进算法

该算法通过每次处理最近的未来事件来推进仿真时钟，并更新系统状态。具体步骤如下：

①初始化事件列表，包含所有初始事件。

②按照事件发生时间对事件列表排序。

③从事件列表中取出时间最早的事件，推进仿真时钟到该事件发生的时间。

④处理该事件，更新系统状态，并生成新的事件，加入事件列表。

⑤重复上述步骤直到达到仿真终止条件(如仿真时间达到上限或事件列表为空)。

在铁路系统中，初始事件可以是列车的到达时间和离开时间，处理事件时更新站台的占用状态，并生成新的列车到达和离开事件。

(2)固定时间步长算法

该算法在固定的时间步长内检查是否有事件发生，并处理所有发生的事件。具体步骤如下：

①初始化仿真时钟和系统状态。

②按照固定的时间步长推进仿真时钟。

③在每个时间步长内检查是否有事件发生，如果有，则处理这些事件并更新系统状态。

④重复上述步骤直到达到仿真终止条件。

在铁路系统中，每个时间步长可以是 1 min，仿真每分钟检查一次是否有列车到达或离开站台，并处理相关事件。

离散仿真技术在铁路系统的应用技术主要有铁路站点管理仿真、旅客流量仿真和列车调度仿真等。

(1)铁路站点管理仿真

在铁路站点管理中，离散仿真技术可以用来模拟列车的到达和离开、站台的分配和使用情况。通过 Petri 网或事件调度模型，可以分析不同调度策略下站点的运营效率和资源利用率。仿真模型可以包括列车的调度、轨道的使用和信号系统的控制。

(2)旅客流量仿真

旅客流量是铁路系统运营中的重要环节，影响列车调度和站台管理。在旅客流量仿真中，离散仿真技术可以用来模拟旅客的到达、排队、登车和离开等事件。通过仿真，可以分析不同时间段内的旅客流量变化，以及站台和列车的承载能力，帮助制订合理的运营计划。

(3)列车调度仿真

列车调度仿真可以利用离散事件驱动模拟来优化列车的运行计划。仿真可以模拟列车在不同站点的停靠、旅客上下车的事件，以及列车之间的相互作用。

三、铁路数字孪生与仿真技术

1. 铁路数字孪生与仿真

数字孪生技术，作为现代工业 4.0 的核心组成部分，其概念源自计算机仿真技术的深度发展，并随着传感器技术的不断进步而迅速崛起。数字孪生仿真是对物理实体的数字化映射，将物理模型与信息技术的深度交互与融合，以及实时数据共享的体现。数字孪生技术的核心在于，它能够通过高度精确的仿真模型，实现对物理实体行为的模拟与预测，从而在虚拟空间中进行决策支持和优化。ANSYS 公司作为仿真技术的领军企业，从仿真的角度深刻理解了数字孪生技术的价值，并提出“要充分实现数字孪生所蕴藏的巨大价值，仿真是重要途径”。由此可见，仿真技术不仅是构建数字孪生模型的基础，更是推动数字孪生技术发展和应用的关键驱动力。通过仿真技术，可以在虚拟环境中模拟复杂系统的行为，预测其性能，优化设计，从而在实际应用中实现更高的效率和更低的风险。图 4-6 为动态数据驱动的数字孪生模型仿真。

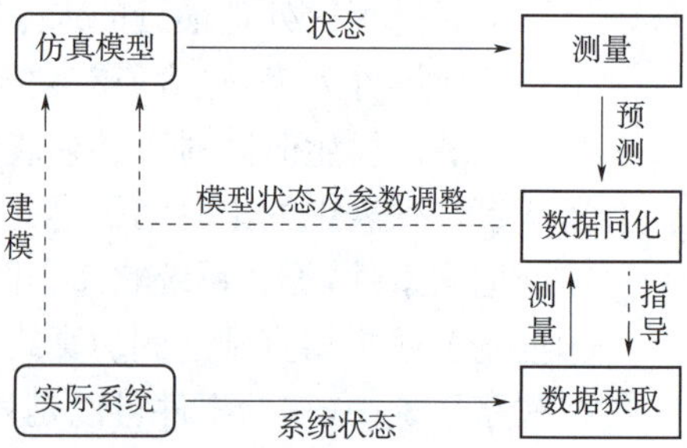

图 4-6　动态数据驱动的数字孪生模型仿真

仿真技术在数字孪生中的作用至关重要，是实现数字孪生价值的核心技术之一。数字孪生技术通过创建物理实体的虚拟副本，结合实时数据和仿真技术，可以实现对实体的监控、分析和优化。仿真技术在数字孪生中所扮演的几个关键角色：

(1)实时监控与预测

仿真技术使得数字孪生不仅仅是一个静态的模型，而是一个动态的、能够实时反映物理实体状态的系统。通过实时数据的输入，仿真技术可以模拟实体在不同条件下的状态和行为，提供实时监控和预测。例如，在铁路系统中，仿真技术可以实时模拟列车运行状态，预测可能的延误和故障，帮助运营管理者提前采取措施。

(2)性能优化

通过仿真技术，数字孪生可以对物理系统进行各种优化实验，而无须在实际系统上进行高风险和高成本的操作。仿真技术可以模拟不同的操作条件和参数设置，评估其对系统性能的影响，从而找到最优的解决方案。例如，在铁路维护中，仿真技术可以模拟不同的维护策略，找到最有效的维护计划，延长设备使用寿命，降低维护成本。

(3)设计与测试

数字孪生技术结合仿真技术，可以在产品设计和测试阶段发挥重要作用。通过仿真技术，可以在虚拟环境中对新设计进行测试和验证，发现潜在的问题并进行改进，减少实际测试的时间和成本。例如，在新型列车的设计中，可以利用仿真技术模拟列车在各种环境下的运行情况，优化设计，确保新列车的可靠性和安全性。

(4)决策支持

仿真技术为决策者提供了强大的支持工具。通过对不同方案的仿真和分析，决策者可以全面了解各方案的优缺点，做出更为明智的决策。在铁路系统中，仿真技术可以帮助决策者评估不同的运营计划、应急预案和投资策略，选择最优方案，提高系统的整体效率和安全性。

(5)应急响应与演练

在应急响应和演练中,仿真技术同样具有重要作用。通过仿真技术,数字孪生可以模拟各种突发事件和灾害场景,评估应急预案的有效性,帮助制订和优化应急响应策略。例如,在铁路系统中,仿真技术可以模拟自然灾害、设备故障等突发事件,评估应急预案的可行性和效果,提高应急响应的准备和执行能力。

(6)数据分析与洞察

数字孪生通过仿真技术可以生成大量的仿真数据,这些数据为深入的分析和洞察提供了基础。通过对仿真数据的分析,可以发现系统的潜在问题和瓶颈,识别优化机会,推动系统的持续改进和创新。例如,在铁路运营中,仿真数据可以帮助分析旅客流量、列车调度、能源消耗等关键指标,优化运营效率和旅客体验。

仿真技术在多个方面展现出显著的优势。首先,它提供了一个安全的实验环境,允许在不干扰实际系统且无潜在危险的情况下进行测试。其次,仿真技术具有显著的成本效益,因为它减少了实际实验所需的成本和时间,使得设计和操作方案能够快速且经济地得到评估。此外,仿真实验的可重复性确保了结果的一致性和可比性,这对于科学验证和工程分析至关重要。仿真技术还能够处理复杂系统的多变量交互,为我们提供对系统行为更深层次的理解。

当然,仿真技术也存在一些局限性。模型简化是其中之一,因为所有模型都是对现实世界的抽象,可能会忽略一些关键细节和非线性效应,这可能会影响仿真的准确性。此外,高精度的仿真可能需要大量的计算资源和时间,尤其是对于大规模的复杂系统。最后,仿真结果的可靠性高度依赖于输入数据的质量,如果数据不足或不准确,仿真的结果也可能受到影响。因此,在进行仿真时,必须仔细考虑这些因素,以确保仿真结果的有效性和实用性。

尽管有部分缺陷,仿真技术在数字孪生中仍然发挥着重要的作用。它不仅增强了数字孪生的实时性和动态性,还为系统的监控、优化、设计、决策和应急响应提供了强有力的支持,使数字孪生技术在各个领域的应用得以充分发挥其潜力。在铁路数字孪生技术的应用中,仿真技术扮演着关键角色,帮助实现铁路系统的数字化、智能化管理和运营。

2. ANSYS仿真软件介绍

ANSYS是一款全球领先的工程仿真软件,为各种工业领域提供广泛的仿真解决方案,包括结构力学、流体力学、热分析、电磁和多物理场等。ANSYS软件以其高精度的仿真能力、强大的计算性能和灵活的多领域集成,广泛应用于航空航天、汽车、电子、能源、铁路等行业。

在铁路数字孪生仿真技术中,ANSYS的用途涵盖了从列车设计到运营维护的多个方面:

(1)结构力学仿真

ANSYS的结构力学仿真模块(如ANSYS Mechanical)能够模拟列车车体、轨道和其他关键部件在各种载荷下的力学行为,可以辅助优化列车设计、提高安全性和耐用性。例如,通过仿真列车在不同速度和载荷条件下的动态响应,可以优化车体结构设计,减少材料成本并提高强度。

(2)流体力学仿真

流体力学仿真模块有ANSYS Fluent和ANSYS CFX等,可以模拟列车在不同速度和环境条件下的空气动力学性能。这对于降低空气阻力、减少能耗以及优化列车的外形设计具有重要意义。例如,通过仿真列车在高速运行时的空气流动情况,可以优化列车外形设计,降低风阻,减少能耗。

(3)热分析

热分析模块能够模拟列车和轨道系统在不同运行条件下的温度分布和热传导过程。这对于确保设备在各种环境条件下的可靠性和稳定性非常重要。例如,通过仿真列车在高温环境下的散热情况,可以优化散热设计,防止设备过热和故障。

(4)电磁仿真

ANSYS 有电磁仿真模块,如 ANSYS Maxwell,该模块可以模拟铁路系统中的电磁场分布和电磁兼容性问题。这对于确保铁路信号系统的可靠性和降低电磁干扰至关重要。例如,通过仿真电磁场在铁路信号系统中的传播情况,可以优化信号设备设计,减少干扰,提高信号系统的可靠性。

(5)多物理场仿真

多物理场仿真功能可以实现对结构、流体、热、电磁等多领域的综合仿真。这对于解决复杂的铁路系统问题具有重要意义。例如,通过多物理场仿真可以同时考虑列车在高速运行中的力学、热学和电磁效应,进行综合优化,提高整体性能。

ANSYS 是一款提供高精度仿真算法和模型的软件,能够精确模拟复杂的物理现象,确保仿真结果的可靠性和准确性。该软件支持大规模并行计算和高性能计算,具备处理复杂和大规模仿真问题的能力,满足铁路系统在仿真精度和效率方面的高要求。ANSYS 提供的多物理场仿真功能,能够基于机理模型,灵活地进行不同领域的综合仿真,以适应铁路系统的复杂性和多样性。此外,ANSYS 的用户界面直观易用,具备丰富的后处理功能,使用户能够方便地进行模型建立、仿真计算和结果分析,从而显著提高工作效率,因此 ANSYS 是铁路数字孪生仿真平台的理想选择。

第四节 “虚实互拟”:基于数据驱动的机理模型构建技术

数据驱动的机理模型构建技术是铁路数字孪生系统中实现“虚实互拟”的重要工具,本节通过对大规模数据的获取与分析,构建出能够捕捉复杂机理行为的数据模型,并与传统理论模型进行动态校准和优化。基于数据驱动的方法涵盖支持向量机、随机森林、Apriori 算法和深度学习等技术,赋予数字孪生系统更强的适应性与预测能力。

一、数据驱动机理模型构建方法总述

1. 数据驱动技术的引入

在现代铁路系统中,随着传感器技术和大数据的迅速发展,基于数据驱动的机理模型构建技术正逐渐成为分析和优化铁路基础设施及列车运行的重要手段。通过结合人工智能(AI)和大数据技术,工程师能够更全面地获取铁路系统中的海量数据,并利用这些数据构建更为准确和高效的机理模型。

传统的机理模型通常依赖于经典的物理理论和经验公式,这些模型在处理复杂问题或非线性系统时,往往面临精度和适用性的挑战。而数据驱动的技术,通过引入传感器网络和物联网(IoT)设备,能够实时监测和收集列车运行、轨道状态、环境条件等多源异构数据。通过对这些数据的整合与分析,AI 技术(如机器学习和深度学习)可以用于挖掘隐藏在数据中的模式和规律,从而优化和补充传统机理模型。

2. AI与大数据在机理模型构建中的应用

在基于数据驱动的模型构建过程中,AI和大数据技术可以在以下几个方面发挥重要作用:

(1)数据预处理和特征提取

铁路系统数据通常包含大量的噪声和不确定性,AI技术可用于数据的清洗、降噪以及特征提取。常用的方法包括主成分分析、小波变换等,用于提取与系统状态和故障相关的关键特征。

(2)模型训练与优化

利用大数据和AI算法[如神经网络、支持向量机、随机森林等]可以对数据进行建模和预测。例如,通过历史轨道数据和列车运行数据的训练,可以构建出高精度的轨道状态预测模型,以及列车轮轨磨损的动态模型。

(3)实时监控与故障预测

通过将传感器网络与AI模型相结合,能够实现对铁路系统的实时监控和故障预测。利用时序模型[如长短期记忆网络(LSTM)]或自回归集成移动平均模型(ARIMA),可以对轨道变形、列车振动等进行预测,从而提前预警潜在的故障,减少意外停运和事故风险。

3. 基于数据驱动的常用机理模型

随着大数据技术和智能算法的快速发展,数据驱动的数字孪生体在智能铁路系统中的应用日益广泛。这些方法通过对铁路运行数据的采集、分析和建模,能够实现铁路系统的虚实融合,从而提供精准的实时监控、诊断以及预测功能。每种方法各有其特点与应用场景,根据具体的需求和数据特性,合理选择模型可以极大提升系统的效能。以下对几种主要的数据驱动数字孪生体创建方法进行简要概述。

(1)支持向量机是一种基于统计学习理论的监督学习方法,尤其适用于解决分类问题。其优势在于能够有效应对小样本、非线性、高维度的数据集,并且具有较好的泛化能力。对于铁路系统而言,支持向量机可以被用于故障诊断、模式识别等场景,特别适合处理异常工况的检测。在数字孪生模型中,支持向量机可以通过对历史数据和实时数据的分析,实现系统运行状态的分类和预测。

(2)随机森林作为一种集成学习方法,通过构建多个决策树并对其结果进行投票或平均来提升模型的稳定性和抗噪能力。随机森林在处理高维数据和复杂特征时表现出色,能够很好地应对铁路系统中多源异构数据的挑战。随机森林在铁路数字孪生中适用于可靠性分析、故障预警和安全评估等方面,尤其是在多维度数据分析和特征重要性排序上具有显著优势。

(3)Apriori算法则是一种经典的关联规则挖掘算法,主要用于从大数据中寻找频繁项集和潜在的关联模式。在铁路智能化应用中,Apriori算法可以通过分析不同系统和子系统之间的关联,发掘影响系统性能的关键因素,提供数据驱动的优化决策。例如,可以通过分析铁路信号系统和车载系统的运行数据,识别出常见的故障模式,从而制订更加高效的维护策略。

(4)深度学习方法(deep learning)是在人工智能领域蓬勃发展的技术之一。通过多层神经网络的构建,深度学习方法能够自动提取数据中的复杂特征,并且能够在处理大规模数据时具有较强的自适应能力。深度学习广泛应用于铁路系统中的预测性维护、车流量预测、能耗优化等方面,特别是在需要大量数据训练的场景中,深度学习模型往往可以比传统机器学习方法表现出更高的精度和鲁棒性。

尽管这些方法各自具有独特的优点,但它们都依赖于大数据的支持,能够通过数据的驱动不断优化模型,提升数字孪生系统的智能化水平。这种基于数据驱动的建模方式,使得铁路系统的管理和控制更加高效和精准，满足了现代智能铁路对安全性、可靠性、可持续性不断增长的需求。

为了更直观地比较这些方法的特点和应用场景，表 4-1 列出了每种方法的主要模型、核心特点以及适用的智能铁路应用范畴。

表 4-1　不同技术对比表

方法	主要模型	核心特点	智能铁路应用范畴
支持向量机	支持向量机分类/回归模型	非线性、高维处理能力强；泛化能力强；适合小样本数据集	故障诊断、异常检测、工况分类
随机森林	集成学习模型	高稳定性、抗噪性；处理高维复杂数据；特征重要性排序	可靠性分析、故障预警、多维数据分析
Apriori 算法	关联规则模型	挖掘频繁项集及关联规则；数据关联模式识别	维护优化、运营模式分析、关键因素识别
深度学习方法	神经网络	自动特征提取；大规模数据处理能力强；自适应学习	预测性维护、车流量预测、能耗优化、实时监控

通过对比分析可以发现，支持向量机擅长处理小规模高维度的数据，适用于特定状态下的异常检测和故障诊断；随机森林在处理多维度复杂数据时表现出色，适合用于系统的整体可靠性评估；Apriori 算法则侧重于挖掘数据之间的关联性，适合用于运营优化和维护策略制订；深度学习方法则凭借其强大的自适应能力，能够在需要处理海量数据的场景中实现更高精度的预测和优化。

因此，在构建铁路系统的数字孪生体时，根据具体的应用需求，可以选择不同的数据驱动方法。这些方法不仅能够提高铁路系统的运行效率和安全性，还能为未来的铁路系统优化和智能化升级提供坚实的技术支持。

二、数据驱动的机理模型——支持向量机

1. 基本模型

支持向量机的核心思想是通过找到一个最优的超平面(hyperplane)来最大化类别间的间隔，从而实现对样本的分类。

支持向量机的基本模型可以表示为

$$w \cdot x + b = 0 \tag{4-9}$$

式中　w——权重向量；

x——输入向量；

b——偏置项。

为了找到最优的超平面，支持向量机需要解决以下优化问题：

$$\min \frac{1}{2} \| w \|^2 \tag{4-10}$$

且满足约束条件：

$$y_i(w \cdot x_i + b) \geq 1, \forall i \tag{4-11}$$

式中　y_i——样本的类别标签。

对于非线性可分的数据，支持向量机通过引入核函数(kernel function)将数据映射到高维特征空间，从而实现线性可分。常用的核函数包括线性核、径向基函数(RBF)核和多项式核等。

2. 支持向量机应用场景

在数字孪生体的创建过程中，支持向量机主要用于数据分类和预测环节。具体应用包括：

(1)数据预处理

在创建数字孪生体前，对数据进行清洗和分类，以去除异常值和噪声数据。支持向量机可以帮助区分正常数据和异常数据，从而保证数据的质量。例如，在工业传感器数据处理中，支持向量机可以识别并剔除异常数据点，提高数据的准确性。

(2)特征选择

在构建数字孪生体的过程中，支持向量机可以用于特征选择，识别出最重要的特征，提高模型的性能。例如，通过分析制造过程中的多维数据，支持向量机可以识别出对产品质量影响最大的参数，从而优化生产流程。

(3)预测模型

支持向量机可以用于构建预测模型，在数字孪生体中预测设备的故障、性能和寿命等。通过分析历史数据和实时数据，支持向量机可以预测设备的未来状态，帮助进行预防性维护和优化决策。例如，在预测风力发电机组的剩余寿命时，支持向量机可以结合环境条件和历史运行数据进行准确预测。

支持向量机在数字孪生体的创建过程中，通过数据分类、特征选择和预测模型的构建，解决了数据清洗、关键参数识别和状态预测等问题。然而，支持向量机在处理大型数据集和高维数据时计算成本较高，且对参数选择较为敏感，需要进行优化以获得最佳效果。

三、数据驱动的机理模型——随机森林

1. 基本模型

随机森林通过引入随机性来增加模型的多样性和鲁棒性，每棵树都是在不同的数据子集和特征子集上训练的。

随机森林的基本算法可以概括为：

(1)从原始数据集随机抽取多个子集(有放回抽样，称为 bootstrap 抽样)。

(2)对每个子集构建决策树，在每个节点进行分裂时，随机选择一部分特征进行最佳分裂。

(3)将所有决策树的预测结果进行平均(回归问题)或投票(分类问题)，得到最终的预测结果。

随机森林模型的公式如下：

$$\hat{y}=\frac{1}{N}\sum_{i=1}^{N}h_i(x) \tag{4-12}$$

式中 N——决策树的数量；

$h_i(x)$——第 i 棵树对输入 x 的预测结果。

2. 随机森林应用场景

在数字孪生体的创建过程中，随机森林主要用于以下环节：

(1)数据分类

在对传感器数据进行分类时，随机森林可以处理高维数据，识别重要特征，并分类不同状

态。例如，在智能建筑中，随机森林可以根据传感器数据分类出不同的环境状态，如温度、湿度和占用情况。

(2)故障检测

在设备运行过程中，随机森林可以用于实时故障检测。通过分析历史数据和实时数据，随机森林可以识别出潜在的故障模式，提前预警，避免设备损坏。例如，在制造业中，随机森林可以通过分析机器振动和声音数据，检测设备故障。

(3)性能预测

随机森林可以用于预测设备的性能和寿命。通过对历史数据的学习，随机森林可以预测设备的剩余使用寿命和性能变化趋势，帮助制订维护计划。例如，在航空领域，随机森林可以预测飞机发动机的性能，安排定期维护。

随机森林在数字孪生体的创建过程中，通过数据分类、故障检测和性能预测等环节，解决了数据处理复杂度高和模型泛化能力差的问题。然而，随机森林在处理非常大的数据集时计算成本较高，且由于模型的复杂性，解释性较差。

四、数据驱动的机理模型——Apriori

1. 基本模型

Apriori 算法主要用于发现数据集中频繁项集和相关的关联规则。它通过逐层搜索的方法，找出频繁项集，并生成强关联规则。

Apriori 算法的基本步骤分为以下两步：

(1)找出数据集中所有的频繁项集，即支持度大于最小支持度阈值的项集。

(2)从频繁项集中生成关联规则，并筛选出置信度大于最小置信度阈值的规则。

该算法的支持度和置信度定义为

$$\text{支持度}(A)=\frac{\text{出现次数}(A)}{\text{总事务数}} \tag{4-13}$$

$$\text{置信度}(A\Rightarrow B)=\frac{\text{支持度}(A\cup B)}{\text{支持度}(A)} \tag{4-14}$$

式中　A，B——项集。

2. Apriori 算法应用场景

在数字孪生体的创建过程中，Apriori 算法主要用于以下环节：

(1)模式发现

通过分析设备运行数据，发现设备操作和故障之间的关联模式。例如，在生产线上，Apriori 算法可以识别出某些操作步骤与设备故障之间的强关联，为优化生产流程提供依据。

(2)用户和行为分析

在智慧城市中，Apriori 算法可以用于分析居民的行为模式和偏好，从而优化城市服务。例如，通过分析居民的用电数据，发现不同时间段的用电高峰，为电网调度提供参考。

(3)维护策略优化

通过挖掘设备维护记录和故障数据，Apriori 算法可以识别出高频故障模式，帮助制订更有效的维护策略。例如，在交通运输领域，分析车辆的维护和故障数据，优化维护计划，减少车辆故障率。

Apriori 算法在数字孪生体的创建过程中，通过模式发现、用户行为分析和维护策略优化，解决了数据间关系复杂和关联规则发现困难的问题。然而，Apriori 算法在处理大规模数据集时效率较低，需要进行优化以适应实际应用需求。

五、数据驱动的机理模型——深度学习

1. 基本模型

基于深度学习方法的数字孪生体创建方法有多种，本节主要介绍长短期记忆网络(LSTM)以及卷积神经网络(CNN)方法。基于数据驱动 LSTM、CNN 层等机器学习或深度学习方法，可以创建数字孪生实体及虚拟场景。

(1)长短期记忆网络(LSTM)

长短期记忆网络(LSTM)是一种特殊的递归神经网络(RNN)，擅长处理和预测时间序列数据。LSTM 通过引入门控机制(输入门、遗忘门和输出门)解决了传统 RNN 的长期依赖问题。

LSTM 单元的计算公式为

$$
\begin{aligned}
i_t &= \sigma(\boldsymbol{W}_{\mathrm{i}} \cdot [h_{t-1}, x_t] + b_{\mathrm{i}}) \\
f_t &= \sigma(\boldsymbol{W}_{\mathrm{f}} \cdot [h_{t-1}, x_t] + b_{\mathrm{f}}) \\
o_t &= \sigma(\boldsymbol{W}_{\mathrm{o}} \cdot [h_{t-1}, x_t] + b_{\mathrm{o}}) \\
\tilde{C}_t &= \tanh(\boldsymbol{W}_{\mathrm{c}} \cdot [h_{t-1}, x_t] + b_{\mathrm{c}}) \\
C_t &= f_t C_{t-1} + i_t \tilde{C}_t \\
h_t &= o_t \tanh C_t
\end{aligned}
\tag{4-15}
$$

式中 t——时间步；

$\boldsymbol{W}_{\mathrm{i}}, \boldsymbol{W}_{\mathrm{f}}, \boldsymbol{W}_{\mathrm{o}}, \boldsymbol{W}_{\mathrm{c}}$——权重矩阵；

b——偏置向量；

i_t——输入门；

f_t——遗忘门；

o_t——输出门；

C_t——细胞状态；

$\tilde{C}_t$——细胞状态的候选值；

h_t——隐状态；

σ——sigmoid 函数。

在数字孪生体的创建过程中，LSTM 主要用于以下环节：

①时间序列预测

LSTM 能够处理长时间依赖的时间序列数据，在预测设备状态、性能和趋势方面表现优异。例如，在电力系统中，LSTM 可以预测电力负荷，帮助优化电网调度。

②异常检测

通过学习设备运行的正常模式，LSTM 可以识别出异常行为和故障情况。例如，在风力发电机的运行监测中，LSTM 可以检测出异常振动模式，预警设备故障。

③过程优化

LSTM 可以用于优化复杂工业过程，通过预测关键参数的变化，调整操作条件，提高生产

效率。例如,在化工生产中,LSTM 可以预测反应温度和压力的变化,优化反应条件。

综上,长短期记忆网络在数字孪生体的创建过程中,通过时间序列预测、异常检测和过程优化,解决了长时间依赖和复杂时序数据处理的问题。但 LSTM 在实际应用当中也存在不足之处,如 LSTM 在训练过程中计算量较大,对硬件要求较高,需要进行优化以提升效率。

(2)卷积神经网络(CNN)

CNN 是一种深度学习模型,擅长处理具有网格结构的数据、图像和时序数据。CNN 通过卷积层、池化层和全连接层的组合,提取数据的多层次特征。

CNN 的基本结构包括:

①卷积层:通过卷积核(滤波器)对输入数据进行局部感知,提取特征。

②池化层:通过下采样操作减少数据维度,保留重要特征。

③全连接层:将提取的特征进行分类或回归。

卷积操作的公式为

$$y=f(Wx+b) \tag{4-16}$$

式中 W——卷积核;

x——输入数据;

b——偏置;

f——激活函数。

在数字孪生体的创建过程中,CNN 主要用于以下环节:

①图像处理和分析

CNN 在处理图像数据方面表现优异,可以用于设备监控和质量检测。例如,在制造业中,CNN 可以分析生产线上的图像数据,检测产品缺陷,提高质量控制水平。

②传感器数据处理

CNN 可以处理一维或多维传感器数据,提取重要特征,进行状态监测和预测。例如,在智能交通系统中,CNN 可以处理来自多个传感器的数据,监测交通流量和道路状态。

③预测模型

CNN 可以用于构建复杂的预测模型,通过多层特征提取,提高预测准确性。例如,在能源管理系统中,CNN 可以预测能源消耗趋势,优化能源分配。

卷积神经网络在数字孪生体的创建过程中,通过图像处理、传感器数据处理和预测模型构建,解决了高维数据特征提取和复杂模式识别的问题。然而,CNN 在处理大型数据集时计算成本较高,需要进行模型优化和硬件加速,以提升效率。

第五节 “实预虚”:铁路故障预测与健康管理系统案例

“实预虚”强调了铁路数字孪生系统在故障预测与健康管理中的关键作用。基于数字孪生的铁路故障预测与健康管理(prognostics and health management,PHM)系统通过实时监测与机理模型的预测功能,实现对铁路设施运行状态的精准预警和动态维护。

本节将介绍铁路 PHM 系统的架构与功能,并结合数字孪生技术,探讨如何实现铁路设施全生命周期的状态感知、风险预测与智能决策。

一、铁路 PHM 系统概述

1. 铁路 PHM 系统的定义与重要性

铁路 PHM 系统是一种集成化、智能化的系统，旨在对铁路设备的健康状态进行实时监测、预测可能的故障并提供预防性维护建议。铁路 PHM 系统通过采集和分析设备运行数据，利用预测模型对关键部件的剩余寿命进行估算，从而在故障发生前采取维护措施。图 4-7 展示了铁路 PHM 系统的大致组成部分。相较于传统的周期性维护，铁路 PHM 系统能显著提高铁路系统的可靠性和安全性，减少设备故障带来的运营中断和经济损失。此外，铁路 PHM 系统还可以延长设备寿命，优化维护资源分配，实现铁路运输的高效运营。因此，铁路 PHM 系统已成为现代智能铁路建设的重要组成部分，对提升铁路系统的安全性和可持续性具有重大意义。

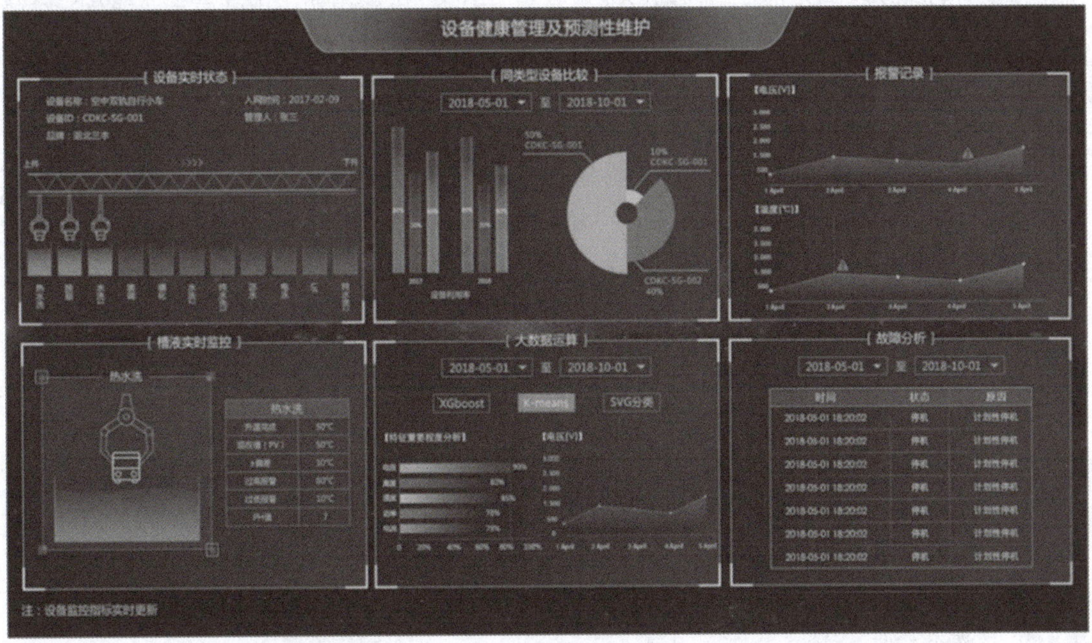

图 4-7 铁路 PHM 系统

2. 铁路 PHM 系统的主要功能与技术组成

铁路 PHM 系统的核心功能包括健康监测、故障预测、健康评估和决策支持。对于每项功能，其详细描述介绍如下：

(1)健康监测：通过传感器、嵌入式系统等采集铁路关键部件（如车轮、轴承、轨道）的实时数据，涵盖温度、振动、应力等多个指标，持续监测设备状态。健康监测是铁路 PHM 系统的基础，确保了数据的全面性和实时性。

(2)故障预测：基于历史数据和实时监测数据，通过数据驱动模型、机理模型或融合多源信息的模型，预测关键部件的剩余寿命或未来故障风险。故障预测能有效提前识别潜在的风险，避免突发故障。

(3)健康评估：通过对设备状态的评估与分析，建立健康状态评估指标（如健康评分、风险等级等），为设备的运行状态提供客观的衡量标准。健康评估，帮助维护人员直观了解设备的健康状况。

(4)决策支持:依据健康监测和故障预测的结果,提供维修建议和优化的维护策略,如优化条件维护(condition-based maintenance,CBM)或预测性维护(predictive maintenance,PM)。决策支持模块结合铁路运营情况,为维修计划提供支持,提升维护效率。

铁路PHM系统涉及多种先进的技术,包括数据采集与传感器网络、信号处理、数据分析、机器学习、预测模型及可视化等。数据采集部分依赖于高精度传感器和网络架构,以实现数据的高效传输。数据分析和预测模型部分则通常利用机器学习与深度学习技术[如随机森林、支持向量机、递归神经网络(RNN)等]来实现故障预测。铁路PHM系统还需要一个智能决策支持模块,以帮助决策人员做出高效的维护安排,从而提高铁路运营的可靠性和经济性。

二、基于数字孪生的铁路PHM系统

随着智能铁路技术的快速发展,数字孪生在铁路PHM系统中的应用已成为智能化运维的重要手段。相较于传统铁路PHM系统,基于数字孪生的铁路PHM系统通过建立物理设备的虚拟模型,与实时监测数据的动态结合,不仅能够反映设备当前运行状态,还可以进行未来状态的预测。这种虚实映射与动态更新的能力,使数字孪生技术在以下方面显著优于传统系统:

(1)动态双向映射:数字孪生实现了物理空间与虚拟空间的实时互联,确保模型始终与实际设备运行状态保持一致。而传统铁路PHM系统主要依赖离线分析与单向监测,难以实现实时更新与反馈。

(2)多层次建模:数字孪生集成几何、物理、行为和数据建模,构建全方位的动态虚拟模型。相比之下,传统铁路PHM系统通常依赖单一的统计或物理模型,无法全面描述复杂设备的运行机理与行为特征。

(3)预测与决策的闭环优化:数字孪生技术将实时数据分析与故障预测模型相结合,不仅能够实现精准预测,还能通过虚拟仿真优化维护策略。传统系统虽具备预测功能,但缺乏虚拟试验与动态优化能力,预测结果的实际应用效果有限。

基于数字孪生的铁路PHM系统架构设计如图4-8所示,其核心功能涵盖数据采集与处理、数字孪生建模、故障预测和健康管理等模块。

1. 数据采集与处理

数据采集与处理是数字孪生铁路PHM系统的基础环节。通过在铁路设备(如列车、轨道、桥梁)上布置高精度传感器,实时采集设备运行参数(如温度、振动、压力、电流等),并利用物联网技术传输至数据中心。

相较于传统系统,数字孪生技术在数据处理阶段通过模型校准与多源数据融合,进一步提升了数据分析的精度和可靠性,为后续建模与预测提供了精准支持。

2. 铁路数字孪生建模

铁路数字孪生模型是铁路PHM系统的核心,区别于传统静态模型,数字孪生模型能够实时更新并动态反映设备的实际状态。建模过程包括以下四个层面:

(1)几何建模:精确描述设备的空间结构,为物理和行为建模提供基础。

(2)物理建模:模拟设备的真实物理特性,如材料属性和结构力学性能。

(3)行为建模:基于实时数据模拟动态行为,捕捉不同工况下的状态变化。

(4)数据建模:利用机器学习和深度学习技术,构建预测性分析模型,实现剩余寿命预测和故障概率分析。

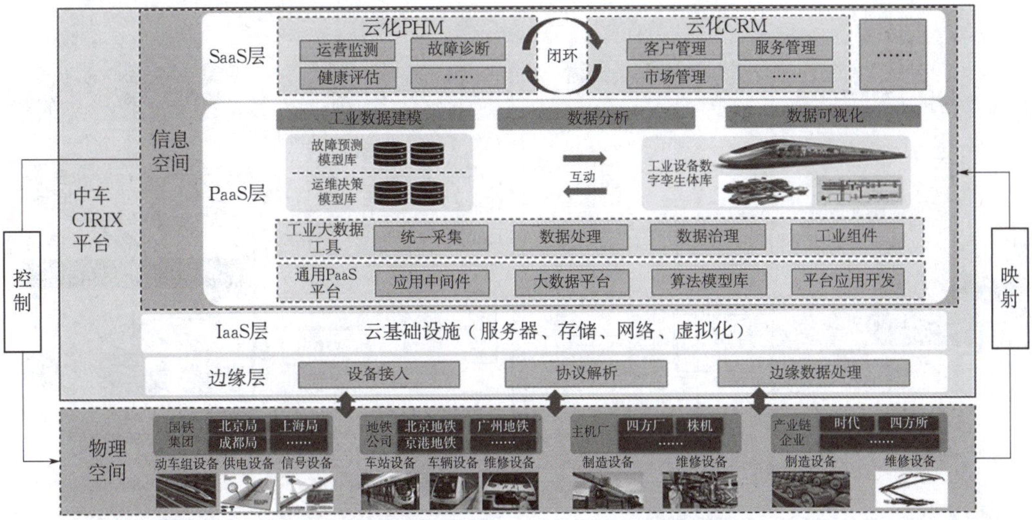

图 4-8 基于数字孪生的铁路 PHM 系统架构设计

注：图中四方厂全称为中车四方股份有限公司；株机全称为中车株州电机有限公司；时代全称为中车时代电气股份有限公司；四方所全称为中车青岛四方车辆研究所有限公司。

数字孪生建模的关键优势在于其动态更新能力，通过实时反馈机制实现物理与虚拟模型的同步，这一能力显著优于传统离线模型。图 4-9 为建模方法，图 4-10 为铁路数字孪生建模。

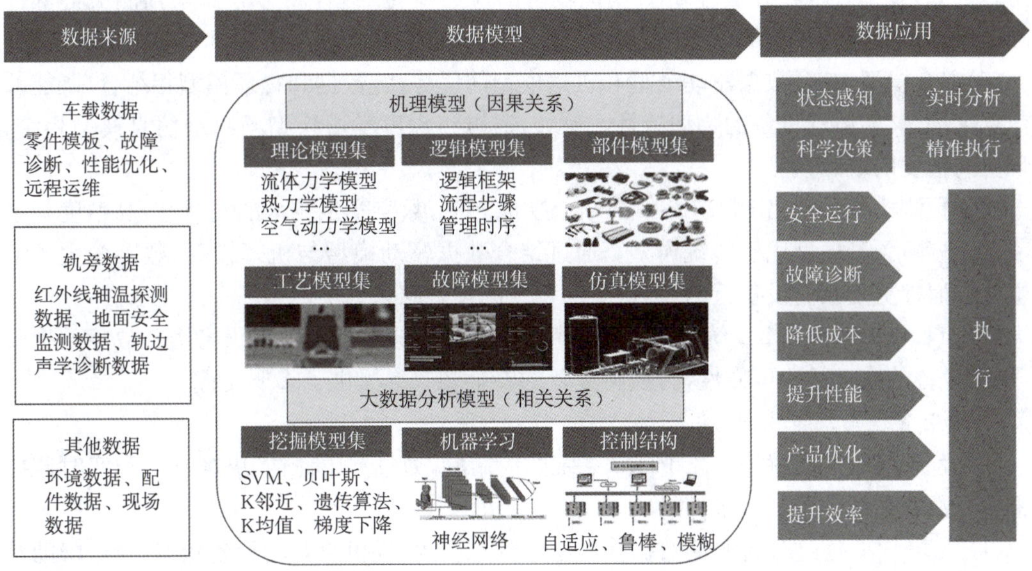

图 4-9 建模方法

3. 故障预测模型

故障预测模型是铁路 PHM 系统的核心部分，通过对历史数据和实时监测数据的分析，预测设备的剩余寿命和潜在故障风险。该模型主要分为数据驱动模型、基于机理的模型和混合模型三种类型。

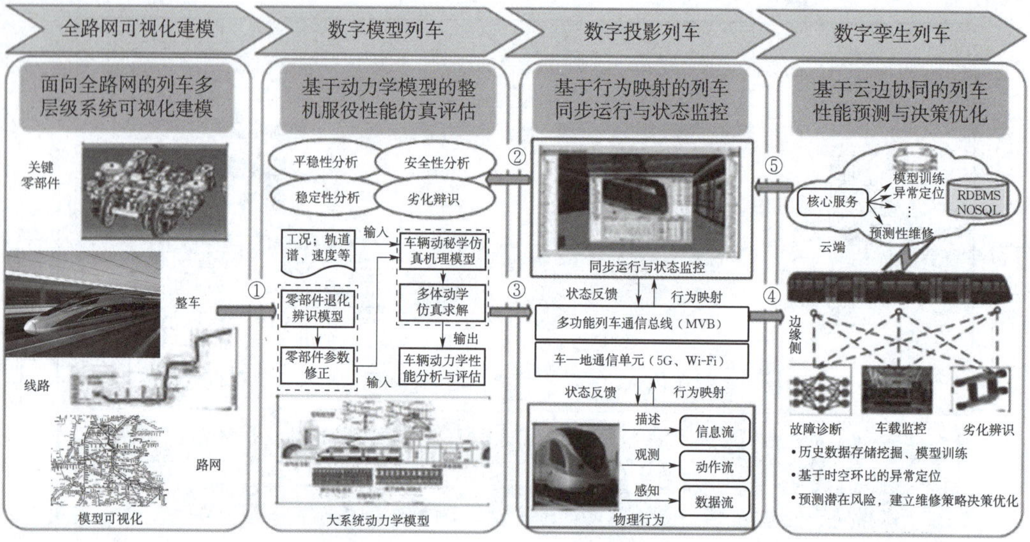

图 4-10 铁路数字孪生建模技术路线

(1)数据驱动模型:依托大量历史和实时数据,通过机器学习和深度学习技术(如随机森林、支持向量机、长短期记忆网络等),对设备的健康状态进行预测。数据驱动模型在多维数据的分析中表现优异,适合用于数据量丰富的场景,但对数据的质量和完整性要求较高。

(2)基于机理的模型:利用铁路设备的物理特性和故障机理,构建用于分析和预测的数学模型。例如,基于有限元方法(FEM)模拟设备的应力变化,结合疲劳分析来预测关键部件的故障。机理模型适用于理解设备的运行机理和应力特性,在物理仿真中具有较强的解释性。

(3)混合模型:结合数据驱动模型和机理模型的优势,将数据和物理模型相结合,既能够提供数据支持,又能体现设备的物理特性。例如,通过将深度学习模型与物理仿真模型相结合,实现更高精度的故障预测。

故障预测模型是铁路 PHM 系统的核心功能之一,数字孪生技术的实时性、高精度与多场景覆盖使故障预测模型优于传统模型。通过结合数据驱动模型与机理模型,数字孪生预测模型也能够捕捉更复杂的设备行为,提供更高精度的预测结果。

图 4-11 是铁路 PHM 系统故障预测模型架构,它能够实现对铁路设备潜在故障的提前识别,保障设备的稳定性和可靠性,为铁路运营的安全和效率提供了重要支撑。

4. 健康管理与决策支持

健康管理与决策支持是铁路 PHM 系统的应用层,通过健康评估、决策支持和实时监控与预警提升铁路系统的运行效率。

(1)健康评估:通过分析监测数据生成健康状态报告,提供直观的设备状态信息,帮助及时识别问题设备。

(2)决策支持:基于健康评估和故障预测数据,提供维护建议,优化条件维护(CBM)和预测性维护(PM)策略,平衡风险与成本。

(3)实时监控与预警:实时监控设备状态,建立预警机制,及时发现潜在问题,减少突发故障对运营的影响。

数字孪生技术在健康管理与决策支持方面,与传统系统的区别主要体现在以下几点:

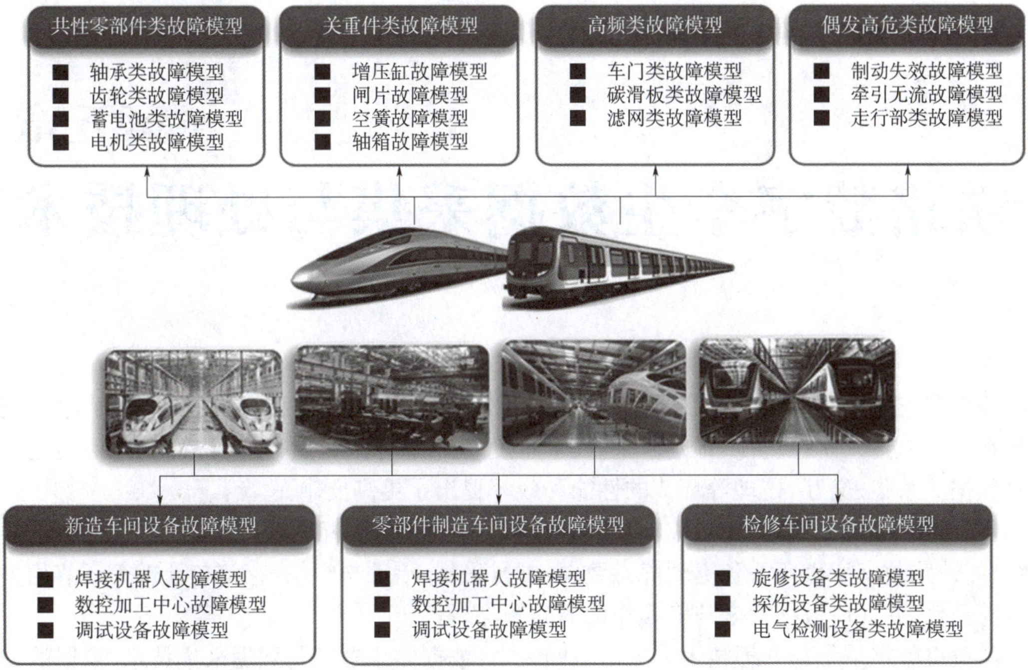

图 4-11 铁路 PHM 系统故障预测模型架构

(1)智能化决策:数字孪生结合实时健康评估与虚拟仿真,为维护策略优化提供动态建议,而传统系统仅能依赖静态规则库。

(2)资源配置优化:数字孪生技术能够基于实时数据,动态调整维护资源分配,提高运维效率。

(3)闭环控制:通过实时监控、预测和反馈闭环管理,数字孪生系统确保设备健康状态始终处于可控范围内,而传统系统则难以实现。

复习思考题

1. 铁路数字孪生机理模型构建过程中主要涉及哪些技术?请简短描述。
2. 在构建铁路数字孪生机理模型时,如何确保模型的准确性和实时性?
3. 构建铁路数字孪生机理模型时,如何平衡模型的复杂度与实用性?
4. 请分享一个铁路行业数字孪生机理模型构建的成功案例。

第五章
铁路数字孪生数据采集与处理技术

构建和维护数字孪生的核心要素是数据。作为超越传统的虚拟仿真技术，数字孪生技术有望在“追溯过去、掌控现在、预知未来”三个维度上全面对铁路业务进行赋能革新，而这项技术对数据的采集、交互、处理等环节的性能和效率提出了更高要求。

本章将依照智能铁路“模数驱动、轴面协同”管理思想，从智能铁路数据体系出发，讲述对“数”(即铁路数字孪生所需各类动静态数据)进行采集、治理与组织、存储与处理等环节相关的技术与平台，并探讨数据安全与隐私相关的问题与对策。

本章将数字采集与处理技术分为以下四大类：数据体系框架与数据采集技术、数据治理与组织技术、数据存储与处理技术、数据安全技术。这四大技术协同支持铁路数字孪生系统，确保数据采集精准、治理规范、存储高效、安全可靠，以满足铁路全生命周期的智能化与信息化发展需要。

知识目标

1. 掌握智能铁路数据体系框架。
2. 理解铁路数据采集技术分类。
3. 掌握基本的铁路数据治理与组织技术。
4. 掌握以铁路数据服务平台为代表的数据存储与处理技术。
5. 理解铁路数字孪生所涉数据安全与隐私问题，并掌握相应对策。

能力目标

1. 能够根据实际需求选择合适的铁路数据采集技术。
2. 能够运用所学知识，分析和解决数据治理和组织中遇到的问题。
3. 能够根据实际需求选择合适的数据存储与处理技术。

第一节　数据体系与数据采集技术

数字采集与处理技术在铁路数字孪生系统中是构建和运行的基础核心环节，旨在实现全业务、全方位、多源异构数据的精准采集、标准化处理、融合分析和高效应用，为铁路全生命周期管理提供数据支持和技术保障。

本节将详细介绍铁路数字孪生系统数据采集的体系架构，包括数据汇集层、存储分析层和应用展示层的功能与设计，解析智能建造、智能装备和智能运营三大板块的数据采集技术，涵盖轨道、路基、桥梁检测，普速和高速列车运行监测，信号通信系统检测以及环境风险监控等具体内容。

一、智能铁路数据体系

铁路数字孪生系统可依托现已完善的智能铁路数据体系而构建。智能铁路数据体系通过应用现代信息技术，如大数据、云计算、物联网、人工智能等，对铁路行业的数据进行采集、存储、分析和应用。

智能铁路数据体系架构自底向上分为数据汇集层、存储分析层和应用展示层。数据汇集层主要对铁路相关的数据进行全业务、全方位的数据汇集，涵盖智能建造、智能装备、智能运营三大板块和既有信息系统的数据，以及与智能铁路相关的航空、气象、公共服务等其他外部数据。存储分析层依托智能铁路基础平台，按照统一的铁路行业数据架构模型，对数据进行标准化、规范化的处理，并重组融合各专业数据，按照智能建造、智能装备、智能运营等不同主题建立全生命周期数据模型以及相应的数据组织与存储结构。通过以上的数据处理，最终形成一套多专业融合、多业务、部门共享的规范数据资源，构造保真、灵活、可管理、可分析、可追溯、可存储的智能铁路数据湖，同时提供基础数据管理、数据集成、数据治理等服务。应用展示层重点面向工程建设、移动装备、基础设施、运输生产、运营安全、客运管理与服务以及综合交通体系大数据共享等领域，开展典型的数字孪生应用。智能铁路数据体系框架如图 5-1 所示。

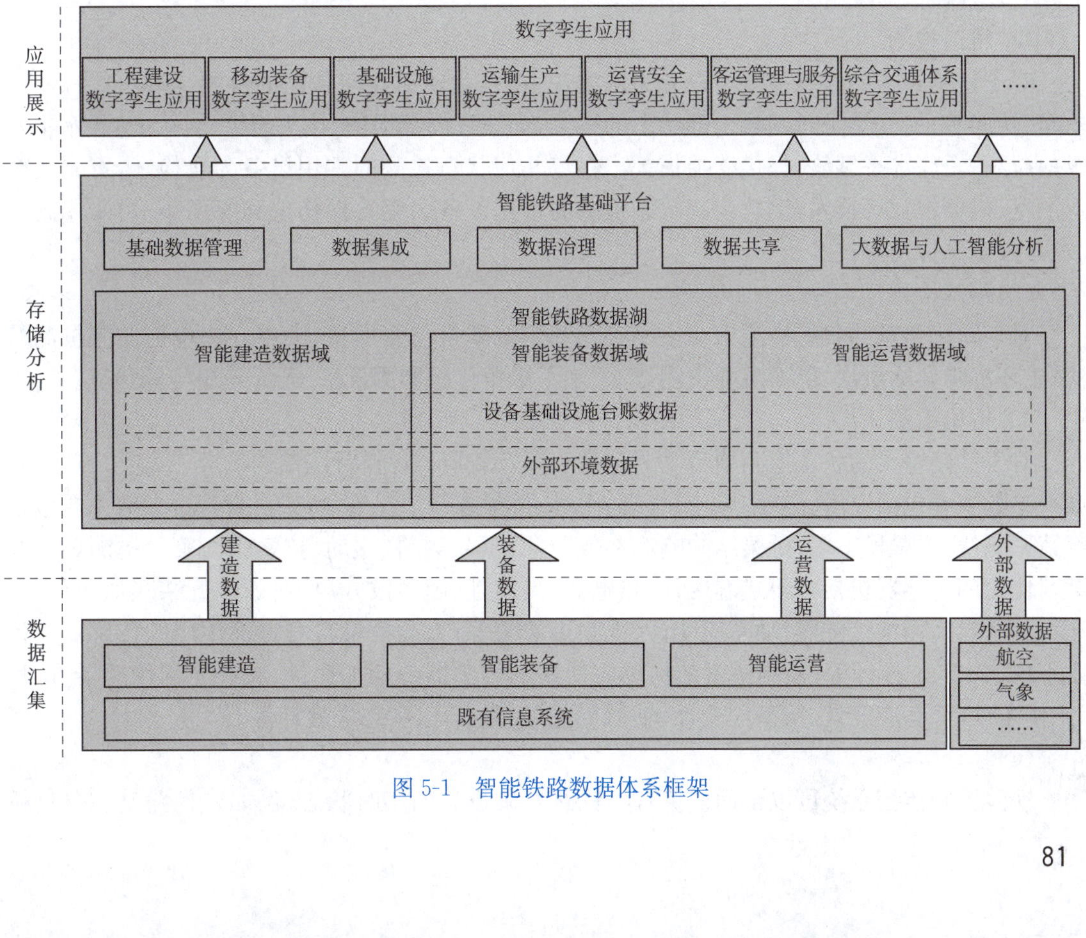

图 5-1　智能铁路数据体系框架

二、铁路数据采集

为了全面、精准、实时地搭建和维护铁路数字孪生系统，必然要针对相应的铁路基础设施、铁路移动装备、铁路外部状态等环节进行多源异构数据的采集、处理、存储、分析、业务化等操作。

铁路数据采集是智能铁路数据体系的基础，主要汇集智能建造、智能装备和智能运营三个板块的数据。通过对多源异构的数据进行采集、处理，将数据汇集到智能铁路基础平台，以支撑存储分析层的数据管理、数据集成和数据治理等业务。表 5-1 列出了不同板块的数据采集方法。

表 5-1　不同板块的数据采集方法

板　块	数据采集方法
智能建造	轨道检测、路基检测、桥梁检测、综合检测
智能装备	普速车辆运行监测、高速车辆运行监测、信号系统监测、通信系统监测、接触网检测、环境安全风险监测
智能运营	客流监测、票务数据监测、工电供一体化运维数据监测、动车组智能运维数据监测、智能行车调度数据监测、综合调度监测

1. 智能建造数据采集

智能建造数据采集包括勘察设计、工程施工和建设管理等数据，为设计、施工、运维全生命周期管理提供数据支持。

(1)轨道检测

对于铁路轨道的状态检测可以分为两类：一类是对轨道几何状态的检测，如高低平顺性、轨距、轨向等；另一类是对钢轨内部状态的检测，如轨头内部损伤、接头裂纹、轨头/轨腰水平及纵向裂纹、轨底水平裂纹、焊接缝损伤等。轨道几何状态检测的常用设备为轨检车，可采用轨道测量、机器视觉等技术；钢轨内部状态检测的常用设备为钢轨探伤仪和探伤车，可采用超声波探伤、电磁探伤等技术。

(2)路基检测

对于铁路路基的状态检测内容主要有路基的沉降量与变形量，常用方法包括监测桩测量法、磁环沉降仪测量法、剖面沉降仪测量法、水平倾角传感器测量法、光纤光栅传感法等。

(3)桥梁检测

对于铁路桥梁的状态检测项目主要包括环境及载荷、自身特性、结构响应三大类。环境及载荷参数主要包括温度、湿度、风速、气压、雨量、桥梁载荷情况等；桥梁自身特性参数主要包括载荷影响线、桥梁模态等；桥梁结构响应参数包括位移、倾斜、振动、拉索张力等。检测环境及载荷使用的传感器包括电阻式温度计、热电偶、湿度计、超声波式风速仪、螺旋桨式风速仪、气压计、雨量计、侵蚀传感器、动态应变计、视频摄像头等；检测桥梁自身特性使用的传感器包括水平仪、GPS、加速计等；检测桥梁结构响应使用的传感器包括加速计、光纤光栅传感器、位移计、倾角计、静态应变计、箔型应变计、轴承传感器、磁力计、动态应变计等。

(4)综合检测

铁路视频监控系统可以全面监测各项铁路基础设施的实时状态，例如监控路基、路口、桥梁、隧道等关键路段或点位，以确保通过车辆安全；监控车站广场、站台、候车大厅、旅客通道等人流密集区域，以掌握旅客流动情况；监控无人值守区域（如变电站等）的关键设备，以及时了解设备运行情况；监控突发的紧急事态，如暴风雪、泥石流、洪水、交通意外等。智能视频监控系统利用视频摄像头感知图像及音频数据，并结合边缘计算、视频编解码、视频图像分析等技术对监控数据进行处理和挖掘，以对监控区域和对象实现全局掌控。

2. 智能装备数据采集

智能装备数据采集包括移动装备、通信信号、牵引供电等数据，为实现动车组等移动装备的自动及协同运行提供数据支持。

（1）普速车辆运行监测

对于普速铁路车辆包括货运和客运车辆的状态监测，主要采用"5T"监测系统（TPDS、TADS、THDS、TFDS、TCDS）对车辆的不同部件进行监测。

对于车辆轮对，主要监测轮轨力，包括移动垂向力和轮轨横向力监测，采用铁路车辆运行状态地面安全监测系统（truck performance detection system，TPDS），又称车辆运行品质轨边动态监测系统。TPDS利用移动垂向力测试和板式传感等技术，实现了轮轨垂向力和横向力的连续测量，并根据监测结果判定车辆的运行状态、超偏载、车轮擦伤等；还增加了车辆横向性能测试，可准确评估车辆是否蛇行失稳及判别失稳的严重程度。

对于车辆轴承，主要监测滚动轴承剥离、裂损、划伤等故障，采用铁路车辆滚动轴承早期故障轨边声学诊断系统（trackside acoustic detection system，TADS），利用声学诊断技术对故障轴承进行预报。此外，还采用铁路车辆红外线轴温探测系统（trace hotbox detection system，THDS）对轴箱温度进行探测，用于发现车辆热轴和防止热切轴。新一代THDS采用双探头技术进一步提高热轴预报准确性。

对于车辆底部、侧下部关键部件，包括转向架、制动装置、车钩缓冲装置、车底架、车体两侧等，采用铁路车辆运行故障动态图像检测系统（trouble of moving freight car detection system，TFDS）进行检测，通过轨边高速摄像机动态采集图像，并对故障图像进行识别。

对于车辆运行中潜在危及行车安全的关键设备，包括供电系统、空调系统、车下电源、车门、火灾报警器、轴温报警器、防滑器、制动系统、转向架系统等，采用铁路车辆运行安全监控系统（train coach running diagnosis system，TCDS）进行工作状态监测。

（2）高速车辆运行监测

对于高速动车组各类部件的状态监测，主要采用高速列车运行监测系统，包括动车组运行故障动态图像检测系统（trouble of moving EMU detection system，TEDS）、动车组走行部监测系统、动车组牵引传动监测系统等。

对于动车组底部及侧部可视部件的状态监测，包括车体底部、侧部裙板、连接装置、牵引传动装置等，采用TEDS。该系统使用轨边安装的多组高速工业相机抓拍运行中的列车图像，并利用动车组电气控制、图像采集、车次车号识别、异常识别告警等技术对运行中的列车表面机械类故障进行检测。

对于动车组走行部，主要监测滚动轴承、齿轮装置、轮对等关键受力零件，采用动车组走行部监测系统。该系统主要利用振动检测和机械尺寸测量等手段来监测走行部的早期故障，通过监测走行部关键受力零件的振动信号和测量轮对的几何尺寸变化来预防事故发生。

对于动车组牵引传动系统，主要监测受电弓离线和物理状态、滑板磨耗、牵引变压器、牵引电机等，采用动车组牵引传动监测系统。受电弓离线检测方法有电阻测量法、电流测量法、光学测量法等；滑板磨耗检测方法有在线式定点检测、图像检测、基于光学技术检测、基于光纤传感器检测等；牵引变压器检测方法有以特征气体组分含量为特征量的分析法、以总烃及一氧化碳和二氧化碳为特征量的分析法、以特征气体组分比值为特征量的分析法等；牵引电机检测方法有电流分析法、振动分析法、绝缘诊断法等。

(3)信号系统监测

对于铁路信号系统的检测项目包括应答器、轨道电路、补偿电容、牵引回流、车载 ATP 等。通常采用高速综合检测车的信号检测系统，融合卫星定位、数字信号处理、射频传输、嵌入式等技术进行动态信号检测。

(4)通信系统监测

对于铁路通信系统的检测项目包括无线列车调度场强覆盖测试、GSM-R 场强测试、铁路专用呼叫测试、语音测试、列控数据传输特性测试、列车运行调度数据测试等。通常采用高速综合检测车的通信检测系统进行检测，一般由场强覆盖、电磁环境、通用性能测试等子系统组成，包含系统控制器、测量接收机、标准信号源、GPS 定位单元、脉冲触发单元、数据存储设备、测试软硬件及分析处理软件等。

(5)接触网检测

对于高速铁路接触网的状态检测内容包括可测量接触线动态高度、硬点、冲击、弓网接触力、拉出值、网压状态、离线火花、支柱定位、车速、里程等参数，通常采用的检测设备是高速综合检测车。我国的 0 号高速综合检测车接触网检测系统分为接触式检测系统与非接触式检测系统，数据采集传感器的主要组成包括压力传感器、加速度传感器、角位移传感器、车体振动加速度传感器、火花探测传感器、视频摄像机、光电速度传感器、CCD 摄像机、垂向位移传感器、水平位移传感器、杆位传感器等。

(6)环境安全风险监测

关于环境安全风险的状态监测趋于多样化，例如自然灾害监测内容包括大风、暴雨、暴雪、冰雹、雷电、地震、山体滑坡、泥石流等风险因素；异物侵限监测内容包括大型物体、动物、人员等侵入线路或相关对象的安全界限情况。对于自然灾害监测，可通过安装如风速计、雨量计、倾斜传感器、位移传感器等各种传感器和视频监控设备，实时监测铁路线路周边的气象及地质灾害风险，以及时发现灾害潜在的安全隐患；对于异物侵限监测，可利用视频监控设备、红外传感器、激光雷达等技术手段，对铁路线路进行全天候监测，及时发现铁路线路上的异物侵限情况，以排除异物造成的安全隐患。

3. 智能运营数据采集

智能运营数据采集包括客运服务、运输组织等数据，为客运生产和管理、智能调度、协同指挥等提供数据支持，是构建铁路数字孪生系统的重要组成部分。

(1)客流监测

铁路客流数据主要包括来自售票终端的旅客行程数据、来自闸机检票口的车站客流数据、来自列车员手持设备的列车客流数据等。通过采集、整合和挖掘旅客在购票、进站、乘车、出站各环节中产生的客流数据，即可掌握旅客乘车出行的行为偏好特征。

(2)票务数据监测

铁路票务数据包括客票交易数据、席位数据、价格数据、乘车人数据、列车定员、上座率等，通过对这些数据的实时采集与分析,可以对购票需求和旅客流动进行动态掌控。系统会整合来自线上购票平台、售票窗口、自动售票机等多源数据,监测不同车次、时间段的票务销售情况,以及改签和退票的高峰时段。基于大数据分析,票务监测系统能够预测未来的票务需求并进行合理调控,从而优化票务资源分配,减少旅客排队时间,提高售票效率。

(3)工电供一体化运维数据监测

工电供一体化运维数据监测覆盖了铁路的工程、供电及通信等多个基础设施的运维情况,旨在通过实时监控这些设施的运行状态和健康状况,确保铁路网络的稳定运营。运维监测系统通过遍布在轨道、供电系统、信号设备等设施上的各类传感器,实时收集设备的运行数据,包括电压、电流、温度、振动等信息。通过对这些数据的分析,系统可以提前预测潜在的故障风险,进行预防性维护,从而减少设备故障的发生。同时,运维数据还能为设备的检修、更新计划提供依据,确保设备在最优状态下运行,延长设备的使用寿命,提升整体铁路运输网络的安全性和可靠性。

(4)动车组智能运维数据监测

动车组智能运维数据监测专注于动车组列车的实时状态监控和运维管理,通过采集动车组各个部件的运行数据,如电气系统、机械系统、空调系统等的状态,来确保动车组的正常运行。借助车载传感器和智能分析系统,监测平台可以实时分析动车组的运行性能、部件磨损情况以及可能的故障隐患。基于这些数据,运维人员可以针对性地制订维护计划,进行精准的故障修复和部件更换,避免突发故障导致的列车停运。此外,系统还能够根据动车组的运行里程和负载情况,自动优化维护周期,提高运维效率,降低维修成本,确保动车组在高强度运行下的安全性和稳定性。

(5)智能行车调度数据监测

智能行车调度数据监测专注于列车运行的全过程,系统通过集成列车的实时位置、速度、车次安排、路径规划等数据,全面掌握每列列车的运行状态。调度系统借助车载传感器、卫星定位系统和通信设备,能够精确监控列车的运行轨迹和时间节点,确保列车按计划准点运行。同时,系统通过实时分析列车的运行数据,可以及时发现潜在的运行问题,进行调度调整,避免列车延误或线路冲突。智能行车调度监测不仅有助于提升铁路的运行效率,还可以保障列车运营的安全性,优化列车运行图,提高铁路运输的可靠性。

(6)综合调度监测

铁路综合调度的前提是对运输需求和运输资源(人员、线路、固定设施、移动装备、内外环境等)进行多维度、多层次、细粒度的实时掌握,依赖于基础设施、移动装备、外部状态等多源异构数据感知。采用覆盖运输生产作业全周期的铁路智能调度系统,基于状态信息智能采集与预测、全业务流程自动控制、调度规划一体化协同编制与自适应、调度决策优化等关键技术进行系统构建。相应的铁路调度规则与时间表对于铁路数字孪生系统构建均不可或缺。

第二节 数据治理与组织技术

在铁路领域,数据资源分散、异构、共享困难等问题亟待解决,通过引入科学的治理体系和技术手段,数据治理与组织技术可以解决数据质量、整合与安全问题,为铁路智能化与数字化发展提供支撑。

本节内容涵盖数据治理的常见问题,重点阐述铁路数据治理体系的组织建设、标准建设以及数据清洗与变换技术。

一、数据治理

虽然铁路信息系统建设不断改善,但是系统之间选择各自为战,多种架构并存,业务需求各异,各业务应用系统互通性不强,形成了数据资源分散、异构的情况,缺乏足够的标准化程度,这些情况导致铁路数据资源的共享和利用存在诸多困难。为了使数据资源得到充分的利用,同时为铁路数字孪生系统提供可靠的数据,以保障系统运行的准确性、实时性和安全性,必须进行数据治理,以进行一体化的管理。

1. 铁路数据治理实施常见问题

铁路行业由于其业务的复杂性、广泛性和多样化,使得其数据治理在实施过程中面临诸多挑战。主要集中在数据质量、数据类型、数据整合、数据安全等方面,这些问题影响铁路系统的智能化和数字化进程,限制了数据在运营管理、客运服务和调度优化等领域的有效应用,大大提高了铁路数字孪生系统构建的难度。以下是铁路数据治理实施中的一些常见问题:

(1)数据覆盖的业务范围广泛。铁路行业涉及多个业务领域,如客运、货运、调度管理和设备维护等,且需要车、机、工、电、辆多个专业综合协同。这种广泛的业务范围增加了数据集成和统一管理的难度,使得数据治理不仅要处理和管理每个领域内部的数据,还要确保跨领域的数据流动和整合,以支持铁路运营的全局优化。

(2)数据类型多种多样。铁路系统中的数据类型包括数据库中的旅客信息、票务信息等结构化数据,监控视频等非结构化数据,以及传感器数据、日志文件等半结构化数据。此外,数据可以是静态的(如车站基础设施数据),也可以是动态的(如实时客流数据、列车运行状态数据)。不同的数据类型对存储、处理和分析工具的需求也不同,增加了数据治理的技术复杂性。

(3)数据源头和标准多样化。由于信息化系统建设年代不同,层级多,不同专业、部门间相对独立,导致各系统遵循的数据标准不统一,同类型数据有多个来源,为数据整合和共享带来了挑战。

(4)数据更新速度快。铁路行业的业务需要实时数据支持,特别是在调度、设备监控和客流管理等方面,数据的更新速度非常快。为了及时响应运营需求,数据治理系统必须具备强大的实时数据处理能力,确保高频率数据的及时采集、传输和分析。

(5)数据安全要求高。铁路作为国家重要的基础设施,已有多个信息系统被列入国家重要信息系统,相较于其他行业,数据安全的保障要求更高。此外,铁路系统涉及大量敏感数据,包括旅客个人信息和运营安全数据,数据泄露或攻击可能带来严重后果。因此,数据治理必须加强数据安全,确保敏感数据的保密性、完整性和可用性,同时防范网络攻击和未经授权的访问。

由于铁路行业自身的业务特性,铁路数据具备十分鲜明的特点:数据覆盖的业务范围广泛、数据类型多种多样、数据源头和标准多样化、数据更新速度快、数据安全要求高。铁路业务的综合性和数据的复杂性大大提高了铁路数据治理实施的难度,需要一套科学、规范的数据管理和技术体系。

2. 铁路数据治理体系

(1)治理组织建设

组织机构建设是数据治理的核心环节之一,其重要性已成为各类企业的共识。在开展数据治理工作时，必须建立完善的组织架构，以确保治理工作高效开展。健全的组织机构不仅能够明确责任分工，确保各部门协同工作，还能在数据治理的各个层次推动决策制定与执行。在数据治理过程中，需要从决策层、领导层和实施层三个层次构建完整的组织架构，以确保数据治理的顺利进行。

①决策层：由高层管理人员组建一个专门的数据治理委员会，负责对整个企业的数据治理工作进行顶层设计与战略规划。委员会的主要职责包括：确定数据治理的整体战略与方向，制定和审议数据治理的政策、标准与规范，确保数据治理与企业的长远发展目标保持一致。数据治理委员会的成立对于企业的数字化转型至关重要。委员会可以确保数据治理工作得到高层领导的充分重视，并为数据治理的各个环节提供必要的资源和支持。同时，委员会还能在遇到跨部门协调问题时，快速做出高效决策，避免数据治理过程中的瓶颈和障碍。

②领导层：由信息技术部门以及各业务部门的领导、业务专家共同组建数据工作小组，负责数据治理的整体执行与监督工作。数据工作小组的主要职责包括：将数据治理的战略转化为具体的执行计划，协调各业务部门之间的数据共享与协作，监督数据治理相关工作的进展情况，并提供业务与技术支持。通过将业务与技术紧密结合，数据工作小组能够有效解决数据标准不统一、数据质量差等问题。同时，该小组还能确保数据治理在各业务环节中得以顺利实施，帮助实现数据治理目标。

③实施层：具体负责数据治理工作的是由各业务部门的工作人员和信息系统研发、维护人员共同组成的数据治理项目实施组。承担了数据治理工作的具体执行任务，负责将数据治理要求落实到实际的业务系统中。实施组的主要职责包括：将数据治理的标准、政策与业务系统对接，负责数据的日常维护、监控和质量保障，处理数据治理过程中的具体技术问题，如数据集成、数据清洗等。

(2)治理标准建设

数据标准是整个企业的数据模型，需制定一系列业务及数据标准构成标准体系，作为数据管理体系的标准参照。标准体系需要具备先进性、可扩展性、可靠性、全局性、合规性、一致性。标准体系设计主要包括以下几个方面：

①主数据标准

主数据标准涵盖主数据的范围、分级分类、编码和属性等方面，分别定义了数据的分类、编码规则、属性构成、数据关系等内容。主数据的分级分类应结合企业现行信息分类情况，并考虑未来的业务和数据治理需求。主数据编码规则应保证唯一性、可扩展性、稳定性，并与现行国家标准、行业标准保持一致和兼容。

铁路的主数据管理应结合其组织结构特点，核心系统宜采用集中管理模式，次要系统则采用协同管理更为可行。接着，需要明确数据所有者，建立健全的数据管理组织，规范主数据流程。最后，基于以上标准和原则，建设覆盖全行业的主数据管理系统，确保铁路主数据的有效管理和应用。

②数据质量标准

数据质量管理是确保企业业务运营和决策的基础，直接影响数据驱动的分析和决策的准确性与有效性。高质量的数据可以提升业务效率、减少错误，并支持智能化运营。为提升主数据和关键业务数据的质量，需制定规范的数据库名、数据表名、数据表字段命名规则，并制定约束数据类型、数据长度和精度等一系列质量标准，从而满足上层应用的数据处理、分析、决策的需求。在数据接入、存储、清洗、分析、共享、应用等全生命周期的每个阶段，按照准确性、唯一性、完整性、一致性、规范性和及时性六大质量评价维度进行权重分配，制定数据质量评分规则。

数据稽核是保障数据准确性和一致性的关键环节，对提升数据质量至关重要。铁路大数据场景下，来自各业务系统的数据会统一汇集至铁路大数据服务平台，并开展数据质量稽核。数据质量稽核应根据其规则对平台上数据的合规性进行校验，应具备离线分析和内存准实时分析的能力，从而处理 TB 级别数据，并给出数据质量稽核报告。

③数据安全标准

铁路业务信息系统中包含大量个人隐私数据（如乘车人信息、员工社保和履历信息、医疗数据等）以及涉密的运营数据（如高速铁路桥梁隧道建设参数、安全事故信息、设备故障详情等）。由于构建铁路数字孪生系统需要对数据进行汇聚，增加了数据安全风险。

为保护敏感数据，首先需建立数据安全分级体系，明确敏感数据范围，指定相关责任主体，制定网络安全、密码安全和数据备份管理制度，同时划分用户权限。其次，从技术层面控制数据访问权限，确保不同密级的用户只能访问相应等级的数据，并记录和存档对数据的任何操作和访问。另外，针对特权用户（如数据库管理员和平台运维人员），应制定专门的数据安全策略，监控其对敏感数据的访问，所有访问记录都应保存为日志作为审计依据。

④数据接口技术标准

在数据治理过程中，数据接口技术标准至关重要。对于铁路这样业务复杂、数据类型多样的行业，标准化的数据接口可以确保不同系统、平台之间的数据互通与共享。针对存在系统间、部门间通过数据接口进行交互的场景，制定关于接口方式、数据格式、参数定义、同步周期等交互指标的技术标准，保证数据接入、输出接口的规范性，有利于接口管理和安全管控。

接口方式的选择应根据业务需求和系统特性决定，常见的接口方式包括 Web Service 接口、HTTP 接口、RPC 接口等。通过规定系统间数据交换的格式，确保不同系统能够解析和处理传输的数据，避免数据传输时的格式错误，常见的数据格式有 JSON、CSV、XML 等。对参数的定义要清晰，遵循一致的规则，确保参数传递的标准化和一致性，还可以在接口参数中加入用户名和密码的验证机制。同步周期需要根据数据实时性要求及数据提供方服务器情况而定，确保数据的实时性与一致性。

二、数据清洗

1. 数据质量问题

数据质量是指在特定业务环境下，数据满足业务需求和用户期望的程度。数据质量评估标准主要包括准确性、完整性、一致性、时效性和可靠性几个方面。

然而，现实中对于大数据的获取与管理是一个十分专业而复杂的挑战性工程，所涵盖的数据模型设计、数据录入、数据采集、数据传输、数据装载、数据存储等任一个环节出现差错都可能导致数据质量问题，即数据质量评估指标不符合业务需求和用户期望。根据所处理的是单数据源还是多数据源，以及问题出在数据库的模式层还是实例层，通常将数据质量问题分为以下四类：

（1）单数据源模式层问题：模式层问题主要反映由于模式设计缺陷导致的数据质量问题，如缺乏完整性约束、缺乏唯一性约束、缺乏引用性约束等。

(2)单数据源实例层问题:实例层问题主要用于描述数据记录相关的数据质量问题,如数据缺失、数据冲突、数据重复、数据录入错误等。

(3)多数据源模式层问题:多数据源下数据模型、模式设计等方面异构导致的数据质量问题,如命名冲突、结构冲突等。

(4)多数据源实例层问题:多数据源下数据格式、标准等方面差异导致的数据质量问题,如数据冗余、数据汇总冲突、数据不一致等。

通过设定明确的数据清洗目标,遵循合理的数据清洗步骤,并采用适当的数据清洗方法,可以有效地应对上述数据质量问题,将脏数据转换为满足数据质量标准的优质数据。

2. 数据清洗步骤

数据清洗是指对数据进行预处理和清理,以消除数据中的缺失、异常、重复等问题的过程。典型的数据清洗框架模型(如 Trillium 模型、AJAX 模型等)基本遵循以下五个步骤:

(1)分析清洗需求:通过分析数据的作用领域与运用环境,来明确有效数据的格式与内容,并据此达到数据清洗的目标。

(2)预处理:通过运用数据分析技术,分别从模式层和实例层分析、识别数据中存在的潜在数据质量问题,并将得到的数据质量信息整理归档。

(3)确定清洗规则:根据预处理后的数据质量信息,分析脏数据产生的根本原因,并结合数据集特点相应定义数据清洗规则,包括对于空值数据、异常数据、冗余数据等的清洗规则。

(4)清洗与修正:为避免不当的数据清洗导致数据损坏或遗失,在实施清洗前需要先对数据进行备份。根据所选择的清洗规则或模型,对数据进行清洗。如果清洗后的数据质量仍不理想,则可能需要重新选择清洗规则,再次进行数据清洗。最终根据清洗结果,修正已归档的数据质量信息。

(5)检验:通过运用数据检验技术,总体验证清洗后的数据质量是否符合预期任务要求。若不符合,则需要重复数据清洗过程,并重新对清洗结果进行检验评估。

3. 数据清洗方法

(1)缺失数据清洗

数据缺失是指在数据中某个或多个字段没有值。根据不同数据特性和分析场景,缺失数据清洗通常可以选用以下几种处理方法:

①删除缺失值:如果数据中缺失值占比较小,可以考虑删除包含缺失值的行或列。

②填充缺失值:如果缺失值不可或缺,可以使用某些算法或方法进行填充。例如,使用均值、中位数、众数等统计量予以填充,或者使用插值、回归、生成式 AI 等方法预测填充。

③不处理缺失值:如果分析场景允许,可以选择不处理缺失值,而直接保留这些数据。

(2)异常数据清洗

数据异常是指在数据中存在远离正常范围的数据记录。注意数据异常可为“真异常”或“伪异常”。区别于真异常,可能的伪异常往往是因某些业务运营动作而产生,实际上是业务状态的正常反应,而不是数据本身的异常情况。异常数据清洗通常可以选用以下几种处理方法:

①识别异常值:如果数据中异常值占比较小,可以使用某些算法或方法对真异常进行识别。例如,使用统计学、机器学习等方法予以识别。

②删除异常值:如果异常值确为真异常,可以考虑删除包含异常值的行或列。

③缩放数据:如果异常值不易剔除,可以对数据中所有数值进行缩放,使所有数值都处在

一个较小范围内。例如，可将数据归一化至[0,1]或[−1,1]范围内。通过同样缩放异常值，可以降低其对分析和决策的影响。

(3)重复数据清洗

数据重复是指在数据中出现多次完全相同的数据记录。根据不同数据特性和分析场景，重复数据清洗通常可以选用以下几种处理方法：

① 删除重复值：如果数据中重复值占比较小，可以考虑删除包含重复值的行或列。

② 统计合并去重：如果数据中重复值占比较大，可以考虑将重复的数据点直接合并为一个新的数据点。例如，取平均值、取最大/最小值、取众数等。

③ 自定义合并去重：根据数据及业务特点，可以自定义重复值合并规则和逻辑。例如，根据时间序列数据的时间间隔将重复点合并成一个时间段内的数据点，或者根据地理位置数据的距离将重复点合并成一个区域内的数据点。

④ 机器学习去重：如果重复值不易直接合并，可以使用某些机器学习算法进行合并去重。例如，使用聚类算法将同一簇内具有相似特征的数据点合并为一个代表性的数据点，或者使用预测模型将对重复数据点的预测结果作为合并后数据点的特征值。

三、数据变换

1. 数据特征问题

数据特征是指在数据中的各个列或字段，用以描述数据的属性、结构、行为等方面特点的数据项。例如，一个铁路旅客出行相关数据样本可以包括某旅客的个人信息、同行人信息、出行频次、车型席别偏好、时间地点偏好等特征。这样的数据特征可以直接或间接地被用于支持后续的数据分析和建模。

然而，原始数据所包含的不同特征对于相应业务性能的影响不尽相同，实际上并非所有特征都富有价值。如果将原始数据的所有特征不经处理或筛选地全部采纳，潜在的数据特征问题基本有以下几类：

①无效特征：有的特征相较其他特征为无效特征。当不同特征的取值尺度具有数量级差异时，部分小尺度特征可能会因其过小权重而无法有效发挥作用。

②冗余特征：有的特征相较其他特征为冗余特征。当不同特征之间具有相关性时，部分特征可能仅包含重复的或可由其他特征推断出的冗余信息，而不会对结果产生影响。

③无关特征：有的特征则属无关特征，不与其他特征相关，也不会对结果产生影响。

④维数灾难：如果特征空间的维数过高，可导致特征信息难于提取。当维数随特征数增高时，特征空间的体积会相应指数级增大，致使数据样本分布加剧稀疏化，而为支撑分析和建模所需的数据量，则通常要随维数呈指数级增长。

通过实施数据变换及特征工程，创建能够使实际业务性能达到最佳的有效特征集合，有望成功地应对上述数据特征问题，将无效、冗余、无关特征予以消除，进而避免维数灾难的发生。

2. 数据变换方法

数据变换是指对原始数据进行转换和规范化，将数据特征变换为适当的形式，用以特别支持后续的数据分析和建模。

(1)特征缩放

特征缩放是用于归一化或标准化数据特征的取值范围，使不同尺度和单位的特征具有可比性，同时不改变原始数值分布。如果不同特征的取值范围相差过大，则大取值的特征变化往往会掩盖掉小取值的特征变化。特征缩放的方法有归一化、标准化、对数缩放、幂变换等。

(2)特征选择

特征选择是用于从原始特征集合中选择出最有价值的特征子集，主要选择与任务相关性较高的特征，而忽略与任务无关或冗余的特征。特征选择是为了降低特征空间的维度，以提升机器学习等模型的泛化能力和可解释性。

特征选择方法一般可以分为以下三类：

过滤式方法：先对数据集进行特征选择，再训练模型。特征选择过程与后续模型训练无关，相当于先对初始特征进行过滤，再用过滤后的特征来训练模型。

包裹式方法：从初始特征集合中不断选择特征子集，同时训练模型，根据模型性能来对特征子集进行评估，直到选择出最佳的特征子集。特征选择可以直接针对给定模型进行优化，但多次模型训练使其计算复杂度相对较高。

嵌入式方法：将特征选择与模型训练相融合，在模型训练过程中自动地进行特征选择。最常用的是 L1 正则化和 L2 正则化。正则化项越大则特征系数越小，当正则化项增大到一定程度时，会有部分特征系数减为 0，即实现特征选择过程。

(3)特征降维

特征降维是用于将高维度数据转换为低维度数据，即降低数据特征的个数。特征降维是为了在保留数据的大部分内在特征信息的同时将高维空间的数据样本嵌入到一个相对低维空间，以避免所谓的维数灾难问题。

上述的特征选择方法即可用于特征降维。此外，常用的特征降维方法还包括以下几类：

①线性映射：例如主成分分析(principal component analysis，PCA)，通过某种线性投影将高维数据映射到低维特征空间中进行表示，并期望在所投影的维度上使数据的方差最大。

②非线性映射：例如核映射，通过某种非线性投影将原始特征映射到高维特征空间中，使其在高维空间中更易分离，之后在高维空间中进行线性降维。

③聚类：一方面，聚类可以用于降维方法的预处理，通过剔除无关特征或异常取值来提升降维效率和效果；另一方面，聚类和降维可以融合为基于聚类的降维方法，可直接在低维特征空间中得到聚类结果。

第三节 数据存储与处理技术

数据存储与处理技术是铁路数字孪生系统中的数据支撑与技术保障。通过分析数据管理模式的发展过程，展示铁路数据服务平台的架构和功能。

本节介绍铁路数字孪生系统中实现数据存储与处理的有效技术途径。

一、数据管理模式发展

随着信息与智能技术的不断发展，数据存储与管理模式在演进过程中已经历了以下三个阶段：

(1)数据库阶段：事务处理(online transaction processing，OLTP)作为传统关系数据库的主要应用，支持基本而日常的事务处理，记录即时的数据增、删、改、查操作。

(2)数据仓库阶段:联机分析处理(online analytical processing,OLAP)作为数据仓库系统的主要应用,支持复杂数据的多维分析、快速查询、交互式探索等,揭示数据模式与趋势,以利于全面决策。

(3)数据平台阶段:个性化、多样化的大数据平台,采用主流计算框架建立计算集群,支持数据互联互通、多数据集实时同步、数据资源管理、多源异构数据整合管控等,提供完善的大数据分析基础运行环境和统一的二次开发接口能力。

铁路行业已建成完善的铁路数据服务平台,作为铁路一体化信息集成平台的重要组成部分,为铁路信息化与智能化业务提供全数据类型的数据接入、存储、共享、分析、可视化等服务。

二、铁路数据服务平台

铁路数据服务平台是大数据应用的基础和技术支撑,为大数据应用提供数据采集、存储、计算和分析等能力,是面向铁路企业的一站式大数据解决方案。平台具备处理海量结构化与非结构化数据的能力,支持PB级数据离线分析、TB级数据实时分析,并提供多维、自助分析和数据可视化功能。针对铁路应用,平台引入了铁路数据分类体系,并无缝对接主数据平台,同时内置铁路专属分析算法,满足铁路企业的多样化大数据分析需求。

1. 数据服务平台架构

为了实现数据集中管理,并用大数据的理念和方法实现数据的高效处理,提出了铁路数据服务平台架构。架构分为三层,即数据获取层、数据处理层和业务应用层。

(1)数据获取层:基于不同的数据源,区别结构化数据和非结构化数据,采用不同的采集方式和采集频度完成数据集中。铁路数据服务平台的数据源包括业务系统数据、外部数据(与铁路运输、安全等相关的天气数据、地质数据、灾害预警数据、综合交通类数据等)、物联网数据、互联网数据等。数据类型既有结构化的数据库表、数据文件,也有非结构化的视频、图像、文本等。

(2)数据处理层:数据处理层主要完成数据集成、数据共享、大数据存储与分析以及基础数据管理。数据集成包括结构化数据集成和非结构化数据集成。数据共享包括操作型数据存储和非结构化数据存储。基础数据和共享数据都会进到企业的数据仓库,再根据特定的业务建立数据集市,提供快速灵活的数据查询,从而满足特定的数据分析、多维报表、管理驾驶舱、数据挖掘等功能。

(3)业务应用层:利用数据服务层的大数据处理能力进行业务数据的计算与处理,支持市场营销、运输生产、智能决策、运输安全、外部服务等业务。

2. 数据服务平台功能

铁路数据服务平台数据存储与管理服务包括基础数据管理、数据集成、数据共享、大数据存储与分析、数据治理、系统管理等功能。

(1)基础数据管理:涵盖了主数据、地理信息和元数据信息管理功能,旨在实现基础数据的集中化和统一管理及提供相应服务。通过建立标准的元数据交换格式,实现统一集成和标准化管理元数据信息。通过规范业务层的定义,并通过技术层面快速定位数据,自动化抽取数据,灵活支撑各种业务应用需求。

(2)数据集成:支持多源异构数据接入,能够实时和离线地采集结构化、半结构化及非结构化数据。在数据集成时,对结构化的数据进行数据抽取、转换、加载等操作,对非结构化的数据进行归类、结构化等操作。通过统一的数据分析与共享机制，将铁路各独立业务系统的数据汇聚整合。此外，平台还提供封装好的数据采集接口，支持分布式数据整合，具备实时与非实时数据处理能力，实现数据源到平台存储的全流程管理。

（3）数据共享：平台支持全类型数据（结构化、非结构化）的高效存储和快速查询，具备海量数据处理能力。通过关系型数据库和非结构化存储技术，结合大数据计算技术，实现数据存储、计算及关联索引的建立，为业务系统和外部系统提供共享交互服务。

（4）大数据存储与分析：主要提供统计分析、数据挖掘服务、可视化服务、生成多维报表等功能。通过建立数据集市，从数据仓库中抽取数据，根据业务需求进行必要的数据转换，构建面向业务人员统计分析功能组件。用户还可以根据业务需求选择封装后的算法组件和可视化组件，快速得出分析结果。

（5）数据治理：数据治理功能涵盖数据全生命周期的质量管理，包括数据获取、存储、共享、维护、应用和消亡等环节，对每个环节进行数据质量识别、监控和预警。此外，通过对接主数据平台，确保主数据的规范性。数据治理的核心功能包括数据标准管理、数据质量管理、数据资产管理和数据安全管理，通过数据治理保障数据的准确、可靠、安全和可用，提升业务敏捷性，降低运营成本和管理风险。

（6）系统管理：主要提供集群管理、用户管理、大数据各组件服务状态监控、平台审计等功能。

3. 数据服务平台关键技术

对铁路数据进行全面有效的管理和深入分析挖掘，充分发挥数据的价值，对提升铁路运输效率、降低运输成本、提升客货运质量、提高营业管理水平等具有重要意义。铁路数据服务平台的关键技术主要包括以下几个方面：

（1）大数据存储技术：用分布式文件系统 HDFS 和 NoSQL 数据库进行 PB 级别数据的高效存储，同时采用列存储和数据仓库技术优化查询性能，确保铁路大数据的安全存储和快速访问。

（2）分布式计算与处理技术：采用批处理和流处理框架，如 Spark、Flink，支持离线和实时大数据计算，结合容器化和微服务架构，实现高效资源利用和系统动态扩展，满足铁路业务对大规模数据处理的需求。

（3）实时数据处理技术：借助流处理技术和复杂事件处理技术，处理 TB 级实时数据流，识别铁路业务中的关键事件，如设备异常和列车调度变化，确保实时响应和快速决策。

（4）数据安全与隐私保护技术：通过身份认证、权限管理和数据加密等技术，保障数据安全性，同时通过日志审计记录所有操作，确保铁路数据的合规管理和安全访问。

（5）数据挖掘与分析技术：提供针对铁路业务场景的专业算法，支持设备故障预测、客流分析等，同时通过机器学习和深度学习模型提升分析效果，并借助数据可视化工具提供自助分析能力。

第四节　数据交互与安全保障技术

尽管数字孪生技术在铁路行业中展现了广阔的应用前景，但数字孪生数据在交互过程中仍面临着数据安全与隐私的严峻挑战。首先，铁路数字孪生系统中的数据具有显著的时效性、任务关键性,甚至可能涉及人员和行车安全。在数字孪生系统中,相关数据需要在其服务阶段实时跨越多个网络、软件和应用程序,这使得提供全面的安全性和建立全流程的信任成为一项挑战性工作。其次,铁路数字孪生依赖的大量物联网设备持续收集列车运行、轨道监测等细粒度数据,并通过不稳定的无线链路密集传输,这为恶意数据操纵或滥用提供了可乘之机。最后,由于铁路数字孪生系统建立在多种新兴技术基础之上,可能继承的安全威胁包括窃听、篡改、伪造、身份冒用、拒绝服务攻击及僵尸网络攻击等,进一步加剧了系统的安全风险。

本节将结合铁路业务需求,在介绍铁路数字孪生数据交互技术的基础上,深入探讨数据安全保障技术的核心问题及其应对策略,包括物理威胁、数据威胁、数据通信安全、认证机制,以及机器学习相关威胁防护措施,为实现安全可信的铁路数字孪生系统提供全面的技术支持。

一、铁路数字孪生数据交互

铁路数字孪生系统的搭建和维护必须要依靠海量数据在众多物理实体与对应数字孪生体之间持续实时地流通交互。这些海量的各类动静态数据由铁路数据服务平台依托物联网基础设施予以汇集,并提供给铁路数字孪生应用。作为特别面向数字孪生以虚映实、以虚控实、以虚预实要求的下一代物联网基础设施,数字孪生物联网(internet of digital twins, IoDT)已在泛在异构接入、弹性伸缩部署、灵活资源分配、人工智能赋能等方面显示出天然优势,故其通用参考模型可作为铁路数字孪生数据交互的基础网络架构。

1. 数字孪生物联网架构

依托基本的端边云网络交互能力,一个抽象的铁路数字孪生物联网架构如图 5-2 所示,包括三类要素:

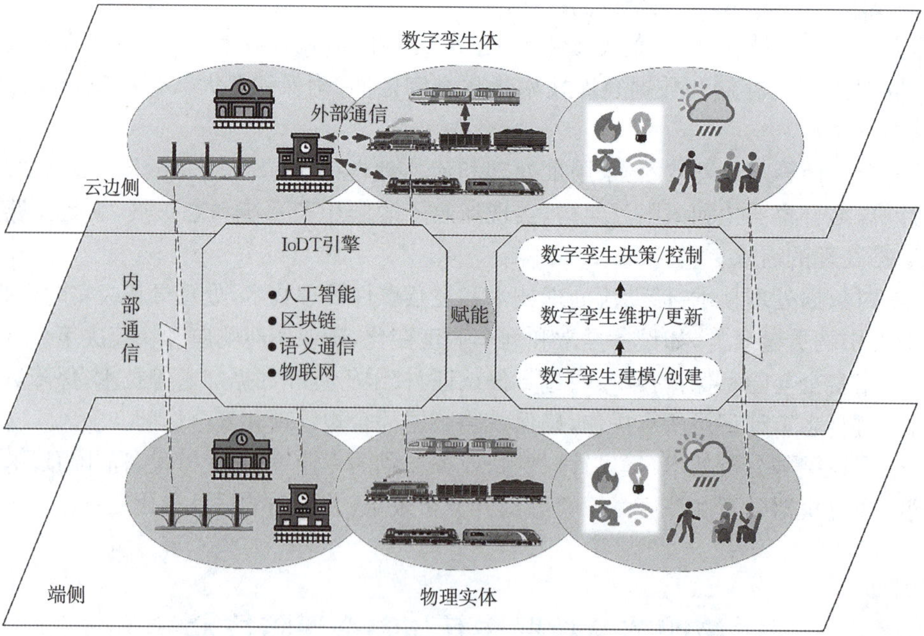

图 5-2 铁路数字孪生物联网架构

(1)物理实体:真实物理空间中存在的物理对象或系统。物理实体主要分为四种类型:传感实体、控制实体、混合实体、设施实体。具体来说,传感实体负责从物理空间中实时采集各类数据;控制实体负责根据数字空间的决策反馈相应执行指令或动作;混合实体同时具备传感和控制能力;设施实体包括网络、存储、计算等基础设施。

(2)数字孪生体:物理实体及其相关属性在虚拟数字空间中的数字映像。数字孪生体可由计算机程序或软件模型予以创建,并与它们在物理空间中对应的物理实体保持实时同步和双向可控。相对于资源受限的端侧设备,数字孪生体更适合在资源丰富的云服务器或边缘服务器上予以部署。鉴于数字孪生技术在“追溯过去、掌控现在、预知未来”三个维度上的业务赋能优势,云边侧孪生体有稳定地协助甚至替代端侧实体执行特定任务或操作的潜力。

(3)IoDT 引擎:双向连接真实物理空间和虚拟数字空间的网络核心层。IoDT 引擎从下层的物理实体接收私有大数据,而为上层的数字孪生体提供建模、创建、维护、更新、决策、控制等服务。根据不同应用和业务需求,IoDT 引擎可以单独或协作地被部署于实体侧、孪生体侧或基础设施中。该引擎综合运用物联网、人工智能、语义通信、区块链等新兴技术,其中物联网比作其“骨架”、人工智能比作其“大脑”、语义通信比作其“嘴与耳”、区块链比作其“血液”,从而连接整个数字孪生生态系统。

2. 数字孪生物联网通信模式

在一个数字孪生物联网中的众多物理实体与数字孪生体之间,如图 5-2 所示,存在两种通信模式:

(1)数字孪生内部通信:云边侧的数字孪生体与其对应端侧的物理实体之间建立的逻辑上内部的通信连接。内部通信模式通常依托云边侧外部的无线接入网,支持虚实体内部间的持续同步和双向可控。根据不同服务需求,内部通信可分为实时(毫秒级)、近实时(秒级)、延迟容忍(分钟级)等级别。

(2)数字孪生外部通信:云边侧的数字孪生体与其他云边侧的数字孪生体之间建立的逻辑上外部的通信连接。外部通信模式通常依托云边侧内部的有线网络,支持虚(实)体外部间的数据共享和任务协作。云边侧的数字孪生体部署能够打破物理空间中的时空界限,为在原本相隔遥远的物理实体之间实现互通和协作提供便利。

如此,众多端侧的物理实体和云边侧的数字孪生体,能够在 IoDT 引擎的支撑与服务下,依托跨端边云的内部通信能力和云边侧内的外部通信能力,面向铁路数字孪生应用需求实现虚实同步、资源互补、任务调度等系统协作。

3. 数字线程

数字线程是实现数字孪生内部和外部通信的重要技术。数字线程发源于航空航天业,是覆盖复杂产品全生命周期的数据流,集成并驱动以统一模型为核心的产品设计、制造和运营。数字线程技术能够屏蔽不同类型数据和模型格式,支撑全类数据和模型快速流转和无缝集成,主要包括正向数字线程技术和逆向数字线程技术两大类型。一方面,正向数字线程技术以基于模型的系统工程为代表,在数据和模型构建初期就基于统一建模语言 UML 定义好各类数据和模型规范,为后期全类数据和模型在数字空间集成融合提供基础支撑。另一方面,逆向数字线程技术以管理壳技术为代表,依托多类工程集成标准,对已经构建完成的数据或模型,基于统一的语义规范进行识别、定义、验证,并开发统一的接口支撑进行数据和信息交互,从而促进多源异构模型之间的互操作。管理壳技术通过高度标准化、模块化方式定义了全量数据、模型集成融合的理论方法论,未来有望实现全域信息的互通和互操作。

数字线程是一种可扩展、可配置分析框架,将物理对象的全生命周期的各数字孪生体之间的数据资产进行传递和追溯,从而实现优秀策略的沉淀。数字线程技术是数字孪生网络场景的驱动器。它按照业务规则,在场景中对数字孪生体之间建立连接,并调度数字孪生体的交互,在场景中实现动态的业务逻辑,并管理每个数字孪生体的整个生命周期,需要具备以下主要能力:

(1)场景驱动:根据业务规则或预设的自然规则(重力、材质碰撞、地形淹没等),在场景中驱动数字孪生体交互,实现孪生域中各业务实践。数字线程技术在数字孪生网络中可驱动多个数字孪生体实例在多样化场景中进行网络性能验证。

(2)场景隔离:可对不同的场景生成不同的驱动线程实例,每个线程实例驱动一个场景运行,多场景同步运行时,场景中的孪生体实例互相不影响。同时还对场景、孪生体等实现鉴权服务,控制访问安全性。

(3)数字孪生体生命周期追溯:可对场景中的每个孪生体运行动作记录日志,后续可进行追溯与回放。

二、数据安全与隐私问题

1. 物理威胁

铁路数字孪生系统依赖于与实际铁路物理设备的紧密交互,其物联网设备在"以虚映实"和"以虚控实"过程中承担了关键作用。因此,这些设备的物理安全性对于保障系统的正常运行至关重要。铁路数字孪生系统面临的主要物理威胁如下:

(1)设备篡改与破坏:铁路设施中的物联网设备(如轨道传感器、列车定位装置等)可能被未经授权的人员篡改或破坏。攻击者通过直接物理接触设备,可以导致其失效或功能异常,从而使数字孪生系统与铁路运行的物理世界无法再同步。这种破坏可能引发列车调度混乱,甚至影响铁路运营安全。

(2)传感器数据篡改:铁路数字孪生系统依赖于物联网设备的传感器收集的实时数据,例如轨道状态监测、车厢负载信息等。如果攻击者通过遮蔽、移动或替换传感器等手段物理干扰数据采集,数字孪生系统可能无法准确反映真实铁路运行状况,导致调度指令错误或系统失控。

(3)设备窃取或丢失:铁路沿线分布的物联网设备一旦被盗取,攻击者不仅能获取敏感运行数据,还可能通过反向工程分析设备,进一步侵入铁路数字孪生的控制系统。这不仅威胁设备本身的安全,还可能影响整个系统的操作和列车及旅客的安全。

(4)物理环境的误操作:由于铁路数字孪生系统直接控制物理设备,攻击者通过操控铁路数字孪生系统,可能会远程触发物理设备的不安全操作。例如,误操作道岔、信号灯或列车刹车系统,可能导致列车脱轨、碰撞或其他危及生命财产的事故。

2. 数据威胁

数据流对于构建准确并实时更新的铁路数字孪生系统至关重要。数据的生命周期包括数据采集、传输、存储、服务、管理等环节,潜在的数据安全威胁如下:

(1)数据低质量:即使没有遭受恶意攻击,铁路数字孪生系统也可能因数据采集设备性能不佳、信号传输干扰、资源成本限制或数据提供方的自私行为等因素,导致共享的数据信息不足或质量较低。例如,轨道监测传感器因环境因素采集数据不完整,或列车运营方因商业敏感性提供有限数据,都会影响数字孪生模型的准确性和实时性。

(2)数据篡改:在铁路数字孪生业务的生命周期各环节中,数据流可能被攻击者利用系统或软件漏洞而伪造、修改、删除。

(3)对抗样本攻击:对于依赖机器学习的铁路数字孪生相关业务,攻击者通过对输入数据样本进行微小但有针对性的修改,使得模型产生错误分类或预测。这些微小的变化对于人类几乎不可察觉,但足以使模型做出错误推断。

(4)差分攻击:攻击者可以利用对数据分析结果的差分攻击及查表撞库等方法反推原数据,侵犯数据隐私。简单来说,如果把分析算法想象为一个黑箱,输入数据到黑箱中返回输出并发布,则攻击者可利用相似的数据集放入黑箱中得到各自的输出,然后通过输出判断数据集的差异,从而导致输入信息的泄露。

3. 数据通信威胁

铁路数字孪生系统依赖于集成到节点中的大量异构组件,这些组件使用不同的协议和接口进行数据交换,使得其数据通信极易受到安全威胁。数字孪生中的数据通信威胁主要有以下几种:

(1)中间人攻击:攻击者可以秘密地将自己插入到两个连接的物理实体或数字孪生体之间,并窃听它们之间的数据通信。

(2)拒绝服务攻击:攻击者发动 DoS 网络攻击的目的在于使铁路数字孪生系统的网络或系统资源耗尽,使服务暂时中断或停止,导致数据无法正常访问。例如,攻击者向信号控制系统发送大量伪造请求,可能导致列车信号中断或误判,进而引发运营混乱。

(3)数据窃听:保持物理实体与数字孪生体之间的虚实同步要求在实体与孪生体间逻辑上内部的无线链路上传输系统内部数据,然而无线链路上传输的敏感数据往往易被窃听。窃听者可以窃听开放和不安全的信息通道,以获取未受保护的数据。

(4)欺骗攻击:欺骗攻击是指攻击者伪装成合法用户或设备,欺骗系统接受不真实的信息或指令。例如,攻击者可能伪造轨道传感器数据,欺骗系统以为轨道状况良好,实际上存在潜在风险,导致运营决策错误。

(5)重放攻击:重放攻击是指攻击者截获合法通信中的数据包(如车站调度指令),并在稍后时间重新发送这些数据包,伪装成新的有效通信。这种攻击可以使系统重复执行先前的操作或指令。

(6)僵尸网络攻击:僵尸网络是由感染恶意软件的计算设备构成的网络,由攻击者操纵控制。僵尸网络中的计算设备可用于发起协同攻击,如账户接管、分布式拒绝服务攻击、网络钓鱼攻击等,从而窃取敏感信息。僵尸网络还可用于实施其他多种恶意活动。

4. 认证威胁

在铁路数字孪生系统中,认证威胁指的是攻击者通过伪造、篡改或劫持身份验证机制,冒充合法用户、设备或服务,从而获得对系统的不正当访问权限。这类威胁可能导致攻击者能够操控或窃取关键数据,甚至控制铁路数字孪生系统所连接的物理设备,带来潜在的安全风险和后果。铁路数字孪生系统中的认证威胁主要有以下几种:

(1)身份假冒:攻击者利用身份认证过程中的漏洞,冒充合法用户、设备或服务。例如,攻击者可能伪装成铁路调度中心的数字孪生体,窃取或篡改调度数据,进而干扰列车运行计划或破坏列车运行安全。

(2)未经授权的数据访问:铁路数字孪生系统中存储了大量敏感数据,例如列车运营状态、轨道健康监测数据等。恶意用户或未经授权的服务方可能通过技术手段绕过权限控制，访问这些内部数据，从而造成数据泄露或滥用。

(3)后门攻击：攻击者通过在铁路数字孪生系统中植入恶意程序，或利用系统设计缺陷与漏洞，获得对系统的远程访问权限。例如，攻击者可以通过后门控制列车信号系统或轨道监测设备，导致设备异常操作或整个系统瘫痪，严重危及铁路运营安全。

5. 机器学习威胁

在铁路数字孪生系统中，机器学习技术被广泛应用于列车运行状态预测、轨道健康检测和故障预警等任务。然而，机器学习的过程（特别是在训练和推断阶段）面临多种安全和隐私威胁。攻击者可以通过不同的方式操纵或破坏机器学习模型，从而影响铁路数字孪生系统的性能和可靠性。铁路数字孪生系统中的机器学习威胁主要有以下几种：

(1)数据/模型中毒攻击：对于人工智能特别是机器学习相关业务，攻击者可通过在数字孪生生命周期某环节向训练数据中注入虚假或无意义的有害信息来干扰模型训练结果，或通过蓄意替换训练好的梯度或模型参数来降低整体模型性能。

(2)逃逸攻击：逃逸攻击发生在模型的推断或测试阶段，攻击者通过微小的扰动或修改输入数据，使得模型对这些数据产生错误的预测或分类。虽然输入数据看起来很正常，但经过精心设计后能够欺骗机器学习模型。

(3)模型逆向攻击：铁路数字孪生系统中包含大量敏感数据，如列车运行状态、环境监测数据或旅客信息。攻击者通过与模型交互，推测模型的训练数据或逻辑。例如，通过反向推理轨道健康预测模型，攻击者可能推测出某条线路的实际故障情况或调度策略，从而引发数据隐私泄露问题。

三、安全与隐私问题对策

1. 物理威胁对策

铁路数字孪生系统中的物联网设备直接参与物理世界的运行，针对物理威胁，可以采取以下对策以确保设备的安全性和系统的稳定性：

(1)设备物理保护与监控：对铁路系统中的关键物联网设备进行物理加固，防止未经授权的人员访问。可以通过加强设备的外壳、安装防篡改封条、将设备置于受控环境中等措施来保护设备免受物理破坏。通过安装防护设备（如摄像头、运动传感器等）监控物联网设备的周围环境，确保及时发现篡改行为。

(2)多余冗余传感器：部署多个传感器来收集同一类型的数据，利用冗余来检测单一传感器的数据异常。如果一个传感器被篡改，系统可以通过比对其他传感器数据来识别异常。例如，为一段铁路安装多个轨道状态传感器，通过数据比对和校验识别异常信号。如果单一传感器数据异常，系统可以根据其他传感器的数据进行校正，确保数据完整性和准确性。

(3)设备跟踪：通过 GPS 等定位技术对关键设备进行实时跟踪，一旦设备发生被盗或丢失情况，可以快速定位并采取恢复行动，减少对铁路运营的影响。

(4)操作安全限制：在系统中引入安全阈值和规则，确保物理设备的操作始终在安全范围内。例如，设置轨道机械设备的运动范围限制，确保设备始终在安全范围内运行，避免误操作引发的潜在风险。

2. 数据威胁对策

(1)数据安全对策

铁路数字孪生系统中的数据安全是指在相关虚实数据的全生命周期中,如在数据采集、传输、存储、管理等过程中,保证数据机密性、真实性、完整性、可用性等属性的预防、预警、检测、恢复等处理措施。其中,数据机密性是指在处理过程中不发生泄露;数据真实性是指数据内容是真实且无错误的;数据完整性是指在处理过程中不发生人为或非人为的非法篡改;数据可用性是指授权方可以正常访问数据。传统数据安全问题仅会影响到数字空间中的信息或资产,但是数字孪生的虚实融合往往要求对物理实体的多维度、多粒度、多时空属性数据进行全面的同步映射,那么一旦发生数据安全问题会同时对物理及数字空间造成直接影响。数据安全问题主要存在于数据传输交换、数据存储和数据处理阶段。

①针对数据传输交换阶段特别是由于数字孪生体被攻击而诱发的物理实体安全问题,可以通过数据加密、虚实隔离保护、数据中继等技术构建虚实空间中数据的隔离带和防火墙,阻隔孪生体对实体的安全影响,保证数据的机密性、真实性和稳定传输。

②针对数据存储阶段特别是云端存储安全问题,可以通过运用海量数据的安全分级管理和云端去中心化加密等技术,保证在云端存储和调用时数据的机密性和真实性。

③针对数据处理阶段特别是恶意第三方通过非法访问和网络攻击导致的数据窃听、窃取、篡改等安全问题,可以通过安全创建数字孪生体及虚实空间的完备映射,建立对数据异常操作的检测和应对措施,保证数据的真实性和完整性。

(2)隐私安全对策

在铁路数字孪生系统中,隐私安全是指通过多种措施保障系统中物理对象和数字对象隐私数据的控制权、利用权和公开范围决定权不受侵犯。随着数字孪生技术的深入应用,铁路业务涉及的隐私数据种类繁多,包括设备状态、旅客信息、操作日志等。新的虚实交互模式进一步增加了隐私泄露风险。隐私数据的安全隐患主要来源于物理世界的隐私数据采集、数字世界的隐私数据交互和虚实空间的隐私入侵攻击。

①针对物理世界的隐私数据采集:个人基本生物信息、用户物理行为模式和用户交互沟通模式是三种核心的用户隐私数据类型,均面临泄露风险。对于个人基本生物信息(如脑电波、虹膜、眼动信息等),用户物理行为模式(如全身关节的运动模式等)以及用户交互沟通模式(如用户的对话模式和与周围环境的交互模式等)均可以通过模糊处理和规避采集过程暴露风险等方式加以保护。

②针对数字世界的隐私数据交互:个人数字资产访问、数据共享与多人协作、交互呈现安全是三个主要方面。对于个人数字资产访问的隐私保护,可通过生物信息的特异性模式识别等技术将大脑信号、眼部生物特征等与用户身份高度绑定,对数字世界身份进行认证;对于数据共享与多人协作的隐私保护,可通过用户自定义决定共享内容、对环境信息细节隐藏等方式进行保护;对于交互呈现安全问题,包括呈现内容对用户环境感知能力带来的风险、渲染过程对环境几何细节和语义分布的泄露,以及渲染内容被窥视的风险等,在虚实交互呈现过程中的场景构造、渲染输出等环节对真实场景信息具有突出的隐私威胁,但仍需要研究新的隐私保护方法。

③针对虚实空间的隐私入侵攻击:主要是恶意第三方为获取个人或平台隐私信息主动入侵的风险,以及进而利用远程操控、覆写、数字伪装等手段对用户的数字资产可信度、完整性、

可用性进行破坏的风险。面对拒绝访问、虚假数据注入、数据伪造等常见攻击，可以采用区块链技术对数据进行安全存储，并配合网络攻击的监控、诊断、潜在影响评估与响应等方法进行隐私数据保护。

3. 数据通信威胁对策

数字孪生系统中的感知与交互安全在铁路业务中尤为重要，它涉及铁路系统中实体和虚拟对象在通过物联网基础设施和传感交互设备进行数据、控制信息交互过程中的安全保障。这包括保障沉浸感知、交互对象、交互内容、交互行为等方面的机密性、完整性和一致性的防护措施。感知与交互安全问题主要包括数字对象被篡改、感知交互设备被攻击、感知交互过程被干扰、物理环境被侵入等，被侵害的主体包括虚实空间中的独立对象。感知与交互安全具体包括沉浸感知安全、交互对象安全、交互内容安全和交互行为安全。

(1)沉浸感知安全是指虚实空间中的用户借助感知交互设备对物理环境和数字对象沉浸感知过程中面临的威胁和措施，如感知内容干扰、物理输出过载等，需要保证感知数据的正常传输以及物理设备在安全范围内的正确输出。

(2)交互对象安全是指虚实空间中的独立对象在与其他对象交互过程中保障数字孪生体、虚拟资产、虚拟场景等可交互数字对象的主体不被入侵或篡改的防护措施，如孪生体盗用攻击、交互对象恶意篡改等，攻击者仅通过获得这些虚拟对象的控制权即可进行用户欺骗和恶意引导。

(3)交互内容安全是指虚实空间中的独立对象在通过感知交互设备与其他对象交互过程中保障传感数据、交互信息等内容的机密性、完整性和一致性的防护措施，如中间人攻击、感知交互设备入侵、物理空间隐蔽监视、虚实映射干扰等，需要重点防止交互数据被非法窃听和篡改。

(4)交互行为安全是指虚实空间中的独立对象在通过感知交互设备与其他对象交互过程中保障其产生的交互行为或对应的交互信息不被拦截或篡改的防护措施，例如防止物理干扰、拦截和篡改列车控制信号、篡改交互算法、截获用户控制权等，重点消除对列车控制行为的恶意干扰所导致的风险。

4. 认证威胁对策

数字孪生系统中的用户认证与权限控制是指在一个虚实融合的网络空间中，用户按照一定方式验证其身份并获得系统授权，以访问该用户身份下的各类资源。虚实空间中新型的交互方式和三维呈现方式使用户认证与权限控制具有新的特点，进而产生了基于扩展字符/图案、基于生理特征、基于人体运动、基于眼动数据等新方法。

(1)基于扩展字符/图案的用户认证与权限控制方法探索利用 VR/AR 等新型交互设备，扩展熟知的字符/滑动手势等方式，则用户可在新型交互设备上利用熟知方式进行认证，具有良好的便利性。

(2)基于生理特征的用户认证与权限控制方法探索通过分析用户生理特征来识别用户并进行权限控制，其基本依据是在短时间内用户的生理状态具有唯一性，但这类方法易受到时间/生理变化等因素的影响。

(3)基于人体运动的用户认证与权限控制方法探索通过分析虚实空间中不同用户的头部、身体运动在位移、时间等方面的差异来进行用户认证与权限控制，但这类方法易被旁观者窃取。

(4)基于眼动数据的用户认证与权限控制方法探索利用头戴式眼动跟踪设备获取用户的眼动信息,并将该信息与头部运动、控制器操作等内容相结合,以进行用户认证,而这类方法不易被旁观者察觉,因此有较好的安全性。

5. 机器学习威胁对策

(1)数据清洗:在铁路业务中,数据清洗尤为重要,因为铁路系统依赖于大量的传感器和监控设备数据,这些数据可能包含异常、噪声或恶意数据。通过对数据进行预处理和验证,可以过滤掉这些不良数据,确保用于训练机器学习模型的数据集质量。这对于提高铁路系统的可靠性和安全性至关重要,尤其是在数字孪生系统中,数据的多样性和复杂性要求其更加严格地进行数据清洗,以防止数据投毒攻击和恶意输入的威胁。

(2)算法鲁棒性增强:算法鲁棒性增强旨在通过对抗性训练、正则化以及加入随机扰动等手段,提高模型在面对对抗样本和逃避攻击时的稳健性。在数字孪生系统中,许多决策依赖于精确的模型推断,通过增强算法的鲁棒性,模型能够识别和抵御来自恶意修改的输入,确保即使在恶意干扰下,系统也能正常运行。

(3)安全评估机制:铁路业务中的机器学习模型需要定期进行安全测试和对抗攻击模拟。通过这些安全评估机制,可以评估模型的安全性,并识别潜在的漏洞。铁路系统中的数据流和模型复杂多样,面临的攻击面较广,通过模拟不同的攻击场景,可以提前发现系统中的安全隐患,并采取措施加固,以确保铁路运营的安全。

(4)隐私保护技术:在铁路业务中,保护旅客和员工的隐私至关重要。通过差分隐私、同态加密、联邦学习等隐私保护技术,可以确保在训练和推断过程中敏感数据的安全,防止数据泄露或滥用。这对于维护公众信任和遵守数据保护法规至关重要。

这些数据安全技术结合数据采集与处理技术以及数据实时交互技术,有望共同促使数字孪生在“追溯过去、掌控现在、预知未来”三个维度上对铁路业务进行全面赋能革新,推进数据资源体系和数据大脑建设,并打造互联、开放、赋能的智慧中枢。

复习思考题

1. 简述智能铁路数据体系的分层框架。

2. 简述铁路数据的类型,并举例说明各类数据采集技术的基本思路。

3. 简述铁路数字孪生系统所依赖的铁路数据服务平台的架构与功能。

4. 简述数字孪生物联网的架构及组成。

5. 简述铁路数字孪生系统面临的数据安全与隐私威胁,并举例说明各类数据安全问题的应对思路。

第六章

铁路数字孪生技术应用

在全球数字化转型浪潮的推动下，数字孪生技术逐渐成为提升铁路行业运营效率、安全性和智能化水平的关键工具。

本章全面阐述了铁路数字孪生技术的应用，包括其系统架构、工具选型以及具体案例展示。本章重点介绍了如何通过不同的技术工具构建铁路系统数字孪生，并结合实时数据，实现从列车运行、设备状态监控到应急管理的全方位应用。这种创新性的技术应用，代表了未来铁路系统的智能化方向，对全球铁路行业的未来发展具有重要的借鉴意义。

知识目标

1. 理解铁路数字孪生系统的总体架构。
2. 掌握数字孪生技术在铁路运营中的应用场景。
3. 熟悉铁路数字孪生的构建工具和技术。
4. 学习铁路数字孪生系统中的数据处理与分析方法。
5. 掌握面向铁路业务的数字孪生技术应用实验方法与流程。

能力目标

1. 培养典型数字孪生平台的操作能力和铁路系统虚拟模型的构建能力。
2. 培养面向铁路数字孪生应用进行数据采集、清洗、分析和可视化的实践能力。
3. 培养通过数字孪生技术监控铁路设备的运行状态，预测设备故障并进行预防性维护的技术能力。
4. 培养在复杂工程项目中的团队协作能力。

第一节　铁路数字孪生应用系统

铁路数字孪生应用系统是铁路行业数字化转型的关键力量，该系统能够结合多种技术实现虚实深度融合，并提升运营效能，与传统模式相比其优势明显。同时，该系统可精准预测故障、优化多方面的工作。

本节将详细阐述技术底座、系统设计，展现其重要意义与价值。

一、铁路数字孪生技术底座

数字化转型已成为铁路行业的优先事项。数字孪生技术在铁路行业的应用，旨在提升运营效率、保障安全性、降低维护成本，并推动智能铁路的发展。图 6-1 给出了铁路数字孪生技术底座的架构体系。

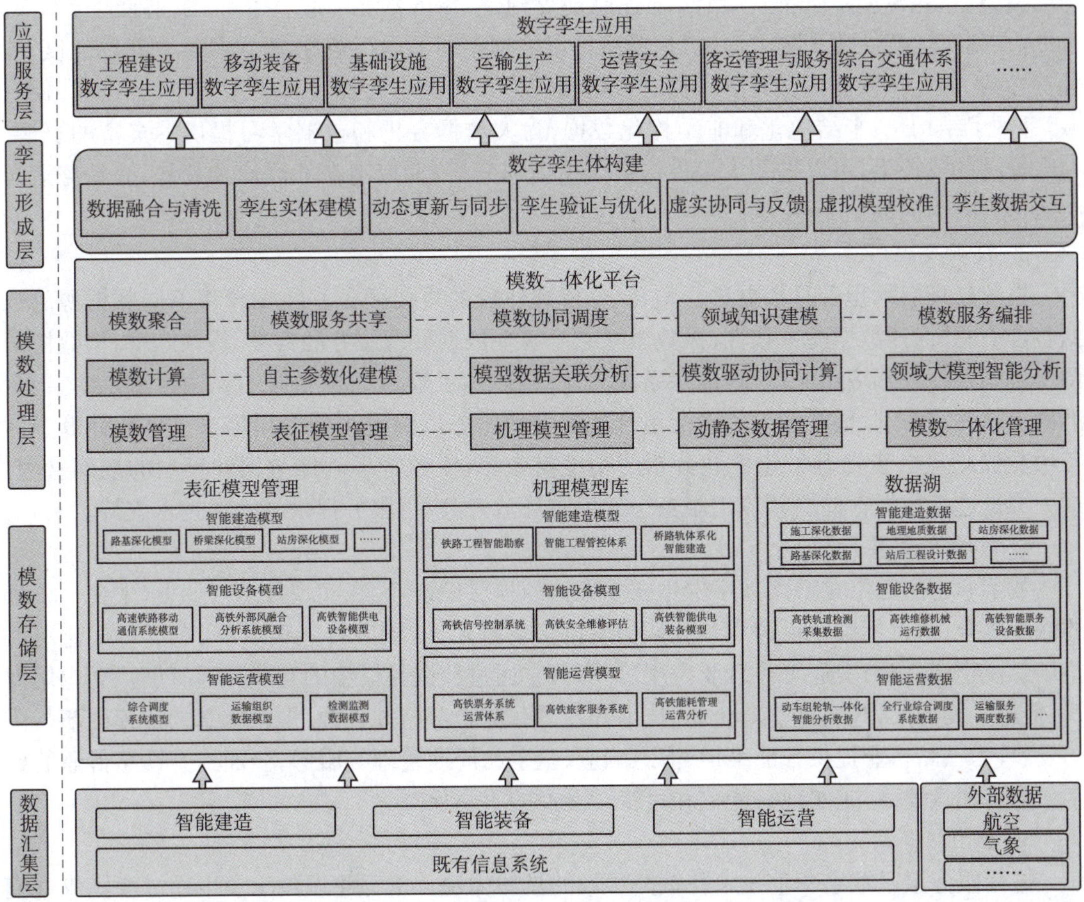

图 6-1 铁路数字孪生技术底座架构

铁路数字孪生技术底座架构图纵向分为五个部分，自底向上分别为数据汇集层、模数存储层、模数处理层、孪生形成层和应用服务层，每一层又横向分为不同的模块。

1. 数据汇集层

数据汇集层作为铁路数字孪生技术底座架构的首要环节，起着至关重要的作用。它广泛地整合外部数据与既有信息系统的数据，其中外部数据涵盖气象数据、地理信息数据等，这些数据能够为铁路运营提供全面的环境背景信息。例如，气象数据可以帮助铁路部门提前做好应对恶劣天气的准备，调整列车运行计划，确保运行安全。既有信息系统的数据则来源于铁路企业内部的各类业务系统，如票务系统、调度系统等。这些数据反映了铁路运营的实际情况，对于分析客流分布、优化调度策略等具有重要意义。通过数据汇集，将不同来源的数据整合在一起，打破了数据孤岛，为后续的各个环节提供了丰富、多元的数据基础，是实现铁路数字孪生技术全面应用的关键起点。

2. 模数存储层

模数存储层在整个架构中是数据存储与管理的核心。表征模型管理能够直观地呈现铁路系统的各种特征，无论是铁路物理结构还是设备外观等方面，都可以通过表征模型进行数字化描述。在实际应用中，当铁路设备出现故障时，表征模型可以为维修人员提供直观的参考，帮助他们快速定位问题所在，制订有效的维修方案。机理模型库则存储了反映铁路系统运行机理的模型，这些模型基于物理定律、工程原理等构建，深入揭示了铁路系统的内在运行规律。例如，在列车运行性能预测方面，机理模型可以根据不同的运行条件，准确预测列车的速度、能耗等参数，为优化调度提供科学依据。数据湖作为一个集中存储各种类型数据的大型存储区域，容纳了结构化、半结构化和非结构化数据，为大数据分析和机器学习提供了丰富的资源。在数据湖的支持下，可以进行大规模的数据挖掘和分析，发现潜在的规律和趋势，为铁路运营决策提供有力的数据支持。

3. 模数处理层

模数处理层承担着对数据进行整合、分析和建模的重要任务。数聚合将不同数据源的数据整合汇总，保证数据的一致性；极数服务共享实现数据处理服务的共享，提高效率；极数协同调度协调各任务和应用的运行，确保系统高效；领域知识建模结合专业知识构建特定模型，更准确反映铁路需求；数服务编排灵活组合数据处理服务以满足不同应用需求。模数计算中的各项功能则进一步提升了建模和分析的精度与效率，模数管理确保数据和模型的准确管理。这一层是连接数据存储层和应用服务层的关键环节，为应用服务提供强大的技术支持。

4. 孪生形成层

数字孪生生态层是铁路数字孪生技术架构的顶层设计，旨在实现技术与业务、平台与场景的深度融合，通过标准化接口和开放架构支持多场景拓展，涵盖智能调度、列车运行优化等铁路场景及物流、城市交通等跨行业应用。同时，它通过数据与模型的互联互通打破孤立应用模式，促进全局协同，并通过整合企业、技术开发方和监管部门等资源，推动生态的持续创新与协同发展，为铁路行业提供智能维护、应急响应、全生命周期管理等服务，全面提升铁路行业的数字化能力和竞争力，是实现智能化和可持续发展的重要保障。

5. 应用服务层

应用服务层是数字孪生技术在铁路领域的具体体现。工程建设数字孪生通过智能建造模型提高工程建设质量和效率；移动装备数字孪生借助智能装备模型提升装备可靠性和安全性；基础设施数字孪生实时监测基础设施状态；运营安全数字孪生保障运营安全；客运管理与服务数字孪生通过智能运营模型提升客运服务水平。这一层直接面向铁路业务需求，利用模数存储层和模数处理层提供的数据和技术，实现了数字孪生技术在铁路各个领域的实际应用。

各部分之间的关系紧密。数据汇集为模数存储层提供数据源，模数存储层存储的数据供模数处理层进行处理和建模，模数处理层处理后的结果又为应用服务层提供支持。应用服务层的需求反过来也会影响模数处理层的功能设计和模数存储层的数据存储策略，而整个架构的不断优化也需要数据汇集不断整合新的数据源。它们共同构成了一个有机的整体，推动铁路数字孪生技术的不断发展和应用。

二、铁路数字孪生系统设计

铁路数字孪生系统设计是实现数字孪生架构功能的具体步骤，包含系统组件、数据流、功能模块等方面的详细规划。系统设计不仅要满足实际运营需求，还需具有扩展性和适应性，以便在未来进行升级和优化。铁路数字孪生系统设计主要包括以下几部分：

1. 物理与虚拟映射设计

数字孪生系统的核心在于建立真实物理系统和虚拟数字系统之间的映射关系。在设计阶段，需精确定义物理设施（如列车、轨道、信号系统等）与数字模型的映射方式，通过传感器数据实时更新数字模型，确保虚拟系统能准确反映实际情况。这种映射设计为数字孪生系统的动态监控和实时仿真提供了可靠基础。

2. 数据处理与管理设计

数据处理是数字孪生系统设计的重要组成部分，包括数据采集、传输、存储和处理等环节。系统设计需确保高效的数据流处理，采用边缘计算和云计算结合的架构，以便在保证数据时效性的同时降低带宽需求。此外，还需设计数据存储结构和数据管理机制，确保数据的一致性和完整性，为后续分析提供高质量的数据源。

3. 数据分析模型设计

数字孪生系统中，各种数据分析模型（如预测模型、优化模型和仿真模型）是核心技术支撑。系统设计需根据铁路的实际需求，开发并优化适用的分析模型，以实现对铁路系统状态的预测、调度优化、故障诊断等功能。通过引入人工智能算法和大数据技术，提升数据分析的深度和精度，为决策提供智能化支持。

4. 用户交互界面设计

用户交互界面需根据不同用户的需求进行个性化设计。为运营人员、工程维护人员、管理人员提供不同功能模块的便捷访问路径，确保系统操作简单直观。同时，通过数据可视化工具，将复杂的分析结果、仿真场景和实时监测数据以图表、3D 模型等形式展示，提升信息的易读性和用户的使用体验。

图 6-2 展示了其铁路数字孪生应用实验平台。通过以上对实验平台的设计、维护和优化，铁路数字孪生系统能够实现对物理铁路系统的全面、精准模拟，并提供高效的分析和管理手段，为铁路系统的智能化建设奠定了坚实基础。

图 6-2 铁路数字孪生应用实验平台

第二节　铁路数字孪生构建工具

在铁路数字孪生应用系统的构建中，构建工具起着至关重要的作用，它们是实现数字孪生模型创建、模拟和优化的关键手段。这些构建工具种类繁多，涵盖了从基础的通用开发引擎到针对铁路的专业工具，各自具有独特的功能和特点，为打造精准、高效且实用的铁路数字孪生系统提供了多样化的技术支持。

本节详细介绍了各类铁路数字孪生构建工具及其在铁路数字化建设中的应用。

一、铁路数字孪生基础构建工具

1. Unity3D

Unity3D是由Unity Technologies公司开发的一款多平台游戏开发引擎，如图6-3所示。Unity3D不仅支持2D和3D游戏开发，还广泛应用于数字孪生环境的创建与模拟。它的跨平台特性使其可以在包括PC、移动设备、控制台和VR设备等多种平台上运行数字孪生环境。这一特点使得Unity3D在需要多设备支持的复杂孪生场景中有着极大的优势。

图6-3　Unity3D界面

同时，由于其拥有强大的物理引擎、图形渲染功能和资源优化工具，Unity3D确保了数字孪生环境的逼真表现和流畅运行。开发者可以通过直观的可视化编辑器进行操作，减少了对代码的依赖，从而大大提高了开发效率。无论是虚拟现实(VR)、增强现实(AR)还是网络和多人游戏，Unity3D都提供了强有力的技术支持，尤其适合需要高度可视化和复杂用户交互的数字孪生应用场景。

此外，Unity 拥有一个庞大的开发者社区和丰富的资源支持，为开发者提供了大量的学习和技术支持机会。这不仅加快了开发进程，也为孪生环境的开发带来了更多创新的可能性。

2. Railworks

Railworks 是一个国产自主的 BIM 建模平台，如图 6-4 所示，采用国际领先的 WEB 端建模技术，结合铁路 BIM 联盟发布的标准，具备构件设计、装配设计、铁路专业设计等多种功能，解决了铁路 BIM 软件的关键技术难题，实现了自主研发和数据的安全可控。Railworks 提供了从构件设计到工程出图、工程算量等一系列功能模块，尤其在构建铁路的路基、隧道、桥梁等方面有显著优势。

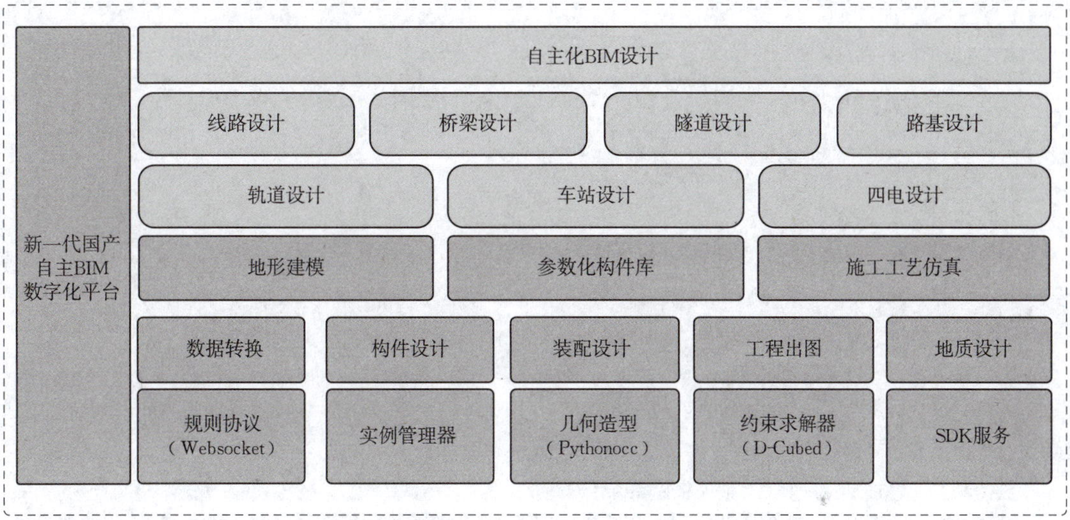

图 6-4 Railworks 系统功能

平台支持多种设计功能，涵盖了 22 个模块，主要包括构件设计、线路设计、路基设计、桥梁设计和隧道设计等。通过参数化模板管理，开发者可以快速创建并管理不同专业的构筑物模型，极大地提升了设计效率。此外，协同工作功能允许多用户同时在线，进行动态交互，实现了多专业协同建模的目标，显著提高了工作效率和项目协调性。

Railworks 还支持与其他建模软件的兼容性，能够导入和导出多种格式文件，确保数据交换的灵活性。同时，平台提供二次开发功能，用户可以自动化完成复杂建模操作，并实现精确的数据控制和几何造型。此外，Railworks 通过时间轴驱动的施工过程可视化，提供了实时互动的施工交底功能，为施工阶段的信息传递提供了直观支持。

3. 数字孪生零代码可视化技术

山海鲸可视化是一款国产自主研发的零代码数字孪生可视化工具，旨在通过一站式服务推动数字孪生技术的应用普及。其核心组件包括山海鲸数据管家、编辑器和查看器。数据管家通过拖拽操作实现复杂数据的接入和处理，支持多种数据源的整合；编辑器则基于自研渲染引擎 Cetus3D，提供丰富的预设图表和模板，兼容多个操作系统，满足多种数据可视化需求；查看器用于项目的私有化部署，支持端渲染和云渲染。

山海鲸的主要特点包括技术自主可控和零代码操作，用户无须编程经验即可快速上手，并且该工具集支持高度的定制化和扩展性。其强大的数据整合能力和丰富的图表类型使其成为处理大数据、空间信息展示、交互式分析的理想选择，广泛应用于电商、金融、医疗和教育等领域。作为国产产品，它为响应国家数字化发展战略提供了强有力的支持，帮助各行业通过数字孪生技术模拟并再现物理世界的系统和对象。

4. 数字孪生可视化场景快速搭建技术

孪生场景构建工具是由我国自主开发的插件工具，如图 6-5 所示，旨在快速构建数字孪生的可视化场景。该工具基于 UE 编辑器的能力，通过轻量级插件的方式，简化了将模型数据导入场景发布的全流程。工具支持包括 BIM 模型、倾斜摄影测量模型、激光点云等多源异构数据的导入，便于用户充分利用已有数据资产，快速搭建数字孪生场景。同时，工具引入了 GIS 数据框架体系，实现现实物理空间与虚拟场景的精确映射。

图 6-5　孪生场景构建工具

此外，孪生场景构建工具通过与云渲染服务平台的连接，支持场景的云端发布。该工具还预置了丰富的行业模型库，满足不同行业用户的场景搭建需求，提高了场景创建效率。基于 UE5 引擎，构建工具实现了大规模场景的高效渲染，提供沉浸式的体验，并支持实时场景的编辑与构建，避免重复打包操作。它还扩展了孪生场景的交互能力，使得孪生体能够与现实世界中的物理实体进行数据交互，提升了数字孪生空间的表现力和应用价值。

二、铁路地理环境数字孪生构建工具

铁路地理环境数字孪生构建工具是一个综合性的技术集合，用于创建、模拟和优化铁路系统地理环境的数字化模型，集成了多种技术的综合性平台，包括三维可视化、GIS、传感器技术、大数据分析等。这些工具能够实时收集铁路系统的各种数据，如地形、地貌、气候、交通流量等，并通过数字化模型进行模拟和分析，以提供关于铁路系统运行状态的全面、准确的信息，结合铁路的实际情况，通过数字化手段来模拟、分析和预测铁路系统的运行状态，从而提高铁路运营的效率、安全性和可靠性。常见的铁路地理环境数字孪生构建工具如下：

1. AutoCAD

AutoCAD 是由 Autodesk 公司开发的一款广泛应用于建筑、工程、制造等领域的计算机辅助设计软件。它提供了强大的二维绘图和三维建模工具，用户可以使用直线、圆、矩形等基本元素进行精确的设计，并通过注释和标注工具表达设计意图。此外，AutoCAD 还支持数据链接、外部参照和 3D 打印功能，极大地提升了设计协作和快速原型制作的效率。

AutoCAD 的优势在于其强大的绘图和编辑功能，用户能够在多平台下灵活操作，处理复杂的设计任务。通过支持多种格式转换和数据交换，它可以适应不同的设计需求。但 AutoCAD 在处理大型文件时，性能可能下降，尤其在复杂项目中，软件的响应速度变慢，甚至可能导致数据丢失。此外，不同版本或操作系统之间的兼容性问题也可能导致文件无法正常打开。

在铁路行业，AutoCAD 被广泛用于绘制铁路线路图、桥梁和隧道的设计。通过精确的设计和模拟，工程师能够根据实际条件调整线路，确保安全和经济。它还支持施工工艺模拟，帮助优化流程，减少风险，提高施工效率和质量，成为铁路设计中不可或缺的工具。

2. 铁路地理信息系统平台

铁路地理信息系统平台由中国铁道科学研究院集团有限公司电子计算技术研究所与北京超图地理信息技术有限公司联合开发，专为铁路部门设计，帮助建设全国铁路空间数据库。该平台的核心功能包括铁路空间数据库的建设与管理，GIS 技术的应用为铁路规划提供数据支持，并采用全组件式的二次开发架构，方便用户根据需求进行定制开发。平台还封装了铁路专有的计算逻辑，支持业务规则的执行与管理，如综合图的自动生成与数据联动。

在应用中，该系统不仅提高了铁路数据的管理和共享效率，还通过空间分析功能，评估线路的合理性和安全性，支持实时列车监测，提升应急响应能力。此外，它还可监测铁路沿线的环境，保护生态系统，为铁路行业的规划和运营提供了强大的技术支持。

3. 高精度地图服务平台

我国自主研发的高精度地图服务平台实现了地理信息数据的在线集中管理，用户可以导入和分类管理矢量数据、栅格等信息，并在线编辑、检索和查看数据，如图 6-6 所示。平台支持标准数据格式的输入输出，方便与其他系统进行数据交互，广泛应用于数字孪生场景的构建和铁路基础设施的三维搭建。

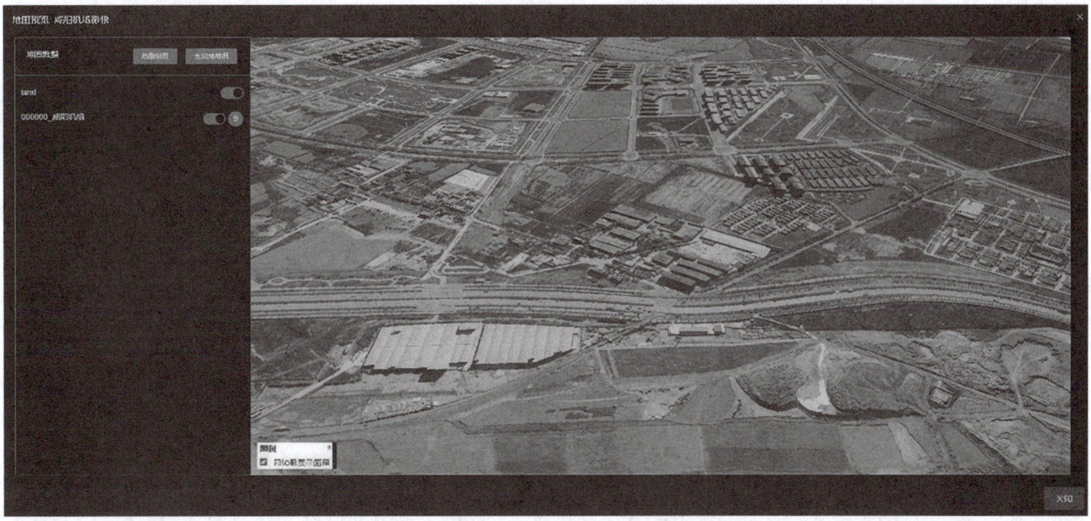

图 6-6 国产高精度地图服务平台

平台的核心功能包括多源数据接入，支持多种标准地理信息数据格式，如 ShapeFile 和 GeoJSON，提供便捷的配图工具，使专题地图的制作更加高效。此外，平台支持二维和三维地图管理，能够生成室内路网数据，实现跨建筑物的导航功能，并通过添加途经点和障碍点进行路径规划，为用户提供便捷的服务。

在铁路行业，平台的高精度地图为线路规划、桥梁设计和隧道设计提供了精确的数据支持，帮助工程师优化线路走向，降低建设成本和风险。利用高精度地图结合仿真技术，工程师可以模拟铁路施工过程，预测潜在问题。该平台还具备二三维可视化和空间分析功能，支持实时监控分析，保障车辆与设施的安全。

4. 数据集成融合平台

我国自主研发的基于微服务架构的数据集成融合平台，专注于多数据源的接入、采集、分析和处理。平台包含分布式存储计算、数据服务平台、物联中台和位置中台四大模块，提供从数据接入、采集到融合分析、数据仓库和共享的全流程一站式解决方案。其核心功能包括多源数据融合，支持 19 种常见数据源的接入和处理；丰富的数据组件提供多样化的数据处理能力；并通过拖拽式开发工具实现低代码开发和可视化调度。平台还支持设备入网组网，实现终端设备的快速接入和网络拓扑管理。

在铁路行业中，该平台通过实时监控列车的运行状态、速度和位置等关键指标，确保列车安全运行。一旦发现异常，系统可立即发出警报，帮助调度员采取措施。此外，数据融合平台在应急响应中提供实时监测和分析，为突发事件提供科学决策依据，帮助快速判断事件影响并制订应对方案，提升应急响应效率。

铁路地理环境的构建需要多个技术工具的协同工作，不同专业人员可以通过共享底层模型和数据进行高效合作。这种协作不仅体现在技术工具上，也要求团队成员具备强烈的协作精神和责任意识，才能确保铁路系统的顺畅运转。

三、铁路线路数据孪生构建工具

1. Autodesk

Autodesk 公司是全球领先的设计软件和数字内容创建公司，专注于提供创新的三维设计、工程、建筑和娱乐软件解决方案，其产品包括 AutoCAD、Civil 3D、InfraWorks、Revit 等，这些软件在铁路工程领域都有广泛的应用，在设计、建造、协作及项目管理等多个方面发挥了重要作用。

AutoCAD 是一款强大的二维和三维绘图设计软件，如图 6-7 所示，广泛应用于建筑、机械、电子等行业的绘图和设计工作。在铁路行业可以精确绘制铁路线路图，包括线路走向、曲线半径、坡度等关键参数，同时还支持多种格式的数据导入和导出，方便与其他设计软件进行数据交换和协同设计。

Civil 3D 被广泛用于设计铁路线路、站场布局、隧道、桥梁以及其他基础设施，如图 6-8 所示，它提供了三维地形建模功能，可以创建精确的三维地形模型，完成铁路线路的平纵断面设计，自动进行土方量计算，以及进行详细的路线优化设计，可以根据实际地形数据生成三维地形模型，帮助工程师更好地分析线路的地形和地质情况，优化线路设计。Civil 3D 支持自动生成桩号标注，确保设计的准确性，同时支持设计自动化，通过可视化编程生成脚本，自动执行重复性复杂任务。

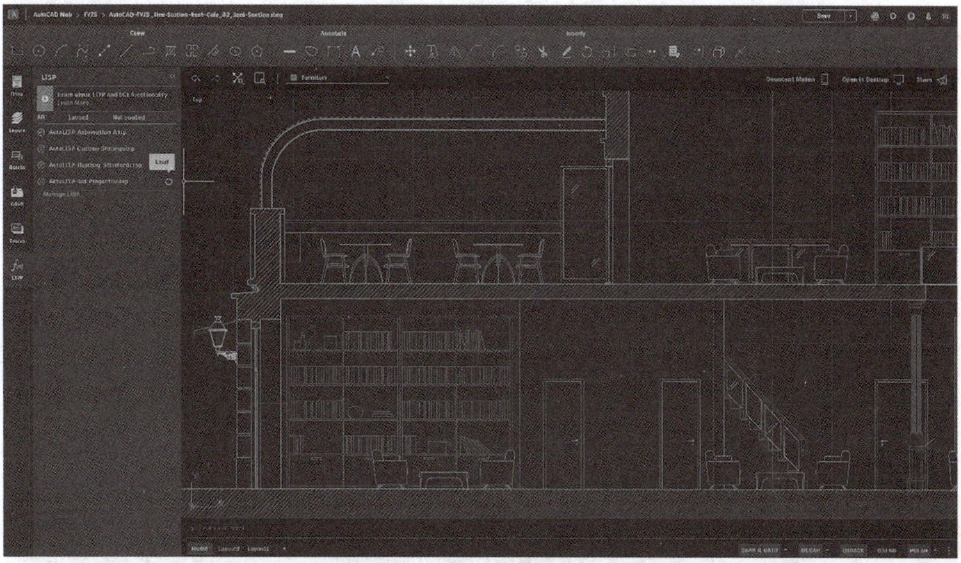

图 6-7 AutoCAD 界面

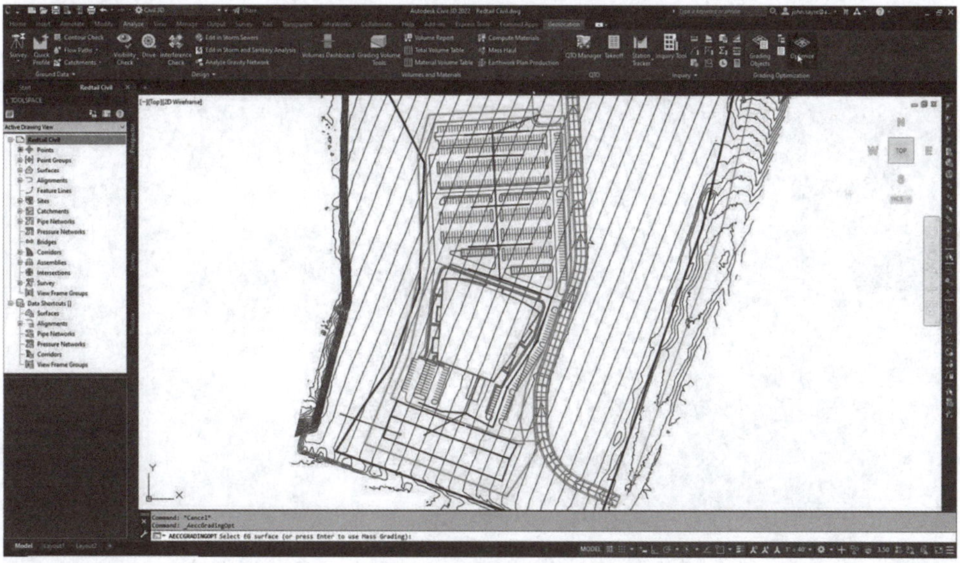

图 6-8 Civil 3D 界面

Revit 是一款 BIM 软件，如图 6-9 所示，它改变了传统的设计方式，使建筑师、工程师和承包商能够在同一平台上协同工作，对车站、机车和机务段等进行精细的三维建模，展示其外观、内部结构和设备布局。这些模型不仅可用于视觉效果展示，还可用于性能分析、碰撞检测以及施工模拟等方面，提高设计效率和质量。Revit 模型可以包含丰富的建筑组件信息，支持材料清单生成、施工指导和后期运维信息的嵌入，符合 BIM 在全生命周期管理中的应用要求。

在铁路项目的施工前阶段，Navisworks 常用来整合多个专业的 BIM 模型，进行碰撞检测，帮助团队在实际施工前发现并解决设计冲突，提高施工效率。

InfraWorks 是一个三维建模和可视化工具，如图 6-10 所示，用于基础设施项目的规划和设计，铁路领域可用于铁路规划阶段的大尺度地理环境分析、方案比选以及可视化展示，尤其对于复杂地形下的铁路线路选线和整体规划特别有用。

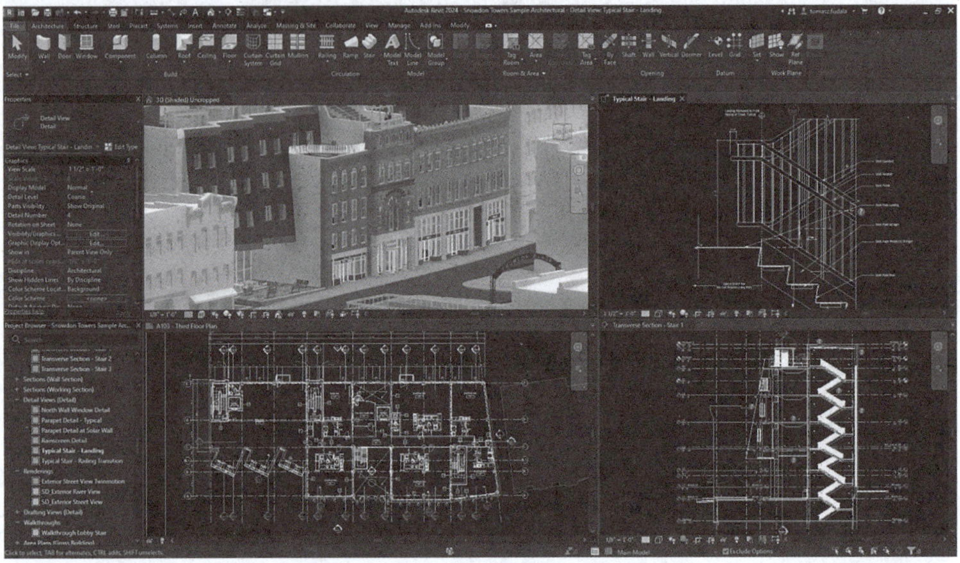

图 6-9　Revit 界面

图 6-10　InfraWorks 界面

GIS 结合卫星影像和 DEM 数据，可以快速创建铁路沿线的高精度三维地形模型，帮助设计师更好地理解和利用地形地貌，优化设计方案。

这些软件通过集成应用，不仅提高了设计质量与效率，还促进了项目各参与方之间的信息共享与协同作业，是现代铁路工程项目中不可或缺的技术工具。随着 BIM 技术在铁路行业的深入应用，如郑万高速铁路四电建设中全部采用 BIM 技术的案例，Autodesk 产品的价值得到了进一步的体现。

2. 参数化建模工具

参数化建模工具除了生成大面积建筑，在城市管理有广泛的应用外，也广泛用于铁路行业，如图 6-11 所示。

图 6-11 国产孪生场景构建工具效果

参数化建模工具在铁路行业的应用如下：支持生成铁路线路、隧道等模型，利用参数化建模工具，可以快速地创建和修改铁路设计模型。工具支持基于参数的模型定义，例如，自动化创建隧道、桥梁、轨道、接触网等专业的模型，并通过参数化设计调整模型的尺寸、形状等属性，使得设计修改更加迅速和高效。而且参数化建模工具能够确保模型的一致性和准确性，在铁路工程设计中，这有助于确保路基、桥梁、隧道等关键结构的精确设计和分析。

四、铁路车站数字孪生构建工具

1. BentleyAECOsim

BentleyAECOsim 是一款为建筑、工程和施工行业设计的 BIM 软件，整合了建筑、结构、机械系统、电子设计及仿真分析等功能，广泛应用于基础设施项目，如铁路、公路和桥梁等。该软件提供强大的三维建模和分析工具，能够精确模拟各种几何形状、尺寸和复杂结构，并支持多专业协同设计，确保各专业之间的一致性与准确性。它还具备 BIM 标准的支持能力，能够进行全生命周期的信息管理和共享，方便各方协作。

在铁路行业中，Bentley AECOsim 广泛应用于车站、站场的设计和建筑信息建模，支持车站建筑、轨道、供电、信号等多个专业的集成设计，确保各部分协调一致。它还可用于铁路线路的精确三维建模，包括隧道、桥梁和路基等基础设施。此外，该软件支持模拟分析，如车辆动力学和轨道沉降分析，以评估设计的可行性和性能。

通过 BIM 模型导入虚拟现实软件，Bentley AECOsim 能够直观展示铁路项目的三维效果，并进行施工仿真，优化施工流程，提前解决潜在问题。其应用贯穿铁路项目从设计、施工到资产管理和运营维护的全过程，提供了全面而强大的技术支持。

2. BIMBase

BIMBase 是由北京构力科技有限公司自主研发的国产 BIM 基础平台，如图 6-12 所示。

BIMBase 具备完全自主知识产权，专注解决工程建设行业的信息化和技术瓶颈。其核心技术通过自主研发的三维图形引擎 P3D 实现，保障了平台的自主可控性，推动了行业信息化进程。

图 6-12　BIMBase 界面

BIMBase 的核心功能包括高性能三维图形处理、支持建筑和电网等领域的专业设计模块、丰富的标准构件库和自定义组件库，以及多源数据的转换与兼容性。平台还具备碰撞检测与分析功能，确保在设计阶段发现并解决空间冲突，减少资源浪费。此外，BIMBase 可以生成符合国家标准的二维工程图纸，满足数字化交付的需求。

在铁路工程中，BIMBase 发挥了重要作用，特别是在车站和轨边设备的三维建模方面。通过精细的参数化建模，设计师能够快速生成和调整设计方案，确保模型的一致性与精确性。其多专业协同管理功能使得各团队可以在同一平台上进行实时数据共享，提升工作效率并降低沟通成本。同时，BIMBase 强大的分析与计算能力能够优化复杂结构的设计，避免施工中的潜在问题，推动了铁路基础设施建设的现代化。

第三节　铁路数字孪生实验操作

铁路数字孪生实验具有重大意义，其主要目的是通过实例展示该技术在铁路领域的应用价值。北京以北京南站为典型案例，介绍了技术架构、系统要求、搭建流程、数据处理、系统开发、测试部署以及使用流程等多个方面。通过全面展现数字孪生如何助力铁路运营，该案例旨在推动铁路智能化发展。

一、案例需求分析

本实验案例选择北京南站作为具体的实验对象，构建了北京南站以及周边全景，真实还原了北京南站车站、铁路、标识牌等要素场景。以往的交通仿真基于二维视角呈现，不能直观观察到交通网络的周边情景以及车站实际运行情况，通过数字孪生技术，以三维场景为基础实现的交通仿真，空间更加清晰，对于交通的判断更为具体，同时可以实现对车站运营状态的实时监控、优化管理和应急响应，能够真实反映北京南站的运行状态，并提供预警、预测和优化建议。提升车站的运营效率和旅客体验。

二、案例虚实交互应用分析

1. 全景三维场景构建

北京南站数字孪生场景以高精度三维建模技术为基础，真实还原了车站的站台、轨道、标识牌等核心要素，以及周边交通网络和环境信息。相比以往基于二维视角的交通仿真，这种三维场景不仅直观清晰，而且能够更好地呈现车站的运行状态和周边环境，为交通规划、调度优化提供了丰富的空间信息支持。数字孪生场景还结合了 GIS 数据框架，实现了现实物理空间与虚拟场景的精准映射，为后续的虚实交互打下了基础。

2. 虚实交互的具体应用

(1)实时客流监控与优化：北京南站数字孪生模型通过与传感器系统连接，实现了对车站内客流分布的实时监控。当客流高峰出现时，系统可以通过三维场景清晰地标记拥堵区域，并自动生成客流引导方案。例如，调配安检通道、优化进出站路径等措施，提升了车站的运行效率，缓解了旅客在高峰期的拥堵问题。

(2)设备状态监控与维护：数字孪生技术实现了车站内关键设备(如闸机、电梯、信息屏幕)的运行状态实时监测。孪生模型能够对设备的运行数据进行分析，及时发现异常状况并生成维护建议。例如，当检测到闸机运行速度异常时，系统会提前预警，并通过数字孪生场景定位设备具体位置，为维修人员提供精确的指导。这样不仅缩短了设备故障的响应时间，也显著提高了设备运行的可靠性。

(3)应急事件模拟与响应：在突发事件(如火灾、设备故障或客流超载)中，数字孪生模型可通过历史数据与实时信息的结合，快速模拟多种应急处理方案。例如，在火灾情况下，系统可模拟不同疏散路径的效果并给出最优方案。同时，孪生模型可实时同步实际疏散过程，及时调整疏散计划，确保旅客安全。通过这种虚实协同，北京南站能够显著提升应急事件的处理能力，降低安全风险。

三、案例技术架构

本实验案例所采用的技术架构关键组件主要包括：传感与检测技术、数据处理与分析技术、建模与仿真技术、可视化与交互技术、平台和软件技术。

(1)传感与检测技术

实时采集物理对象的状态数据，比如列车运行数据、设备状态数据、环境数据等，使用高精度传感器和先进的监测技术来确保数据的准确性和可靠性。

(2)数据处理与分析技术

应用数据融合、数据挖掘、机器学习等技术来处理和分析数据，用于支持决策和优化。通过数据集成融合平台，将来自不同数据源(如传感器、视频监控、GIS 等)的数据进行统一管理和处理，为数字孪生提供实时、准确的数据支持。

(3)建模与仿真技术

使用三维建模软件建立数字模型，来模拟物理对象的行为和性能，形成数字孪生的基础，使用仿真技术来评估不同场景下的系统性能，并进行优化。

(4)可视化与交互技术

提供直观的用户界面和数据可视化工具,支持用户与数字孪生系统的交互,如查询、分析、控制等。

(5)平台和软件技术

提供数字孪生系统的运行环境和开发工具,支持系统的集成、部署和维护,考虑系统的可扩展性、可维护性和安全性要求。

四、搭建流程

1. 业务需求设计

(1)确定界面的 UI 风格、色系标准

根据数字孪生系统的目标用户群体和使用场景,确定界面的整体风格,选择一套符合系统主题和风格的色系标准。

(2)确定场景风格

根据数字孪生系统的应用场景和目标,确定场景的整体风格。例如实景三维风格能够真实还原物理世界的场景,提供沉浸式的用户体验;而科技风格则可能更注重未来感和科技感,适用于展示先进技术或未来场景。

在确定了场景风格后,需要进一步设计场景的细节,包括场景中的元素、光照、材质等,以确保场景的真实性和美观性。

(3)设计场景交互动画及动画效果

交互动画:设计用户在场景中的交互行为及其对应的动画效果。例如,当用户点击某个物体时,该物体可能会放大、旋转或显示详细信息;当用户拖动某个物体时,该物体可能会跟随鼠标移动。

动画效果:为交互动画设计合适的动画效果,以增强用户体验的流畅性。

(4)设计孪生底座搭建要求,划分场景区域,确定区域精度还原度,设计场景交互内容。

孪生底座搭建要求:明确数字孪生系统的底层架构和关键技术要求,包括数据采集、处理、存储和传输等方面的要求。确保孪生底座能够支持场景的高效渲染和实时更新。

场景区域划分:根据数字孪生系统的应用场景和目标,将场景划分为不同的区域。每个区域应具有明确的功能和定位,以便于用户理解和操作。

场景交互内容:设计用户在场景中的交互内容和行为,包括用户可以通过哪些方式与场景进行交互(如单击、拖动、缩放等),以及交互后场景会如何响应(如显示信息、播放动画等)。

2. 孪生底座构建

(1)准备模型数据

准备好搭建数字孪生底座需要的模型数据,包括地图影像、车站模型、铁路模型、周边建筑模型等。这些数据可以通过三维建模软件制作,也可以从开源的地理信息数据中获取。

(2)三维场景搭建

使用孪生场景构建工具,通过导入不同模型数据,组合各类模型搭建三维场景。

操作步骤如下:

①新建工程

图 6-13 为新建工程,图 6-14 为选择项目。

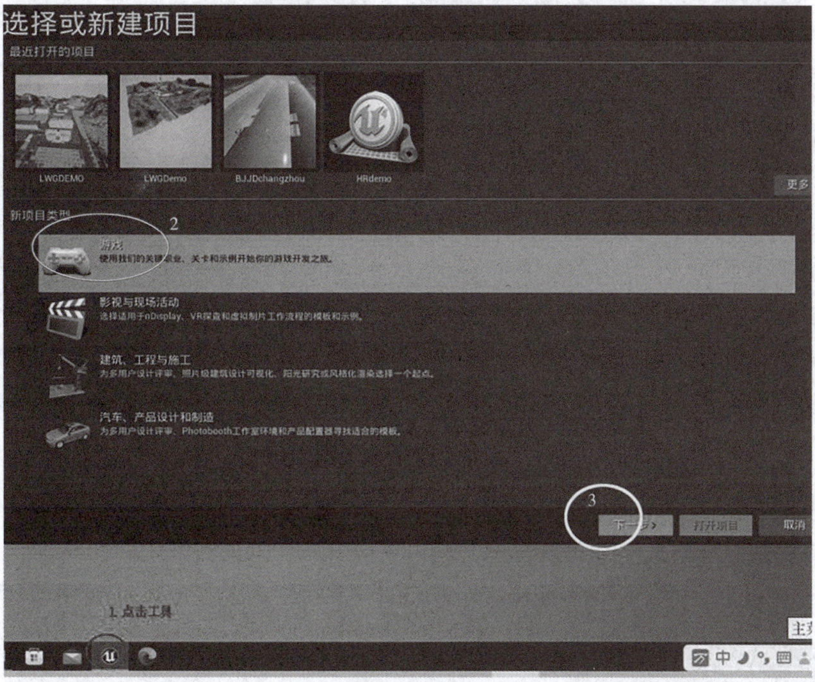

图 6-13　新建工程

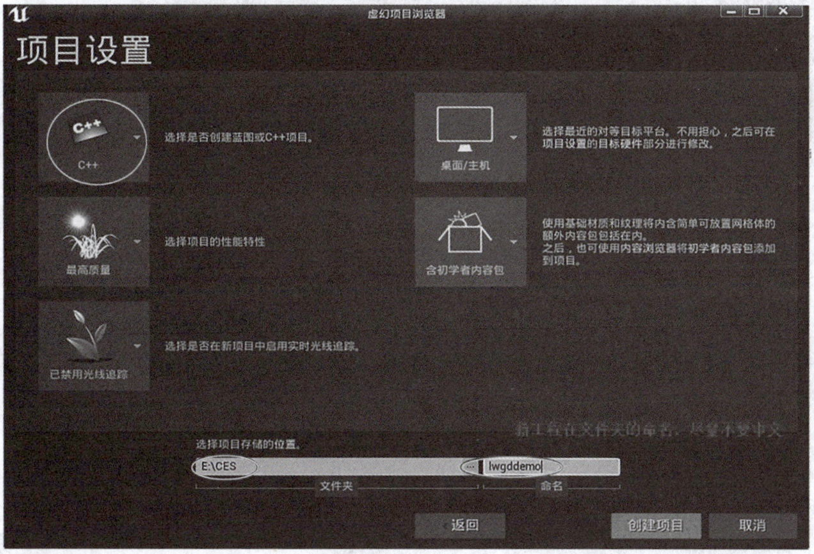

图 6-14　选择项目

②导入地图(图 6-15)，进行关卡配准。

③选择数据接入方式为在线地图，导入地图服务作为底图，进行关卡配准，建立地理坐标与 UE 坐标的映射关系。

④导入北京南站模型、相关设备以及周边建筑模型，构建工具支持手工模型、BIM、OSGB(倾斜摄影数据)、H3D、3Dtiles、影像、地形、点云数据的导入以及在线地图、离线地图服务的接入。

图 6-15　导入地图

选择 BIM 导入，选择本地 BIM 数据文件路径，选择 BIM 数据的某一属性字段作为实体名，用于管理各实体，导入 BIM 模型（图 6-16）。图 6-17 为导入效果。

图 6-16　导入 BIM 模型

图 6-17　导入效果

依次导入周边建筑、铁路设置、车站内设置等模型数据。

⑤设置场景视口(图 6-18),进行场景调试。

图 6-18 设置场景视口

(3)场景打包

完成场景搭建后,检查资产、模型、配置项,无问题后将搭建好的三维场景打包,完成后将打包的项目上传至云渲染平台。图 6-19 为场景打包。

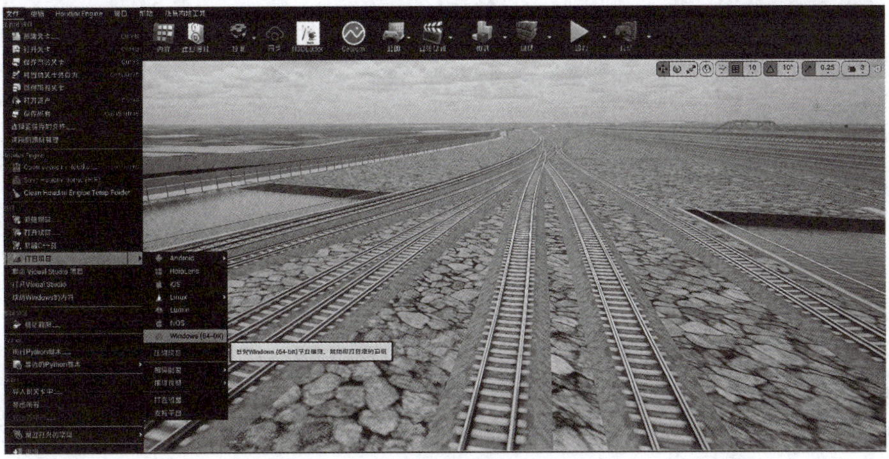

图 6-19 场景打包

(4)场景发布

打包完成后将三维场景上传至云渲染平台,设置场景分辨率、并发数等参数,实时渲染全息三维场景,以可双向交互的视频流将场景推送到用户终端,让用户能够随时随地便捷体验到超高清、强交互、高沉浸感的数字孪生可视化交互应用。

图 6-20 为场景发布,图 6-21 为发布完成。

3. 数据采集与处理

(1)数据采集

确定需要收集的数据类型和来源,如传感器数据、历史数据、车站设备数据、环境数据等,整理设备数据协议以及设备入网协议,确定数据的接入方式以及输入输出方式,在物联中台中

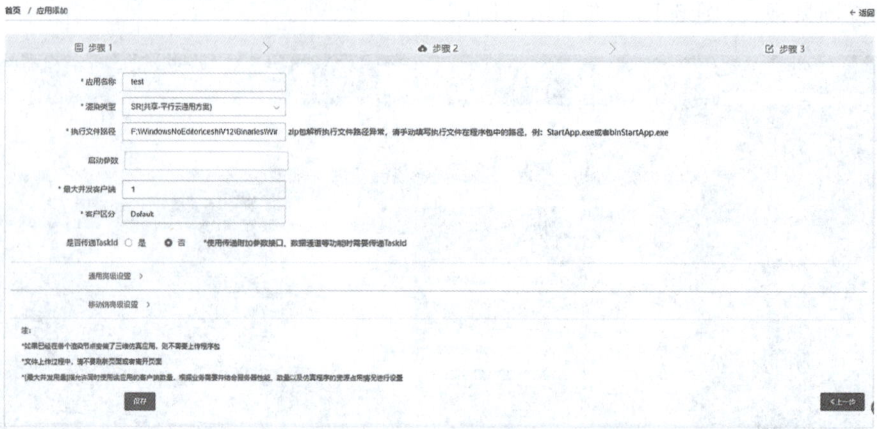

图 6-20　场景发布

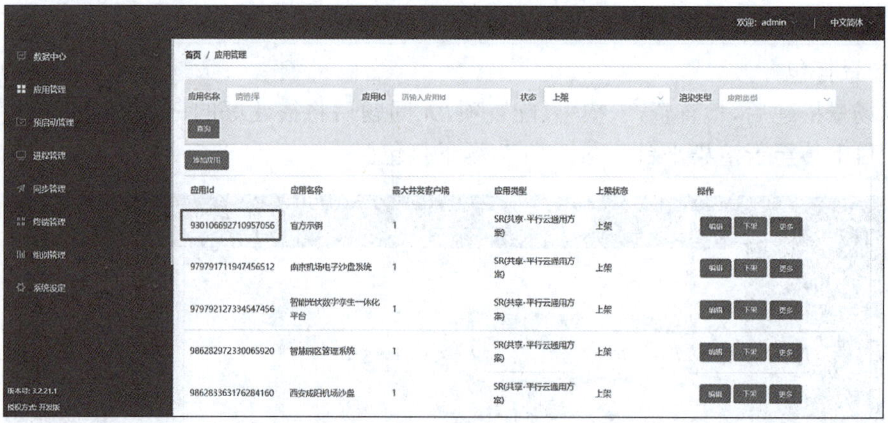

图 6-21　发布完成

做数据的采集。

物联中台服务具有强大的数据采集和分发能力，基于物联网设备数据的复杂度与来源多样性，物联服务以插件方式灵活对接多种数据源的连接访问，包括主流关系型数据库、网络协议、工业协议以及其他数据源等多种数据源，于此之上，并提供高并发、分布式的数据采集。

通过物联网技术，采集车站内的传感器数据、视频监控数据、GIS 数据等。确保数据采集的实时性、准确性和完整性。

具体操作：

①设备接入

确定设备接入协议以及接入信息，在“入网服务”界面中添加入网服务（图 6-22），选择网络组件和设备对应的协议。图 6-23 为编辑网络。

②添加具体设备，填写设备对应属性信息

在设备管理中添加设备（图 6-24），填写对应设备信息和网络服务。图 6-25 为编辑设备，图 6-26 为添加完成。

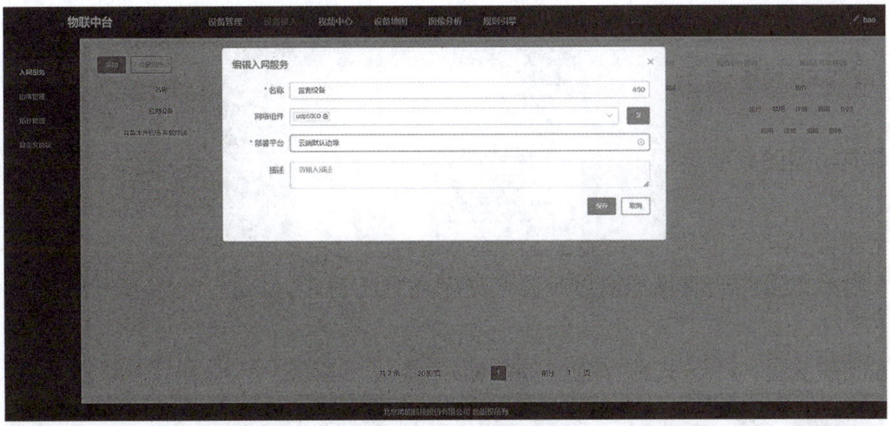

图 6-22 添加入网服务

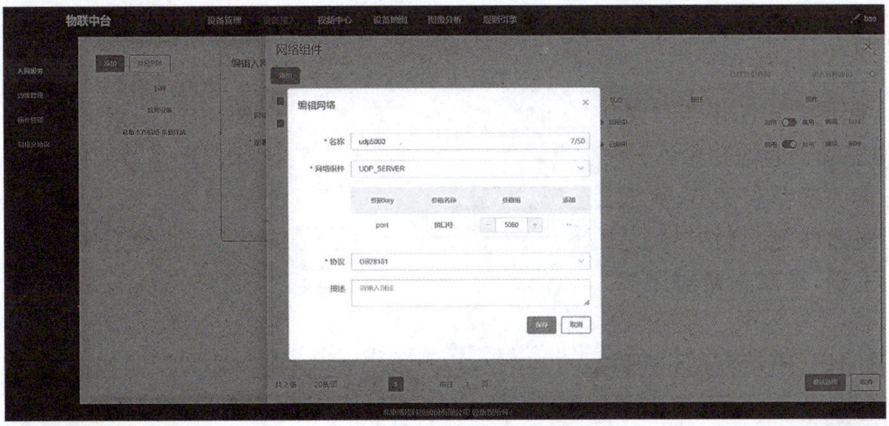

图 6-23 编辑网络

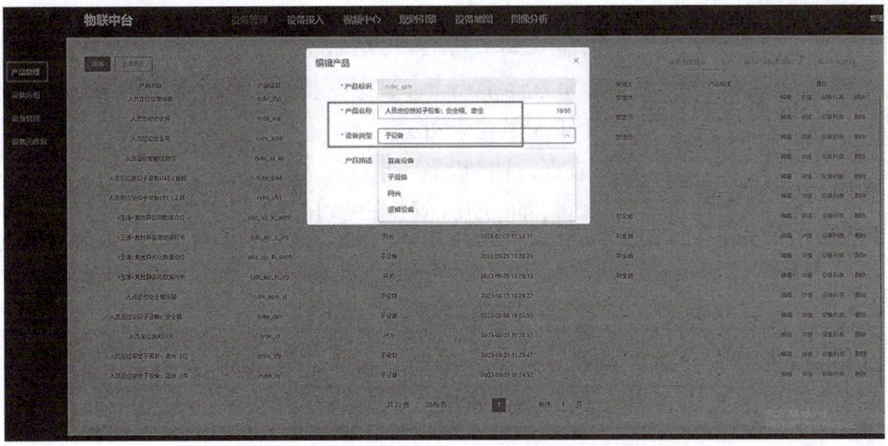

图 6-24 添加设备

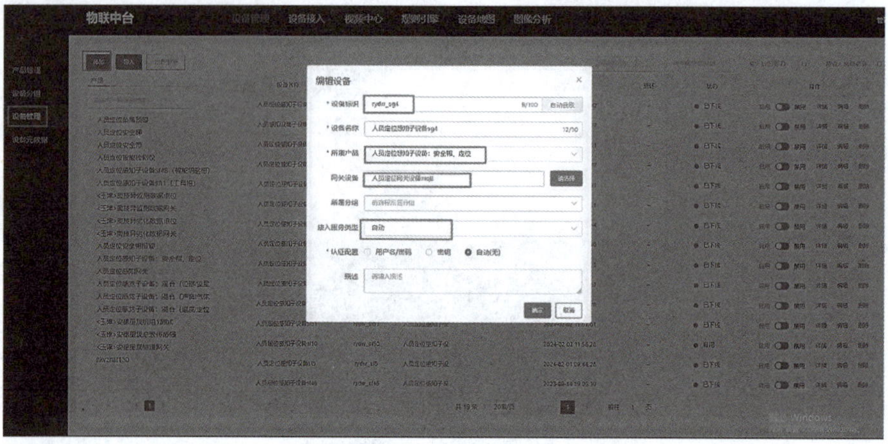

图 6-25　编辑设备

图 6-26　添加完成

③数据转发存储

实时数据通过多种数据源采集输入到平台后，可对数据进行集中的事中分析处理，经处理后的数据可继续输送到平台上层分析端运算分析、数据挖掘，也可直接将结果数据分发到第三方数据平台或通知到第三方平台责任人做告警处理。

在规则引擎中，接入设备资产节点，选择设备，将实时数据共享发送。

平台支持消息中间件提供流事件的自动订阅、分发、http 协议，支持对接任意网络接口。图 6-27 为数据转发存储。

(2)数据处理

数据服务平台支持对接多种数据库引擎，进行多源异构数据的在线融合，包括 Mysql、Oracle、Hive、GP、Cassandra 等关系型数据库，MPP 数据库，分布式分析型数据库和实时数据(kafka、tcp、udp、websocket、http 等)。

支持多源异构数据进行批量输入/输出，并且支持进行数据源的清洗、整合和加工。包括过滤、排序、去重、关系函数、数据函数、类型转换、日期函数、字符串函数、Hash 函数、聚合函数、自定义函数等。

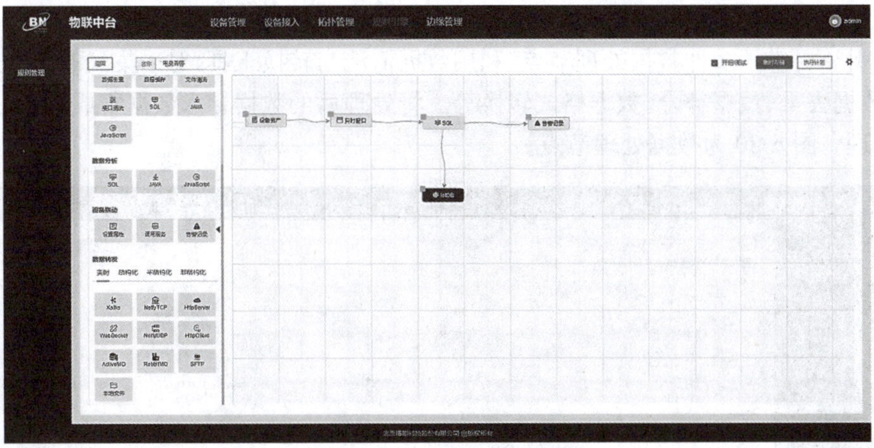

图 6-27 数据转发存储

具体操作如下：

①数据接入

根据实际情况接入对应的数据源至数据服务平台，支持实时数据、结构化等数据源。图 6-28 为添加数据源，图 6-29 为添加完成。

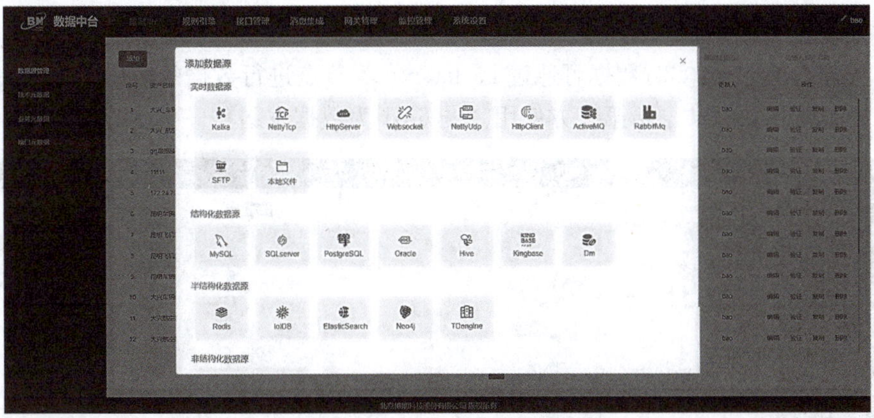

图 6-28 添加数据源

图 6-29 添加完成

②数据预处理操作

规则引擎提供了多种数据处理节点，利用数据清洗与转换工具，对采集到的数据进行预处理，包括数据去重、数据补全、数据格式转换等。将处理后的数据导入数据集成平台，进行统一管理和处理。图 6-30 为数据处理节点。

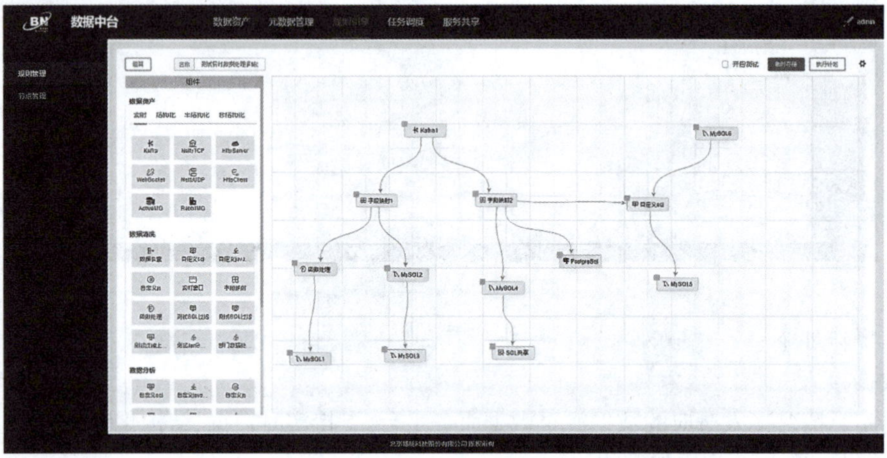

图 6-30　数据处理节点

③数据发送

确定数据输出方式，实时数据可通过 kafka、mq 等节点进行数据的输出，图表数据可通过提供接口的方式将数据共享给第三方使用。图 6-31 为数据发送。

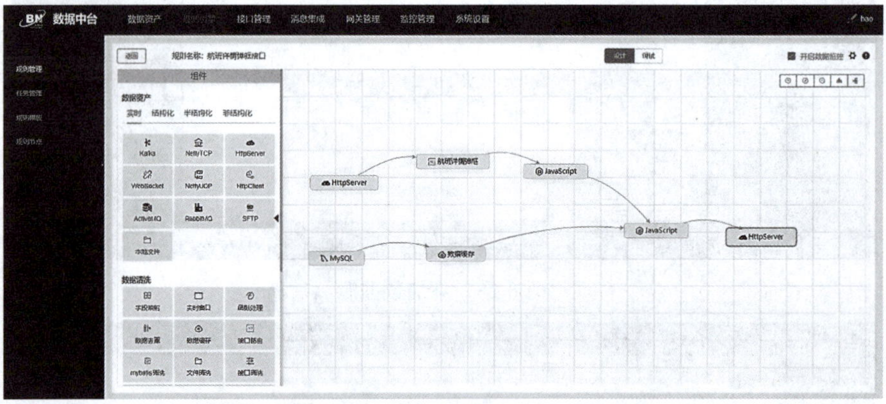

图 6-31　数据发送

4. 应用系统开发

完成孪生场景底座的搭建和数据的采集处理后，可通过可视化进行系统的开发，可视化平台用于快速构建数字孪生全息三维可视化应用，通过可视化平台，可实现数字孪生车站和现实世界的交互。

具体操作如下：

①在场景管理模块添加上传至云渲染平台的三维场景，配置场景地址、场景 ID、场景名称，实现三维场景的可视化。图 6-32 为添加场景，图 6-33 为场景配置。

②新建应用（图 6-34），引入三维场景作为底座，在三维场景基础上实现和模型的交互。

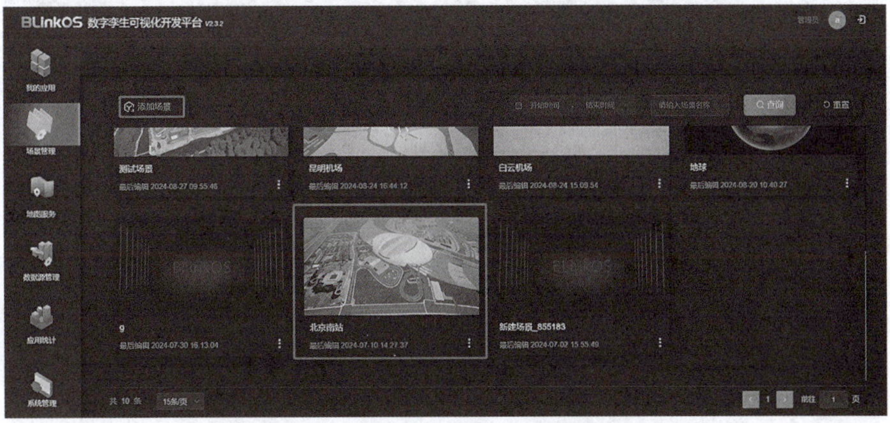

图 6-32　添加场景

图 6-33　场景配置

图 6-34　新建应用

③功能开发

调用云渲染 API 接口提供的功能实现和场景的实时交互，API 提供上百种交互功能，可实现人流、车流等各类智能交通体的动态模型可视化，快速高效地实现由室外至室内的一体化浏览的等交互。图 6-35 为功能开发，图 6-36 为开发完成。

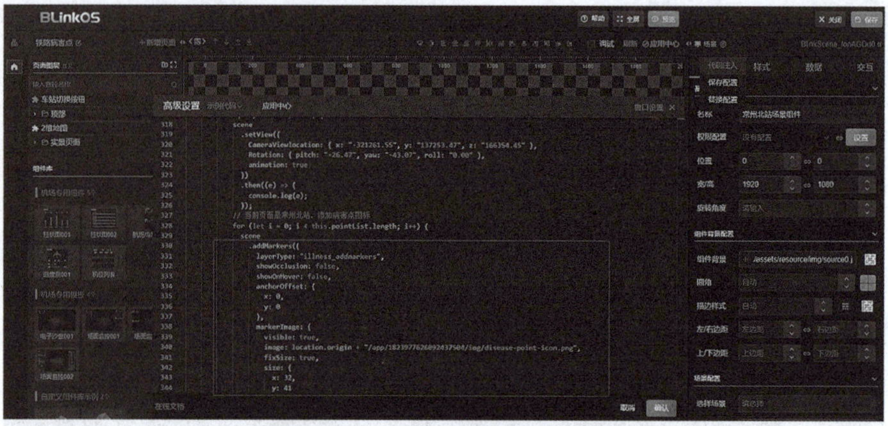

图 6-35　功能开发

图 6-36　开发完成

④确定数据接口

在数据服务平台确定好数据的接口和协议，给需要交互的模型和图表绑定实时数据，确保数据的流通性和互操作性，将孪生车站与现有的铁路系统进行集成。图 6-37 为确定数据接口。

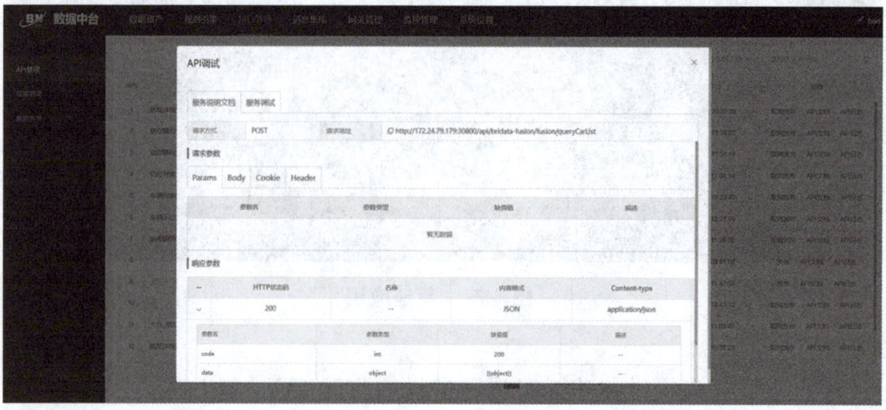

图 6-37　确定数据接口

⑤界面设计

设计用户界面，清晰展示车站的状态和行为，例如实时数据、仿真结果等。图 6-38 为界面设计。

图 6-38 界面设计

五、测试部署

(1)对数字孪生车站系统进行全面的测试，包括功能测试、性能测试、安全测试等。根据测试结果对系统进行调试和改进，确保系统的稳定性和可靠性。

(2)部署系统，并对其进行持续的维护和更新。

六、使用流程

1. 登录系统

使用分配的账号和密码登录孪生系统，确保账号具有足够的权限进行所需的操作。

2. 系统监控

利用实时监控技术，对车站的列车运行、设备状态、环境参数等进行实时监测，在数字孪生平台上展示实时监测数据，实现可视化监控。图 6-39 为系统监控。

3. 数据监控

实时查看铁路运行状态，包括列车位置、速度等信息，使用可视化展示铁路网络布局，实时更新列车位置和状态信息。图 6-40 为数据监控。

4. 预测分析

利用历史数据和算法模型对未来的铁路运行情况进行预测，发现潜在问题，如设备故障预警、客流拥堵预警等，使用数据分析工具建立预测模型，分析历史数据，预测未来的铁路运行情况，将分析结果以图表、报告等形式展示在数字孪生平台上，为车站运营提供决策支持。图 6-41 为预测分析。

图 6-39　系统监控

图 6-40　数据监控

图 6-41　预测分析

复习思考题

1. 简述参数化建模在铁路数字孪生构建中的应用及优势。

2. 数字孪生构建工具的技术原理主要包括哪些关键技术？

3. Unity3D 和山海鲸可视化作为数字孪生构建工具，各有哪些主要特点和优势？如何根据具体需求选择合适的工具？

4. 简述铁路数字孪生场景搭建的基本步骤。

5. 数字孪生工具在铁路智能化领域的实际应用意义主要体现在哪些方面？

第七章
铁路数字孪生工程案例

随着数字孪生技术在各个行业的深入应用，铁路行业也逐渐将其作为提升系统智能化水平的重要手段。通过构建铁路数字孪生系统，能够对铁路设备的运行状态进行实时监测与分析，并进行虚拟设备建模，为铁路系统的设计、运营和维护提供强有力的支持。

本章通过几个典型的应用案例，展示了数字孪生技术在实际铁路工程中的应用效果和优势。通过本章的学习，读者将对数字孪生技术在铁路智能化中的应用有一个全面的理解，并能够应用这些技术进行实际的系统设计和实现。

知识目标

1. 了解铁路数字孪生技术的主要应用领域。

2. 理解铁路数字孪生技术的关键技术实现，包括铁路设备运行状态分析和虚拟设备建模的技术细节。

3. 熟悉几个典型的铁路数字孪生应用案例，如数字轮轨与数字梁场、清河站 BIM 应用管理平台。

能力目标

1. 培养在铁路数字孪生系统设计与实现方面的实践能力，提升在复杂系统中的工程思维。

2. 通过实际案例分析，培养对铁路智能化建设的理解能力。

3. 培养数字孪生智能铁路领域的兴趣，培养将所学的数字孪生技术应用于实际工程项目中的能力。

第一节　双主跨超千米公铁大桥工程案例

三塔双主跨超千米公铁大桥是中国铁路系统中具有里程碑意义的智能建造项目之一，通过广泛应用建筑信息模型(BIM)技术和智能化监测手段，实现了从设计到施工再到运维的全过程数字化管理。

本节将围绕工程背景、施工挑战及智能化技术应用展开，展示该项目在智能建造领域的创新实践。

一、工程背景

巢湖至马鞍山城际铁路的马鞍山公铁两用长江大桥采用了目前世界最大的三塔公铁两用钢桁梁斜拉桥结构，总桥长超过 2 km，主跨 2×1 120 m，创造了目前世界跨度最大的三塔斜拉桥记录。这一工程连接了安徽省马鞍山市两岸的交通网络，加强了区域经济联系，为我国桥梁工程领域树立了新的标杆。

1. 工程规模与结构特点

本桥梁的钢梁总长达到 3 248 m，主塔高度为 345 m，以钢混组合结构为主，结合了复杂的施工工艺和创新的设计理念。主桥区的桩基础建设也是目前世界规模最大，其 Z4 号中塔基础尤为复杂，采用了国内平面尺寸最大的桥梁施工围堰，面积相当于 14 个标准篮球场。塔基的深度和跨度设计要求在施工中克服巨大的技术挑战，包括大体积混凝土施工质量要求高、温度控制难度大等。

2. 施工难点与技术挑战

大桥的施工难点主要体现在以下几个方面：

(1)超大跨度与超高主塔设计：主跨跨度达到 1 120 m，主塔高度 345 m，需要克服高空作业和复杂环境条件下的施工难题，同时确保抗风、抗震性能。

(2)复杂钢桁梁架设：边辅跨钢桁梁架设作业全程在水上完成，且吊装精度要求高，施工的技术复杂性和安全风险更高。

(3)环境适应性要求：江段内需防范洪水冲刷及船舶撞击，需要采取智能化监测与安全防护措施。

3. BIM 技术与智能化应用

为应对施工挑战，项目广泛采用了 BIM 技术和物联网监测，提升了施工管理的智能化水平。

(1)BIM 技术的应用：通过 BIM 建模，精确模拟了桥梁结构及施工工艺，优化了施工方案，显著提高了施工效率与安全性。

(2)智能监测与控制：结合物联网技术，实时监测混凝土温度、施工进度和环境条件，为施工过程提供动态数据支持。

(3)精细化管理：在桥墩建造过程中，利用智能化平台对关键工序进行精准管理，确保了施工质量。

图 7-1 展示了双主跨公铁大桥 BIM 应用总体架构。

4. 软硬件环境

在三塔双主跨超千米公铁大桥项目中，软硬件环境为项目的数字化建设与智能施工提供了强大的支撑。项目构建了自有的 BIM 协同管理平台、智能温控系统和围堰监测平台，软硬件环境支撑了高效的数字化建设。

(1)核心软件：Revit、Navisworks、Tekla 等用于建模与施工模拟，确保结构设计与施工规划的科学性。

(2)数据架构：采用五层架构，前端基于 Vue 框架开发，后端采用 .Net Core 框架，实现高效协作与信息管理。

图 7-2 展示了该系统的基础数据框架。

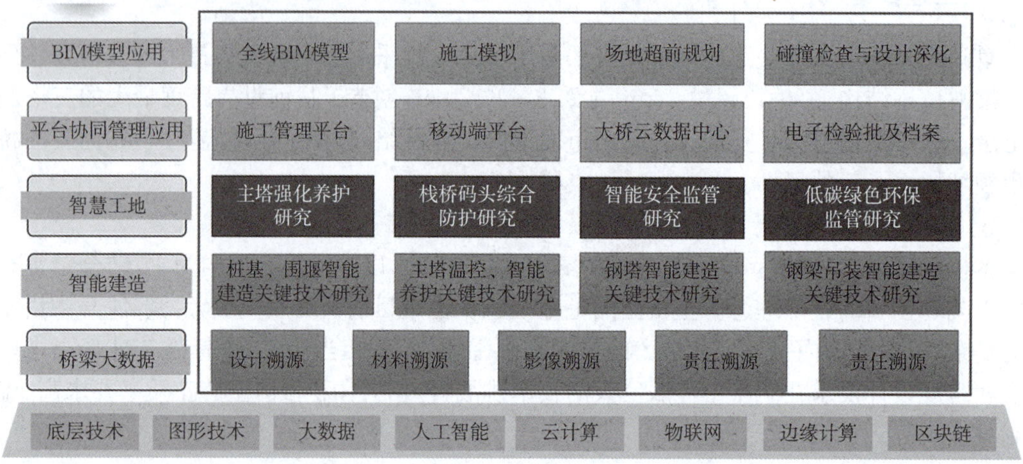

图 7-1　双主跨公铁大桥 BIM 应用总体架构

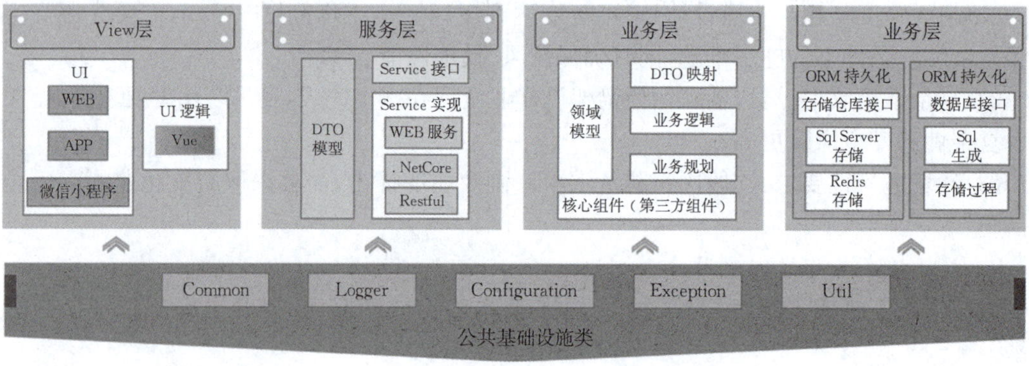

图 7-2　基础数据框架

这座双主跨超千米公铁大桥不仅是一个交通工程，更是中国桥梁智能建造技术的展示平台。通过这项工程，项目团队积累了应对极端条件下大跨桥梁施工的宝贵经验，为未来类似的超大规模桥梁工程提供了可借鉴的技术范本。

二、BIM 基础应用及建模深度

三塔双主跨超千米公铁大桥项目展示了 BIM 技术在桥梁工程中的深度应用，其贯穿设计、施工与管理的全过程，为大桥的数字化建设提供了强有力的支持。项目涵盖主桥、引桥、围堰、塔吊等多个工程结构，通过 BIM 技术精准建模、虚拟仿真和实时监控，显著提升了施工效率和质量。

1. BIM 建模深度与精度

项目采用 Revit、Navisworks、Tekla 等多种专业软件，建立了涵盖主桥、引桥、围堰及临建设施的全方位三维模型。模型覆盖总建筑面积达 40 万 m^2，精度达到 LOD 300（部分区域达到 LOD 400），总构件数量超过 20 万个。通过对模型的精细化构建，实现了施工过程的可视化管理、质量与进度的精准控制，以及信息的溯源与共享，为工程各阶段提供了全面支持。

2. 主体结构模型的细化

主体 BIM 模型包括主桥、引桥及相关临建设施的 Revit 模型。主桥模型通过补充建模＋翻模的方式，对钢塔和钢桁梁等结构进行精确补充，实现了设计、施工和运维全过程的数据支撑。此模型不仅展示了施工进度的可视化效果，还支持进度、质量的精准卡控，信息溯源可以具体到每一个构件。图 7-3 为主桥与引桥 Revit 模型。

（a）主桥　　　　（b）引桥

图 7-3　主桥与引桥 Revit 模型

3. 围堰加工的 BIM 虚拟仿真

围堰部分的 BIM 虚拟拼装模型显著提升了施工效率与绿色环保性。通过深度建模并结合智能化设备，围堰模型实现了自动下料和施工方案优化，有效减少了材料浪费。同时，虚拟拼装技术优化了施工流程，降低了施工成本，并提高了作业的精度。图 7-4 为围堰深化模型及其拼装与制造。

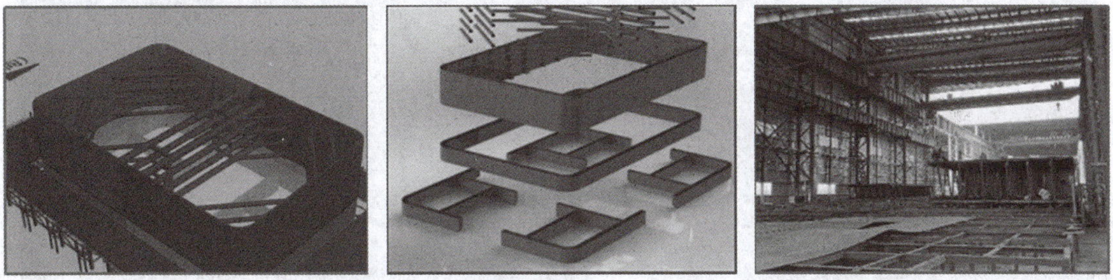

图 7-4　围堰深化模型及其拼装与制造

4. 碰撞检查与钢筋优化

针对 Z3 号主塔的复杂结构（包括钢筋、预埋件和液压爬模等），项目团队利用 BIM 模型进行了深入的碰撞检查与优化。通过检测并调整潜在的结构冲突，节约了约 13.5 t 钢材，减少了现场返工。同时，钢筋优化设计确保了施工方案的可行性，显著提升了施工效率。图 7-5 为基于 BIM 设计深化的主塔碰撞检查。

5. 场地超前规划与施工组织

结合无人机倾斜摄影技术，项目团队对施工场地进行了超前规划。通过 BIM 模型优化了施工道路、钢筋加工厂及运输通道等设施布局，提前发现并解决潜在问题，为施工顺利推进提供了保障。这种精细化的场地规划有效降低了施工成本，提高了项目整体管理效率。如图 7-6 所示，图中采用 BIM 模型＋无人机倾斜摄影技术对项目部、钢筋加工厂、施工运输道路等建筑设施进行超前规划。

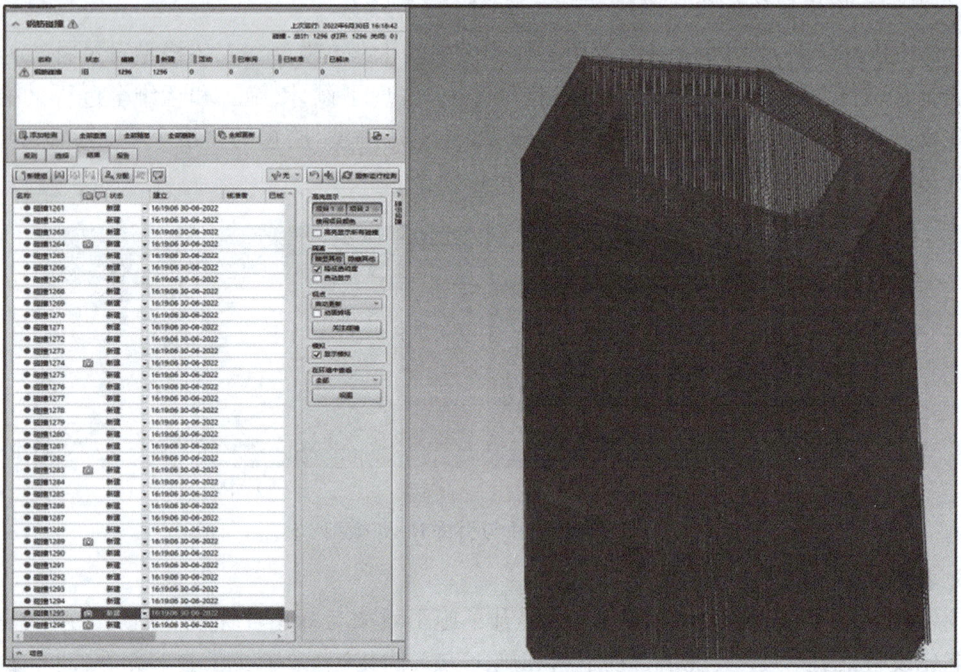

图 7-5　基于 BIM 设计深化的主塔碰撞检查

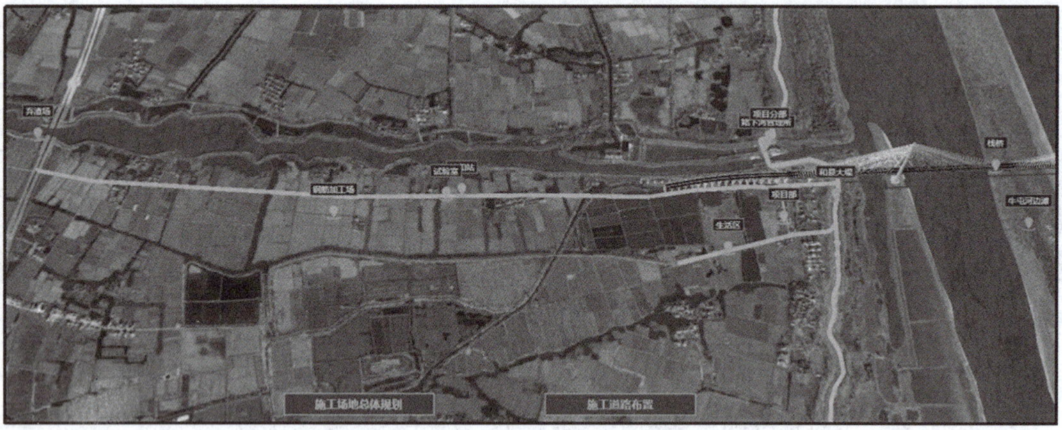

图 7-6　无人机倾斜摄影的三维实景模型

6．可视化进度管理与过程监控

BIM 模型在进度管理与过程监控中发挥了关键作用。Z3 号主塔施工模型包含主塔、塔吊、液压爬模及主梁组件，支持全方位工序模拟和实时进度监控。施工团队利用 BIM 系统对钢筋绑扎进度、养护龄期及温度进行监控，确保施工在精确范围内进行。图 7-7 为 Z3 号墩主塔与边跨顶推施工组合模型。

此外，在边跨顶推施工中，模型集成了桁桥、导梁、架梁机及临时墩等结构，展示了顶推过程中的实时状态。施工团队通过 BIM 系统能够监控桁架顶推的实时数字参数，及时调整顶推角度和位移偏差，保证了结构的精度与稳定性。

（a）Z3号墩主塔

（b）边跨顶推

图 7-7 Z3 号墩主塔与边跨顶推施工组合模型

三、BIM 集成应用

1. BIM 集成应用构建体系

本项目的 BIM 集成应用构建体系基于自主研发的云平台，形成了以 BIM 相关应用为核心的综合应用框架，实现了如图 7-8 所示的“一个中心，多维集成”的结构。该体系通过 BIM 模型作为载体，打通了 BIM 与数据集成、系统集成和应用集成的壁垒，建立起横向协同管理和纵向数据贯通的集成应用网络。

(1)数据集成：通过数据集成，项目可以实现各平台之间的数据共享和壁垒打通，消除信息孤岛，确保数据流转顺畅。

(2)系统集成：硬件系统（如传感器）和软件系统（包括 PC 端和移动端）实现协同工作，确保信息的实时采集和反馈，为项目的智能化管理提供支持。

(3)应用集成：通过智能建造、智慧工地和桥梁大数据等应用的集成，实现了 BIM 模型在施工过程中的深度应用，有效提升了项目的管理效率和决策水平。

(4)多维协同：该体系构建了横向的协同管理机制和纵向的数据集成应用网络，使各环节、各部门的信息能够在平台上实时同步，为项目提供全面的数据信息支持和决策依据。

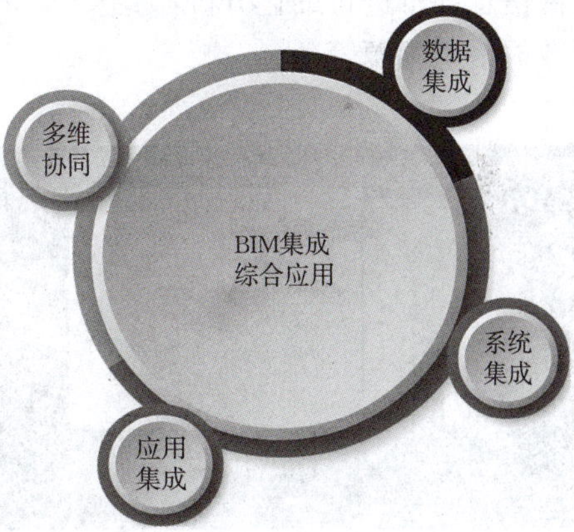

图 7-8 “一个中心，多维集成”概念模型

通过这样的集成应用构建体系，项目团队可以更加高效、精确地管理施工过程，确保 BIM 技术在项目全生命周期中的有效应用。

2. BIM＋数据集成

(1)协同管理平台应用

在项目管理中，采用二维码为纽带，实现了“人、机、料、法、环、检”六要素的全方位数据集成。通过 BIM 协同管理平台，能实时管理和追踪项目的各个方面，包括人员、安全、设备、工程进度等，从而形成数据的互联互通。这种集成不仅能提升管理效率，还支持三维数字化交付，为施工期的信息化管理提供了重要支撑。图 7-9 为公铁两用长江大桥 BIM 项目管理平台。

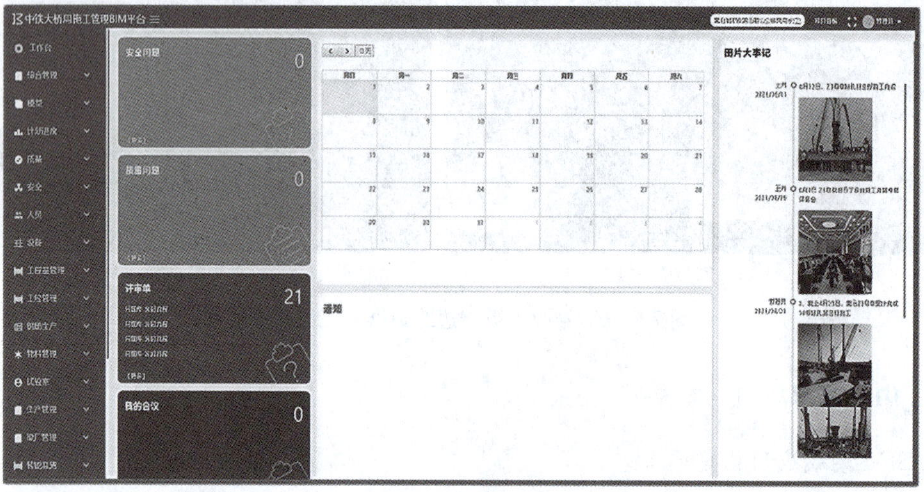

图 7-9　公铁两用长江大桥 BIM 项目管理平台

(2)构件溯源管理

构件溯源管理覆盖了设计、过程、材料、试验、影像和责任六大溯源内容。通过将构件编码与 BIM 模型关联,确保施工过程中关键信息的可追溯性。在溯源管理系统中,所有涉及的构件信息都可进行细化分析,为施工质量和管理提供有力的技术支持和保障。图 7-10 为桥梁大数据信息溯源管理。

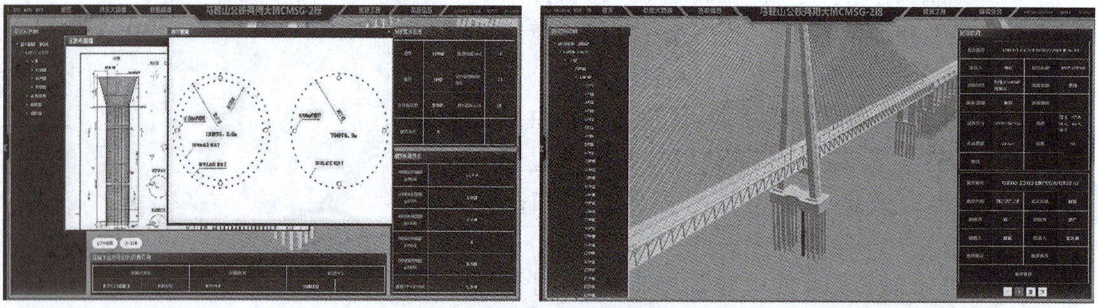

图 7-10　桥梁大数据信息溯源管理

3. BIM+系统集成

软硬件系统集成应用包括结构状态监测、顶推过程追溯、三维可视化展示、异常状态预警等多项内容。数据通过传感器采集,进入存储层和云监测平台,结合前端显示和后端处理系统,构建起完整的监控网络,为项目的实时监控与管理提供了可靠的数据支撑。图 7-11 为软、硬件系统集成应用架构。

4. BIM+应用集成

(1)以安全为主题的智慧工地应用

通过 BIM 模型、GIS 技术与施工桩桥码头综合防护相结合,建立起完善的安全管控体系。该系统包括实时施工调整、设备吊装管理和超速处理等智能化决策功能。例如,施工现场实时监控水位、风速等参数，并根据异常情况发出预警和应急指令，以保障施工的安全性。图 7-12 为智慧工地应用图示。

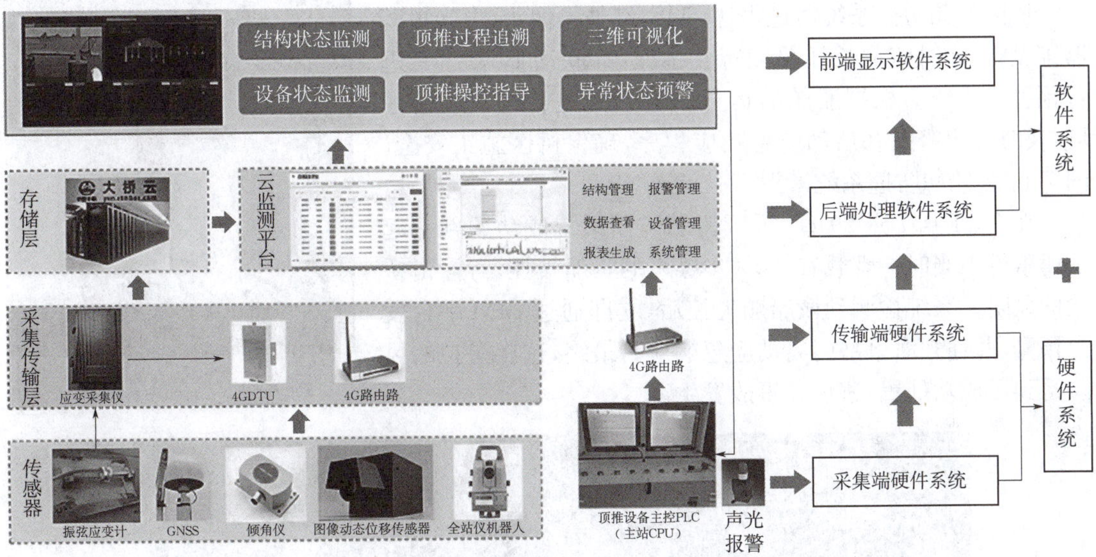

图 7-11　软、硬件系统集成应用架构

（a）施工栈桥车速监测　　（b）施工栈桥施工风险防控

（c）施工栈桥码头船舶防撞监测　　（d）红外摄像头　　（e）雷达

图 7-12　智慧工地应用图示

（2）桩桥测速和水文气象监测

桩桥测速和水文气象监测系统通过测速摄像头、气象仪器等设备实时监控水文气象条件与桩桥车辆速度。数据集成在 BIM 平台上，形成溯源分析报告，提供精准的实时管控，确保施工安全。此外，水文气象监测系统智能预警，提升了应对突发天气的响应能力。图 7-13 为水文气象监测实物。

(3)桥区船舶防撞系统

桥区船舶防撞系统通过雷达、AIS、红外摄像头、声光报警器等设备，实时监测长江船舶行驶情况，并联动 BIM 平台进行预警。系统会根据船舶的运行轨迹判断是否进入预警区域，及时发出警报并启动应急响应程序，确保桥区施工安全。图 7-14 为船舶防撞系统模拟。

在 2021 年 7 月 29 日，桥区船舶防撞系统成功预判一起防撞事件。当时一艘载有 2 000 t 煤炭的货船失控，有撞击桥梁的风险。系统检测到该船舶失控后，立即通过 BIM 平台发出预警，并通知海事部门启动应急响应。最终，这次潜在的风险得到了成功处置，避免了事故发生。

图 7-13　水文气象监测

图 7-14　船舶防撞系统模拟

四、BIM 主要应用效果

在大型桥梁建设中，BIM 技术的应用不仅推动了施工的智能化管理，还显著提升了工程的质量和安全性。通过 BIM 平台的集成应用，项目团队实现了对关键施工环节的实时监控、精细化管理和智能决策，有效保障了项目的顺利推进。BIM 技术在本项目中的主要应用效果如下：

(1)智能吊装安全性提升：通过 15 000 t · m 智能吊装系统，结合 BIM 和 FEM 技术，实时进行有限元分析，预测吊装在不同工况下的应力变化，实现数据实时传输至 BIM 平台，有效保障吊装过程的安全性。基于 BIM 的健康监测系统进一步提高了对大型塔吊的安全监测精度，避免吊装事故发生。

(2)围堰安全监测：基于超大深水围堰监测平台，导入有限元分析计算模型，实现对围堰沉降及应力状态的动态监测，通过自主研发的高精度姿态传感设备，提升围堰在复杂工况下的安全性。同时，结合虚拟施工和 BIM 模型的集成应用，减少了施工对河床的破坏，有效提高了施工质量。

(3)温控管理:在混凝土施工中,通过主塔智能温控平台监测混凝土的原料温度、出机温度及入模温度,形成超前的温控预警和智能决策机制。实时监控关键温控点,以确保混凝土质量。同时,BIM模型中标记温控位置,实现超温预警和自动化养护控制。

(4)智能养护平台:主塔强制养护平台基于BIM和智能水箱系统,通过自动喷淋系统实现温度监测和智能调节。该平台对主塔养护温度进行智能分析,在温度异常时采取自动喷水养护或冷却措施,保障施工过程的混凝土强度和耐久性。

(5)边辅跨钢梁智能建造:利用BIM模型搭建了钢梁的智能监测体系,实现提梁、运梁、存梁、架梁和顶推的全流程智能监控。通过自主研发的倾角仪、全站仪等设备,实时调整和监控偏差,确保钢梁安装的精确性,提高施工效率和安全性,进一步优化工期和成本。

第二节　封闭空间与开放空间建模工程案例

本节介绍了封闭空间和开放空间建模的应用案例。

一、封闭空间数字孪生

我国高速铁路的建设正以迅猛的势头推进,其发展速度令世界瞩目。在这一过程中,工程设计理念不断创新,其中"以桥代路"的建设模式被广泛采用。这种模式不仅提高了线路的直线性,减少了土地占用,还有效规避了地面交通的干扰,提升了铁路的运行效率和安全性。特别是在地形复杂的区域,桥梁成了连接铁路线的关键结构,部分高速铁路线路中桥梁的比例甚至高达80%以上。在桥梁结构的选择上,除了对于大跨度或特殊结构的桥梁采用钢筋混凝土连续梁、钢结构、钢管混凝土等先进结构外,绝大多数桥梁的主体结构选择了经济实用、施工快捷的32 m预制梁。这种预制梁的使用,不仅提高了施工效率,还保证了桥梁建设的质量和一致性。为了满足大规模的桥梁建设需求,在铁路沿线合理布局了多个梁场,专门负责生产这些预制铁路梁。这些梁场采用现代化的生产技术和严格的质量控制流程,确保每一根梁的制造都达到最高标准。生产完成后,通过精心设计的运架设备,这些巨大的预制梁被安全、准确地运输并架设到预定的桥墩之上,构成了高速铁路坚固的骨架。

预制梁场作为桥梁标准化建造与施工的关键生产基地,肩负着生产数百榀梁的重任。每榀梁的质量接近900 t,对钢筋和混凝土的需求量极为庞大,而生产工艺的流程则更为复杂精细。在梁场的日常管理中,普遍采用手工记录生产数据的方式,这不仅效率低下,而且信息追溯困难,难以完整还原施工过程的每一个细节。此外,由于填报记录格式的不统一,信息记录的详细程度也参差不齐,技术人员的流动更可能造成关键资料的遗失。在物资管理、试验检测、拌和站运营以及生产过程监控等方面,现有的数据管理体系各自为政,缺乏有效的整合与监控,这使得全过程的质量管理和控制面临巨大挑战。因此急需采用信息化手段,通过专业化软件提高管理效率,提升管理水平。

该系统以梁场的生产流程、进度控制和质量安全监管为核心,采用BM(BIM管理)技术作为其技术支撑点。系统整合了倾斜摄影测量、地理信息系统(GIS)、移动互联网以及大数据分析等尖端技术,构建了一个覆盖铁路梁场全生命周期的综合性管理平台。通过这一平台,实现了对拌和站、试验室、自动张拉、自动压浆、自动静载检测、自动喷淋等关键生产环节的实时数据集成与管理。图7-15为数字孪生梁场建设。

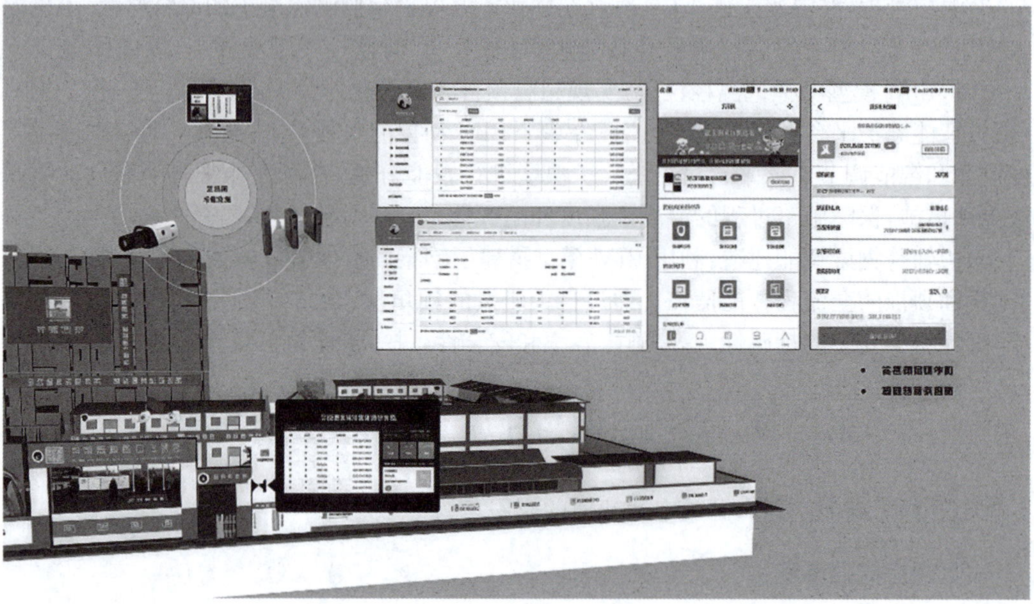

图 7-15 数字孪生梁场建设

该铁路数字孪生系统的智能化设计有效消除了“信息碎片”和“信息孤岛”现象，实现了原始资料的一次性录入与多环节复用，大幅减少了施工单位在信息记录上的重复劳动。内业资料的自动生成功能进一步提高了工作效率，确保了数据的准确性和一致性。最终，这些数据可以直接用于归档，或无缝交接给运营管理单位，为实现数据的全过程管理奠定了坚实基础。

二、开放空间数字孪生

1. 数字孪生轮轨关系实验室

高速轮轨关系试验室，作为高速铁路系统试验国家工程实验室的重要组成部分，该试验室的成立，标志着我国在高速铁路领域科研实力的进一步增强。试验室专注于轨道交通轮轨系统的研究，致力于探索和解决高速轮轨关系中的核心技术问题。其研究范围广泛，涵盖了基础性研究、前瞻性技术开发，以及轮轨产品性能和可靠性的深入评估。通过这些研究，试验室不仅推动了轮轨技术的进步，也为高速铁路的持续发展和创新提供了坚实的科学基础。

高速轮轨关系试验室配备了一台尖端的 1∶1 高速轮轨关系试验台，该试验台的设计速度高达 500 km/h，代表了国际轮轨关系研究领域的最前沿技术。该试验台具备先进的安装能力，能够直接装配带有一系悬挂系统的高速列车轮对，从而全面模拟列车在实际运行中的轮轨动态。它不仅能够进行高速轮轨关系的综合试验，还能够开展包括基础性研究和前瞻性技术开发在内的广泛应用技术研究，为高速铁路的持续创新和安全运营提供了强有力的技术支撑。图 7-16 为数字孪生轮轨关系实验室。

2. 数字环铁试验基地

环行线试验基地自 1956 年建成以来，一直是铁路科技创新的重要基地。它占地广阔，总面积达到 2 723.2 亩（1 亩≈666.7 m^2），线路总长 47 km。环铁不仅拥有先进的线路设施，还

图 7-16 数字孪生轮轨关系实验室

配备了国家级的科技创新平台和多达 40 个专业实验室，形成了一个集综合试验与专项试验、实车试验与仿真试验为一体的综合试验平台体系。随着工业 4.0 浪潮的兴起以及“交通强国”战略的深入实施，加之新技术的不断迭代更新，环铁试验基地正朝着数字化转型的重要方向迈进，致力于建设一个全新的“数字环铁试验基地”。环铁试验基地积极引入前沿技术，不断提升其综合试验能力，试验基地逐步构建“数字孪生环铁试验基地”，使得高速铁路的智力资源和信息资源配置提供了高效的解决方案，为高速铁路的运转状态提供了精准的参考与支撑。这标志着环铁试验基地在智能化、数字化发展道路上迈出了坚实的步伐。图 7-17 为环铁试验基地。

图 7-17 环铁试验基地

(1)孪生建模

环铁试验基地孪生建模基于 BIM 与 GIS 技术，前期对重点基础设施、实验室进行孪生建模，从而直观、详细刻画环铁试验基地重点部位信息。

针对环铁试验基地项目为小半径曲线环线的特点，重点解决常规建模手段无法表达的不同曲线、坡度、外围超高等模型精度问题。利用Dynamo、Civil 3D的开源插件，开发了Civil 3D组合建模及Dynamo编程放样技术，完全解决了桥梁、隧道、路基等复杂节点组合模型的可视化放样问题，另外通过Dynamo将BIM元数据生成的构件编码直接应用于BIM模型构件的规范化编码，从而为环铁试验基地的数字化管理提供有力的支持。图7-18为环铁部分模型。图7-19为轨道、轨枕、道砟、接触网模型。

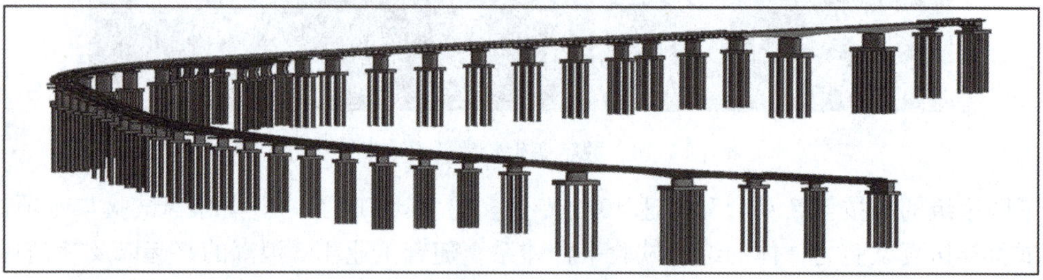

图7-18　环铁部分模型

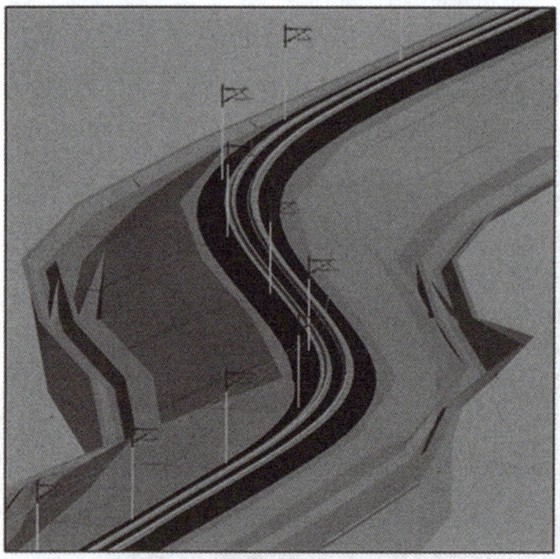

（a）轨道、轨枕、道砟

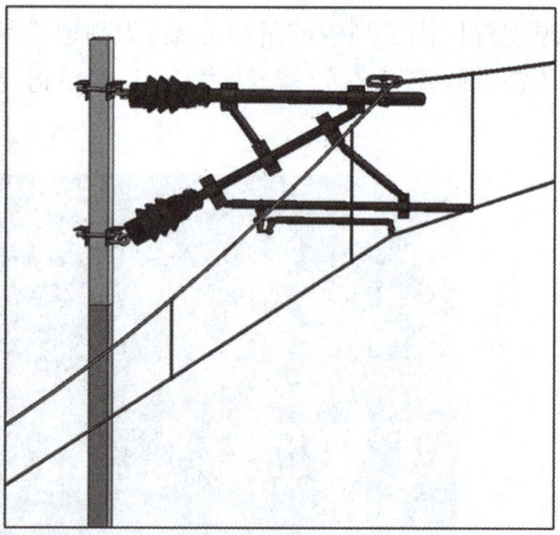

（b）接触网

图7-19　轨道、轨枕、道砟、接触网模型

前期对环铁基地既有线、城轨线、试车1线、试车2线、试车2线延长线、试车3线、走行线左线、走行线右线、测试线、城轨连接线以及调度楼等重点基础设施进行建模，整体模型如图7-20所示。

图7-21展示了生产调度楼的三维模型，该模型是利用先进的建筑信息建模（BIM）技术精心构建的；可以直观地理解生产调度楼的空间布局、结构设计以及与周边环境的关系，且模型中的信息可以用于模拟日常运营场景，优化生产调度流程，确保铁路运输的安全和高效。图7-22为生产调度楼模型。

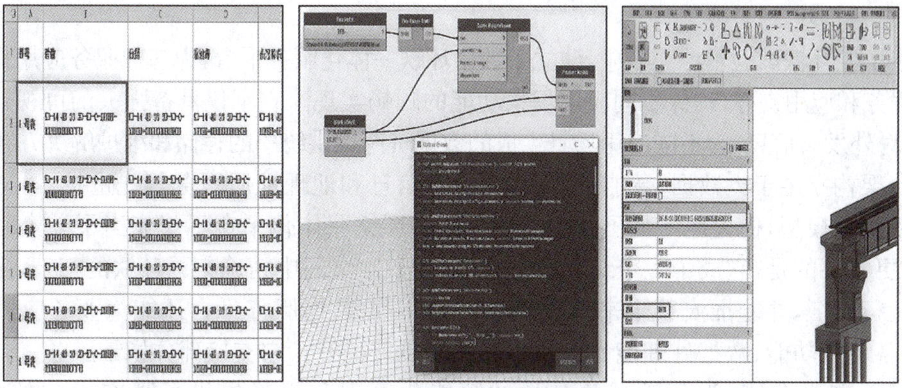

（a）数据　　（b）程序　　（c）模型+编码

图 7-20　构件元数据编码

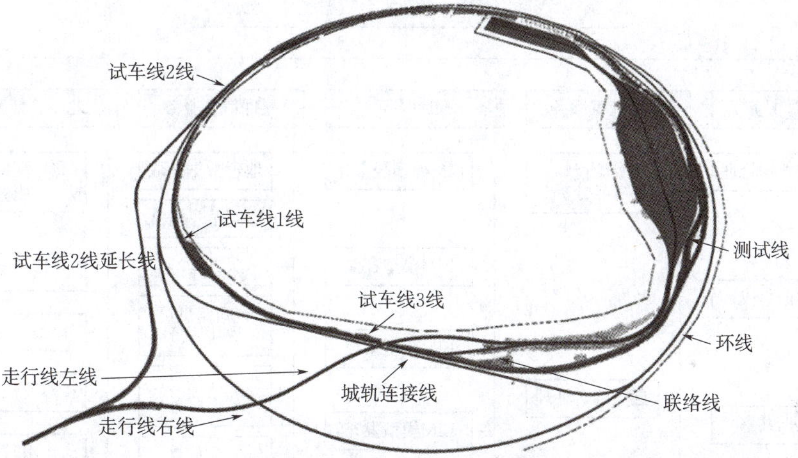

图 7-21　三维模型总体效果

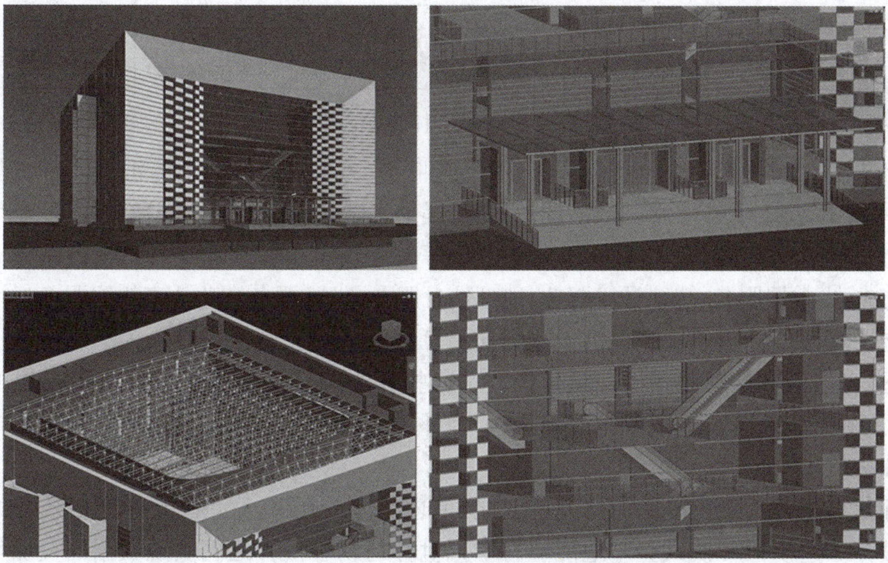

图 7-22　生产调度楼模型

(2)平台构建

数字孪生环铁试验基地建设中,建立了数字环铁一体化服务平台,为各种业务应用提供坚实的数据服务和应用支撑,确保不同应用场景功能的顺畅实现。它不仅具备强大的可视化展示功能,还能对外发布信息,为不同应用场景生成的数据资产提供统一的存储和维护解决方案。

平台架构立足于大数据、智能计算、北斗时空信息和地理地质服务等先进技术,进一步整合了环铁信息模型,极大地增强了其功能性。数字环铁一体化平台不仅充当了一个时空大数据平台,更重要的是,它成了一个综合信息载体,在数字空间中精确刻画环铁的细节、生动呈现环铁的运行特征,并能推演其未来发展趋势。此外,该数据服务平台还能为业务应用提供帮助,促进各应用功能、数据处理能力以及实时性的显著提升。它支持部分场景服务、仿真推演、深度学习等高级功能,为环铁试验基地的智能化管理和决策提供了强有力的技术支撑。图 7-23 为数字环铁一体化平台服务架构。

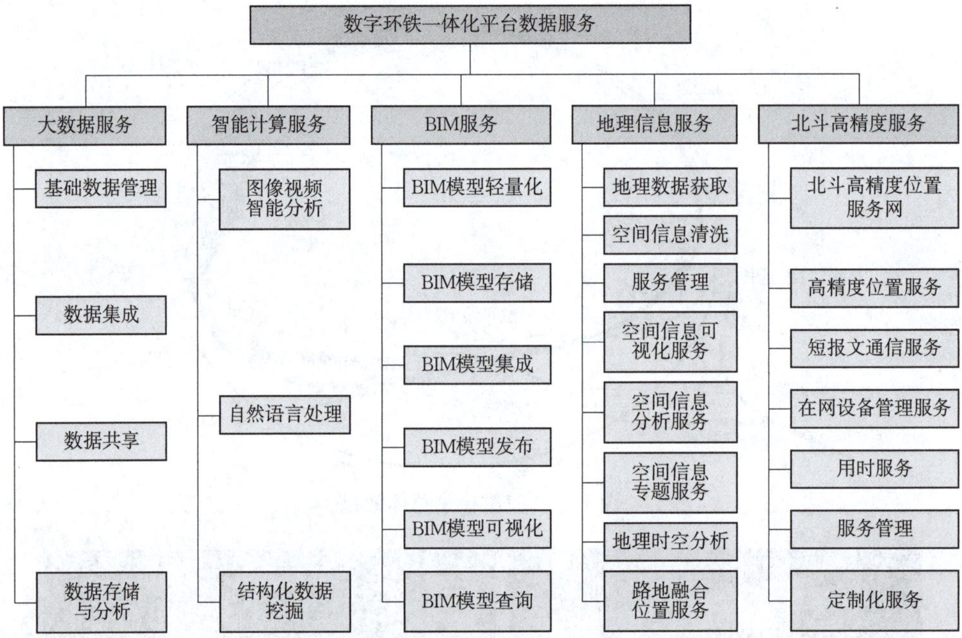

图 7-23　数字环铁一体化平台服务架构

数字环铁一体化服务平台可支撑全要素、全业务、全场景数据的无缝汇聚,为构建“数字环铁”提供坚实的基础。该平台为“数字环铁”项目提供基础平台服务和全域数据服务,也为业务系统所需的大数据、人工智能、BIM、GIS、北斗定位等关键技术提供全面支持。平台由五大核心组成部分构成:大数据服务、智能计算服务、地理信息服务、BIM 服务和北斗高精度服务。

智能计算服务特别专注于提供一系列前沿算法,包括高级统计算法、关联建模、机器学习、深度学习、自然语言处理和图像视频分析等。这些算法能够自由组合数据挖掘模块的功能组件,根据具体的业务需求定制智能挖掘实例,为环铁试验基地的基础设施和业务系统提供精确的指导和决策支持。

地理信息服务基于统一的时空基准,提供地理空间分析和人工智能理论相结合的智能空间分析服务。这使得环铁试验基地能够在虚拟世界与物理世界之间实现数据的叠加与实时交互映射,达成“人—车—物—环境”要素的和谐共融与虚实互映,为模拟、监控、诊断和预测提供坚实的智能地理信息基础。

BIM 服务提供模型轻量化和 BIM 图形引擎等基础服务，并整合 BIM 模型、设计数据和周边环境数据，通过智能计算服务，辅助进行试验管理、试验模拟和资产运维等任务。

此外，平台的能力开放模块提供了一系列接口，包括虚实映射接口、数据接口、模型接口和计算接口，这些接口不断拓展业务连接的范畴，为构建一体化的数字环铁业务生态圈奠定了基础。

(3)孪生应用体系

孪生应用体系是数字孪生技术在环铁试验基地中的关键应用，它由综合展示、综合试验、综合维修和综合监测四个部分组成，构成了一个全面而协同的系统。数字环铁应用系统如图 7-24 所示。

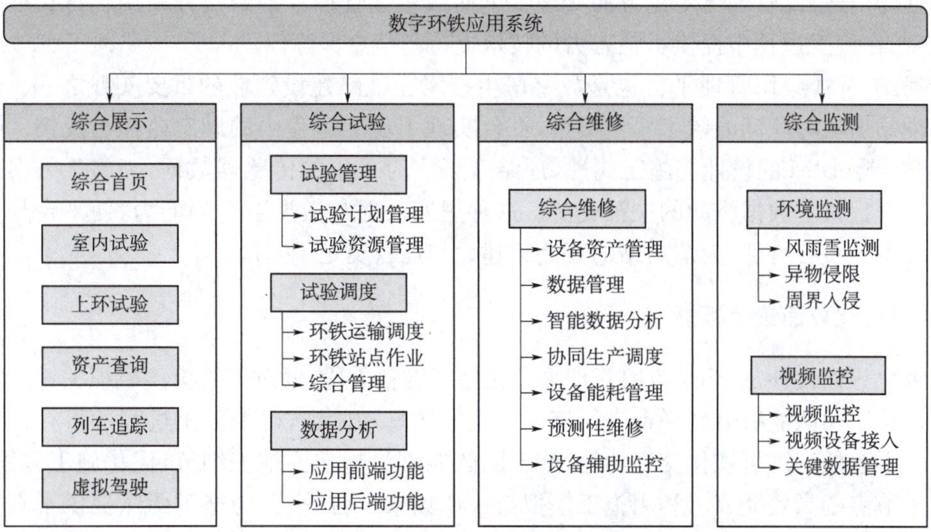

图 7-24　数字环铁应用系统

环铁试验基地数字孪生技术的成功应用依赖于孪生应用体系的核心支撑。该体系通过综合展示应用、综合试验管理、综合维修生产管理和综合监测管理四大模块，实现了试验基地的全方位数字化管理与智能化运营。

①综合展示应用

综合展示应用模块通过整合多源异构数据，构建了环铁试验基地的数字孪生模型。基于设计图纸、设备台账以及 DEM、DOM 等基础地理数据，借助 Unity3D 引擎完成了模型优化和场景搭建，生成了精细的三维地形模型和电子沙盘。

②综合试验管理

综合试验管理模块专注于试验活动的全流程管理与资源优化。试验管理系统化规划试验时间与资源配置，确保场地和设备的高效利用；设备管理维护和更新环线各专业设备，促进跨实验室的资源共享；数据管理通过数据清洗、格式转换与时空校准，建立了统一的数据基础台账，并支持试验数据的多维分析与综合应用。

③综合维修生产管理

综合维修生产模块以生产管理信息系统为核心，实现了基础设施维修生产的闭环管理，通过动静态检测与量化分析，识别设备质量变化趋势，制订科学的生产计划；完成检测检查、数据分析、生产调度、现场作业到质量评价的闭环管理；实现“统一天窗安排、统一作业组织、统一机具使用、统一防护管理”，促进专业协同，及时排除故障隐患。

④综合监测管理

综合监测管理模块覆盖环境监测与视频监测两大领域，环境监测重点监控自然灾害、异物侵限、非法入侵及基础设施破坏等潜在风险，确保试验线运行环境的安全；视频监测则深入分析接入的监控视频数据，实现东郊环线的全面监控与调度中心的联网应用。

第三节　清河站 BIM 应用管理平台工程案例

本节介绍了清河站 BIM 应用管理平台，其通过三维可视化技术，提升了施工交底的效率与精确性，并在进度管理与对比方面实现了全面数字化管控。平台充分利用轻量化处理后的三维模型，在施工过程中提供了强有力的技术支持与信息保障。

清河站 BIM 应用管理平台也是数字孪生技术在铁路建设领域的重要实践之一。通过构建与物理站房实时联动的数字孪生模型，平台实现了施工过程中的动态监控与反馈。数字孪生模型整合了 BIM 的设计与施工属性，还结合了实时采集的传感器数据，为施工方案的优化和质量管理提供了数据驱动的决策支持。这种虚实映射与数据融合的能力，使平台具备了数字孪生技术的核心特征，为清河站的智能化建设与运营奠定了基础。

一、可视化界面设计概述

可视化界面设计是 BIM 应用管理平台在施工准备阶段，通过三维模型模拟关键工序的施工过程。施工团队能够借助平台进行施工方案的仿真和验证，确保施工过程的可行性与准确性。通过平台的三维可视化交底功能，施工团队能够清晰掌握施工细节，优化施工方案，从而确保施工节点的高效完成。利用施工模拟与 VR 场景平台，平台为施工团队提供了真实的虚拟环境，优化施工组织，提高了现场作业的直观性。同时，平台整合构件尺寸、设计与施工属性、质量追溯信息以及现场照片等数据，为施工提供全面的信息集成技术，显著提升了工程质量与效率。图 7-25 为可视化界面展示。

图 7-25　可视化界面展示

二、清河站 BIM 进度管理

清河站 BIM 平台在进度管理方面的创新，贯穿了进度数据采集、进度计划编制、动态调整等多个环节。

(1)进度数据采集：基于手机端 App，施工团队能够实时填报施工进度信息，并通过平台与 BIM 模型实现关联。这种实时数据采集方式为进度管理的落地应用提供了技术保障。

(2)进度计划编制：利用 Microsoft Project 软件进行进度计划编制，细化至流水段，通过下载工作分解结构(WBS)模板，直接关联构件计划。该方法显著提升了计划制订的效率，并支持动态调整以确保工期节点的达成。

(3)动态调整：通过实际进度与计划进度的对比，平台可以快速发现偏差，并通过动态调整保持施工进度的整体稳定。

图 7-26 和图 7-27 展示了清河站 BIM 进度管理流程和对比。

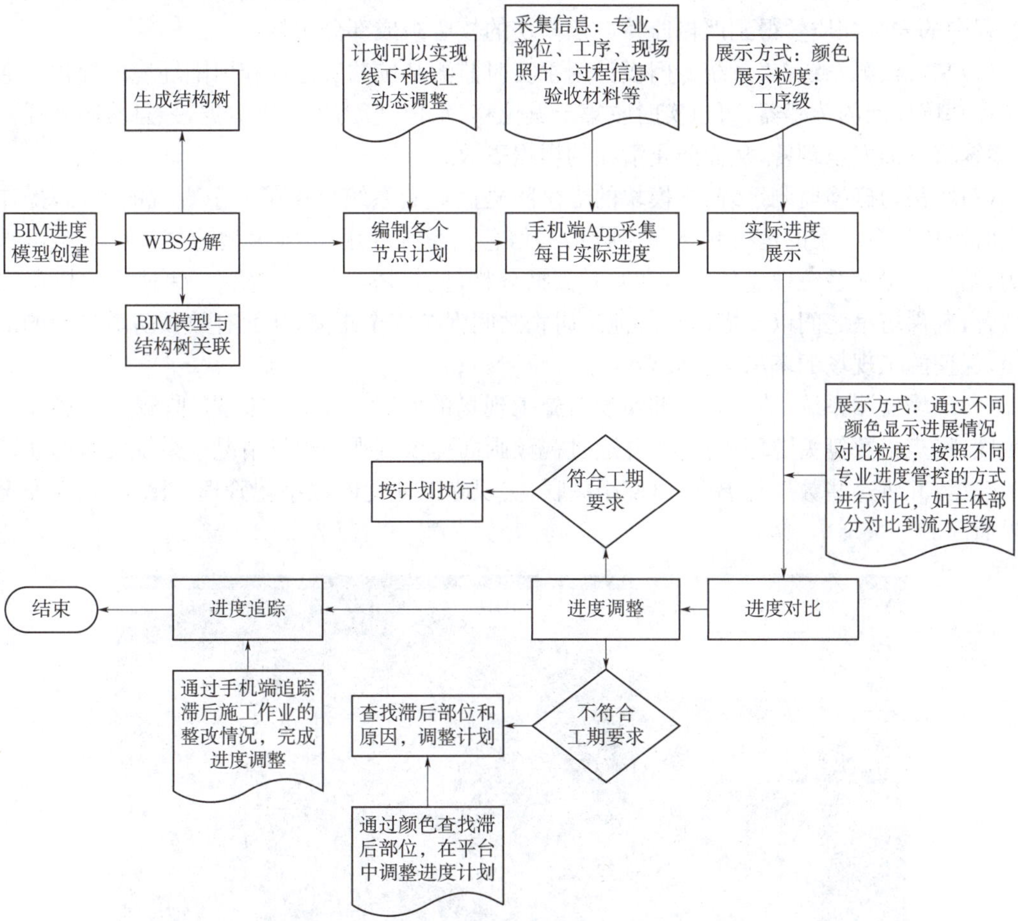

图 7-26　进度管理流程

图 7-27　进度对比

三、清河站 BIM 安全管理

在安全管理模块中，项目采取了全面而先进的技术手段，集成了多种监控系统，以确保施工过程中的安全和质量得到严格监控。该模块的核心组成部分包括：

（1）基坑监测系统：该系统专门设计用于实时监测基坑的稳定性和周围环境的变化。通过安装在基坑周围的传感器，可以实时收集土壤位移、水位、应力等关键数据，一旦检测到任何异常，系统将立即发出预警，从而防止潜在的坍塌事故。

（2）塔吊防碰撞监测系统：本模块的塔吊防碰撞监测系统提供了一个直观的界面，操作人员实时监控每台塔吊的运行状态和接收报警信息。系统利用 BIM 模型的高精度三维可视化能力，结合防碰撞系统通过传感器和实时数据分析，监控塔吊的工作状态，快速定位塔吊的精确位置，确保塔吊之间以及塔吊与其他障碍物之间保持安全距离，从而有效预防塔吊间的潜在碰撞，保证施工现场的塔吊运行安全。

（3）环境监测系统：该模块能够实现对施工现场的实时数据在线监测，监测内容涵盖了扬尘浓度、噪声指数等关键环境指标，并通过视频画面提供直观的现场情况。系统实时捕获环境监测数据，并将这些数据与 BIM 模型相关联，实现施工环境的数字化管理。图 7-28 为安全管理界面。

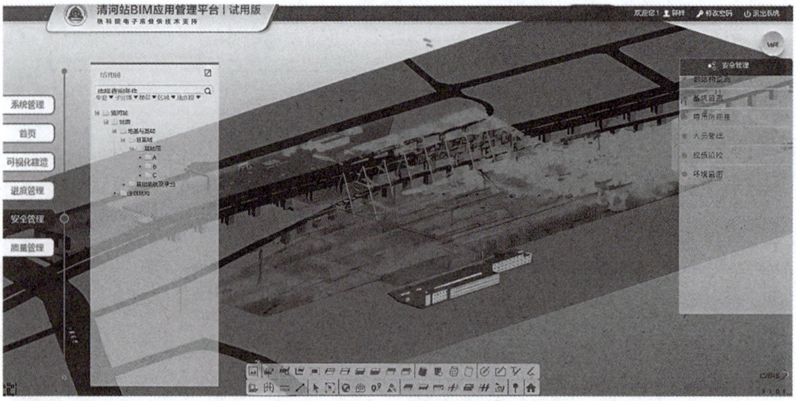

图 7-28　安全管理界面

四、清河站 BIM 质量管理

清河站 BIM 平台通过集成多种先进管理系统，对施工质量进行全方位监控与管理，确保工程质量符合高标准要求。质量管理模块的主要功能包括检验批管理系统、质量追溯系统、实时监控与分析系统，为工程质量的提升提供了全面支持。

1. 检验批管理系统

检验批管理系统是质量管理的核心工具，全面覆盖施工过程中的质量检查与验收工作，细致记录了每个检验批的施工细节、检查结果及验收状态，为项目团队提供透明的质量控制视图，且系统能够快速识别施工中不符合标准的环节，便于及时采取纠正措施，避免质量问题进一步扩散。

2. 质量追溯系统

质量追溯系统通过记录材料来源、施工过程与检查结果，实现了端到端的质量问题追溯。当发生质量问题时，系统能迅速追溯至具体责任环节与原因，为快速响应提供支持。此外，系统记录的追溯数据为施工方法的持续改进与工程质量的提升提供了科学依据。图 7-29 为质量管理界面。

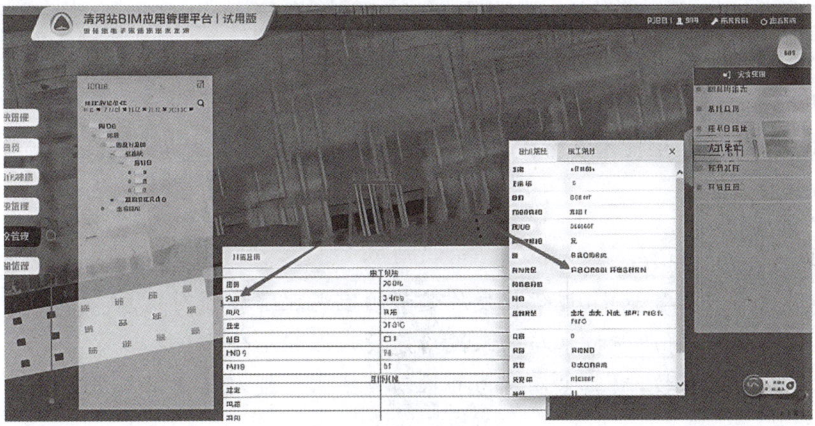

图 7-29　质量管理界面

3. 实时监控与分析系统

为提升质量管理效率与效果，系统自动收集与分析质量数据，生成详细报告，为管理团队提供科学决策支持。系统还内置国家与行业规范库，自动校验施工质量是否达标，确保施工活动符合规范要求。结合物联网技术，对关键施工参数进行实时监控，检测到潜在质量问题时，系统能实时监控与预警，防患于未然。

复习思考题

1. 简述数字孪生在铁路智能制造中的应用。
2. 数字孪生环铁试验基地建设中用到了哪些技术？

第八章
铁路数字孪生技术发展展望

随着铁路数字孪生技术的深入发展，其在推动铁路系统现代化、智能化中的应用潜力与日俱增。展望未来，数字孪生技术将在智能铁路的设计、运行和维护中起到更加核心的作用，并通过与新兴技术的深度融合，推动铁路系统的全面升级与优化。

本章将围绕铁路数字孪生技术的未来发展趋势与挑战，探讨其在智慧铁路中的前景。

知识目标

1. 探索数字孪生技术在铁路全生命周期管理中的未来应用潜力。
2. 了解新一代技术在铁路数字孪生系统中的融合应用前景。
3. 认识铁路数字孪生技术在智慧铁路发展中面临的关键挑战和应对策略。

能力目标

1. 培养对铁路未来智能化、现代化发展趋势的宏观理解和预判能力。
2. 培养创新思维，将所学技术与未来铁路建设需求相结合。
3. 关注铁路前沿科技，培养主动参与并推动数字孪生技术在国家基础设施中的应用与创新发展的能力。

第一节　铁路数字孪生技术展望

本节结合铁路数字化新形势与新要求，介绍了铁路数字孪生技术的发展趋势。

一、铁路数字化新形势与新要求

随着全球科技的迅猛发展，数字技术和信息通信技术正以不可逆转的势头深刻改变各行各业的运作模式，铁路行业也不例外。作为现代交通运输的支柱产业，铁路系统在新一轮科技革命和产业变革的浪潮中，迎来了前所未有的机遇和挑战。

数字化转型正成为铁路行业推动现代化、智能化发展的核心动力。通过引入智能调度、数据分析、人工智能等前沿技术，铁路行业的运营管理、服务模式和安全保障体系正在实现从传统模式向智能化、精准化的飞跃。这不仅显著提升了运输效率，还为实现旅客出行体验的个性化与便捷化提供了新的可能性。

数字孪生技术的崛起为铁路系统提供了新的维度和视角。在数字孪生框架下，物理设施通过数字化建模被精准映射至虚拟空间，管理者可以基于虚拟环境进行实时监控、预测分析和高效决策。例如，数字孪生技术支持"模数驱动、轴面协同"理论，使得铁路基础设施管理更加智能化和科学化，大幅提升资源配置效率和运营优化能力。

然而，数字化转型的推进并非一帆风顺。铁路行业在享受技术红利的同时，也面临诸多挑战，尤其是在网络安全与数据保护领域。随着铁路信息系统复杂性的提升，网络攻击、数据泄露等安全威胁与日俱增，如何保障旅客信息与运营数据的安全，已成为行业数字化进程中不可或缺的重要议题。

此外，旅客对铁路服务提出了更高的期待——智能化和个性化的出行服务正成为行业竞争的关键。如何利用技术手段优化用户体验，将传统的运输服务升级为以客户为中心的综合解决方案，也是铁路数字化转型的重要方向。

面对机遇与挑战并存的局面，铁路行业必须通过系统性分析和战略部署，全面把握数字化转型的核心驱动因素。以下将重点探讨铁路数字化所面临的新形势与新要求，包括智能化技术的应用、数字孪生技术的发展、用户体验的个性化需求、网络安全与风险防控，以及政策支持与标准化建设等关键领域。

1. 数字铁路的智能化需求

随着铁路数字化的不断深入，行业发展的下一步目标是在关键领域实现智能化突破。智能化技术的引入不仅推动了铁路系统的技术革新，也为运营效率和旅客体验带来了质的飞跃。

(1)智能化技术的应用需求

铁路数字化转型高度依赖智能化技术的支撑，其中人工智能、大数据分析与物联网的深度融合尤为关键。人工智能提供强大的数据挖掘与预测能力，助力铁路运营优化；大数据分析支持复杂业务流程的数据支撑与实时洞察，提升运营效率；物联网技术:实现铁路设备与系统的全面感知与互联，为精准监控和维护提供基础。

通过这些技术的集成应用，铁路行业在提升运输效率、节约资源、优化服务等方面取得了显著进展，为全面实现智能铁路奠定了基础。

(2)运营调度的智能化

铁路系统的核心在于运输效率与安全保障，智能调度系统为此提供了强有力的支持。智能调度借助传感器和数据分析实现了实时监控与动态调整，使调度系统可精准感知列车运行状态并快速响应突发状况；优化运力配置，通过数据挖掘与算法优化，智能调度可在列车时刻表和运力安排上做出最优调整。降低运营成本，减少列车延误和资源浪费，为铁路运营带来显著的经济效益。通过智能调度系统，调度中心可以预测潜在的延误并实时调整运行计划，不仅提升列车准点率，还优化了运输网络的整体运行效率。

(3)预测性维护

设备维护是铁路系统可靠运行的重要保障，预测性维护的引入将传统的被动修复模式转变为主动防控模式。实时监测设备状态，通过传感器技术获取设备运行数据，实现精准的状态监控；提前识别潜在故障，通过大数据分析和机器学习技术，预测性维护可以提前识别设备可能的故障点；提升安全性与可靠性，减少因设备故障导致的运营中断，保障列车运行的安全。在轨道监测中，通过传感器实时采集的轨道状态数据，中国国家铁路集团有限公司(简称"国铁集团")可以预测潜在的磨损情况，并提前安排维修，从而避免事故发生。

(4)智能客运服务

智能客运服务是铁路数字化的另一个重要领域,其目标是为旅客提供更为舒适和个性化的出行体验。基于大数据的需求分析,国铁集团可以利用购票数据和出行习惯分析旅客需求;智能推荐系统为旅客提供最佳出行方案、个性化服务推荐,以及票务选择等;交互式服务平台则通过移动端应用提供列车运行状态、票务信息以及其他实时更新服务,提升旅客对铁路服务的满意度。12306 购票平台的升级使得旅客不仅可以获得购票信息,还可以收到基于历史记录的智能推荐服务。这种智能化服务方式提升了用户体验,同时也增强了客户黏性。

2. 数字孪生技术的应用

数字孪生技术作为一种新兴的数字化工具,已经在铁路行业中展现出广阔的应用前景。该技术通过构建物理实体的数字化模型,实现对实体状态的实时监测、仿真和分析,为铁路行业的高效运营和智能化管理提供了全新解决方案。

(1)应用场景

数字孪生技术在铁路领域的多个场景中展现出强大的适用性,其核心应用主要集中在以下几个方面:

基础设施监测:通过传感器实时采集轨道、桥梁等基础设施的健康数据,数字孪生模型能够对设施的运行状态进行动态监测,及时发现潜在问题并提供早期预警。例如,轨道变形或桥梁疲劳状态可以通过孪生模型被精准捕捉,从而保障铁路的安全运营。

设备状态仿真:数字孪生模型可对列车和设备的运行状态进行仿真分析,通过在虚拟环境中评估列车运行条件,为调度优化提供科学依据。例如,通过模拟复杂的运行场景(如极端天气或高负荷运行),可以测试列车性能并指导运营管理。

运营效率优化:借助数字孪生技术,管理者可以在虚拟模型中测试多种调度和运营策略,优化实际运营效率。例如,在高峰时段,通过模拟不同的运力调配方案,找到最佳的调度方式,提升运输效率并降低运营成本。

(2)支持"模数驱动、轴面协同"理论

数字孪生技术为高速铁路系统的"模数驱动、轴面协同"理论提供了坚实的数据基础。具体表现为:

模数驱动:通过数字化建模,铁路设施、列车和调度系统能够实现动态感知和实时反馈,确保数字模型与物理系统高度一致。

轴面协同:数字孪生模型通过实现多个模块(如列车、轨道、信号系统等)的高效协作,增强了铁路系统的整体智能化水平。例如,通过实时监控列车运行状态并同步调整信号系统,可实现调度中心与现场设备的高效联动,大幅提升管理的灵活性和科学性。

3. 用户体验的个性化需求

在铁路数字化转型的过程中,旅客对服务的要求正在发生深刻变化。现代旅客不再仅仅满足于安全、便捷的运输需求,而是更加关注服务的个性化和智能化体验。为此,国铁集团正通过技术手段不断优化客户服务,以满足新时代用户的多样化需求。

(1)旅客行为分析

通过大数据技术对旅客的出行数据进行分析,国铁集团能够深入了解旅客的需求和偏好。这些数据来源于多个渠道,包括在线购票平台、移动应用和社交媒体等。通过分析旅客的出行模式和行为规律,国铁集团应做到以下几点:

①制订更科学的运力配置策略。

②为特定人群定制更加贴合需求的服务内容。

③优化站点和线路布局，提高整体出行效率。

例如，根据旅客的历史购票记录和出行偏好，铁路系统可以预测高峰时段的客流特征，从而合理安排列车班次和座位资源。

(2)个性化推荐系统

基于大数据和人工智能技术，国铁集团可以为旅客提供更加个性化的服务体验。例如：

①在购票时，系统根据旅客的历史出行记录，智能推荐最优的出行方案、优惠信息和增值服务。

②针对经常出差的商务旅客，推荐便捷的高速铁路商务座服务。

③为家庭旅行用户提供联程票或专属座位推荐，提升旅行的舒适性。

这种个性化推荐系统，不仅优化了旅客的决策过程，还显著提升了服务体验和用户黏性。

(3)互动式服务平台

国铁集团正在通过互动式服务平台的建设，增强与旅客的互动和沟通。具体包括：

实时信息获取：旅客可以通过移动应用和网站实时查看列车状态、延误信息、候车指南等动态服务。

便捷咨询渠道：智能客服系统通过语音或文字交互，为旅客提供快速准确的咨询服务，提高服务响应速度。

服务满意度提升：旅客可以在平台上直接反馈意见或投诉，国铁集团通过实时分析和改进服务策略，提高客户满意度。

例如，中国铁路 12306 平台已整合了票务服务、列车动态查询和智能客服功能，全面提升了旅客的使用体验。同时，互动式服务平台还能为旅客提供定制化的旅行提醒、车站导航等贴心服务，进一步强化服务能力。

4. 安全与风险防控的迫切性

随着铁路数字化的深入推进，网络安全与数据保护问题愈发突出。铁路行业在享受数字化带来便利的同时，也面临着日益复杂的安全威胁和风险挑战。为确保铁路系统的平稳运行和旅客信息的安全，必须将安全与风险防控置于数字化发展的核心地位。

(1)网络安全威胁

数字化系统的复杂性使得铁路行业成为网络安全威胁的高危领域。黑客攻击、恶意软件入侵和数据泄露等问题日益增多，对铁路系统的运行安全构成重大威胁。一旦发生安全事件，不仅可能影响运营效率，还会对公共安全造成不可估量的损害。因此，铁路行业必须建立全面的网络安全防护体系，从威胁检测、漏洞修复到应急响应全方位提升安全防护能力。

(2)数据安全管理

随着铁路行业数字化水平的提高，产生的数据量呈指数级增长，包括旅客信息、设备运行状态、运营调度数据等。这些数据具有高度敏感性，若处理不当，可能导致数据泄露或滥用，进而对旅客隐私和企业声誉造成严重影响。通过引入加密技术、分级访问控制以及数据备份等多重手段，可以有效保护数据安全性。此外，应强化数据存储和传输过程的安全监控，确保系统在面对外部攻击时具备强大的防御能力。

(3)应急响应机制

面对潜在的网络安全事件,建立健全的应急响应机制尤为重要。国铁集团需制订完善的应急预案,涵盖事件检测、损失控制、系统恢复等多个环节。一旦发生网络攻击或系统故障,应急响应机制能够快速启动,最大限度降低损失并恢复正常运营。同时,通过模拟演练和动态优化预案,可以进一步提升应对未知威胁的能力,确保铁路运营的安全性和持续性。

5. 政策支持与标准化建设的必要性

在铁路数字化转型的推进过程中,政策支持和标准化建设是确保行业持续健康发展的重要基石。科学合理的政策引导与统一规范的技术标准,不仅能优化资源配置,还能促进铁路数字化转型的高效落地。

(1)政策引导

国家政策在铁路数字化转型中起着战略性引领作用。通过制定和实施相关支持政策,政府能够为技术研发和产业应用提供资金、资源和环境支持,加速铁路行业的数字化进程。例如,推动智慧铁路建设专项资金的投入,支持关键技术突破和产业链升级。同时,政策引导还可以推动市场环境的健康发展,吸引更多社会资本和技术力量参与铁路行业的数字化创新。

(2)标准化建设

铁路数字化的实现离不开统一的技术标准和规范。标准化建设不仅能够提升技术的兼容性和互操作性,还能有效降低技术实施和维护成本,加速技术推广与应用。行业组织应积极推动数字铁路相关技术标准的制定,包括数据接口规范、设备通信协议和网络安全框架等,以确保不同系统之间的协同工作,为铁路数字化发展奠定基础。

(3)国际合作与交流

在全球化背景下,加强国际合作与交流是推动铁路数字化转型的重要路径之一。通过引进国际先进技术和借鉴领先铁路系统的数字化经验,我国铁路行业可以避免重复探索,加快技术引进和自主创新的结合步伐。同时,积极参与国际技术标准的制定和跨国项目合作,也将进一步提升我国铁路行业在全球市场的竞争力和影响力。

铁路数字化进程正以空前的速度重塑行业格局。智能化技术的广泛应用、数字孪生技术的兴起、用户体验的个性化需求、网络安全的迫切性,以及政策支持与标准化建设的紧迫性,构成了铁路行业数字化发展的关键支柱。通过全面应对这些挑战,铁路行业不仅能够实现更高效、更安全、更智能的运营,还能为旅客提供更优质的出行服务,为国家经济的可持续发展提供强大支持。未来,随着技术的进一步突破和行业合作的深化,铁路行业将迎来一个更为智能、绿色和高效的数字化新时代。

二、铁路数字孪生技术发展趋势

铁路行业快速发展,数字化转型成核心趋势,数字孪生技术愈发重要且呈多维度发展态势,如图 8-1 所示。一方面,新兴技术与铁路业务融合催生诸多趋势,如泛在连接打造感知基础、数智融通助力决策、云边协同优化数据处理等,各方面分别发挥作用。另一方面,这些趋势给铁路数字孪生技术带来机遇的同时,在数据处理、算法融合等多层面也带来挑战,后续将详述各趋势下其面临的机遇与挑战情况。

1. 泛在连接

在泛在连接成为铁路数字化核心趋势的背景下,铁路数字孪生既迎来了机遇,也面临着挑战。

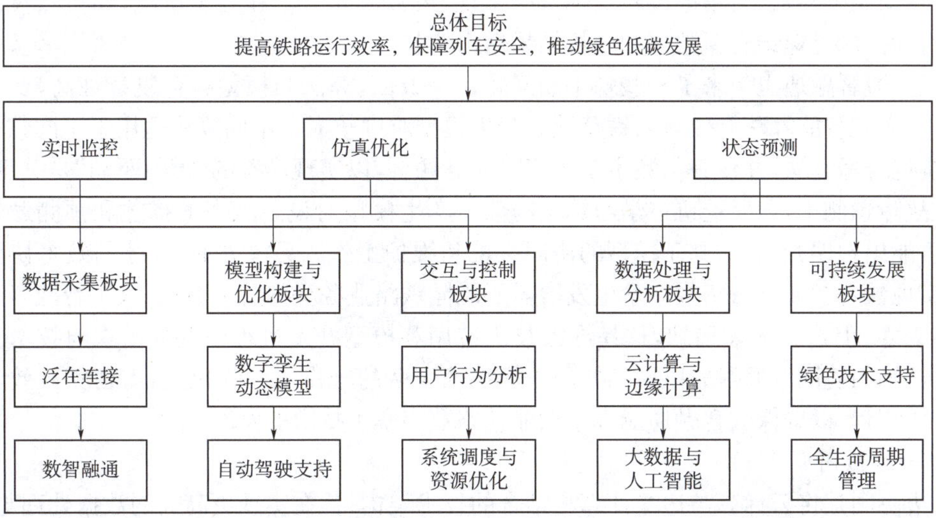

图 8-1 铁路数字孪生技术发展趋势

物联网技术在列车、轨道、信号系统等各方面的广泛应用，通过传感器和无线通信技术实现了实时监测、海量数据采集以及远程控制。这些丰富的数据如同血液般源源不断地注入铁路数字孪生模型，使其能以极高的精准度映射铁路系统的真实状态，达成“模数驱动”。例如，列车运行数据、轨道状态数据等能实时反馈至模型中，为后续的分析、决策提供可靠依据。同时，远程控制功能借助数字孪生模型实现了不同层面的“轴面协同”，调度中心对信号系统的远程调控等操作，能即时在模型中呈现影响，各相关部门据此协同优化管理策略，大幅提升铁路系统的智能化与自动化水平。

然而，泛在连接也带来了诸多难题。其一，数据处理与融合难度剧增，不同设备、不同位置的传感器产生的数据格式多样、特性各异，要将这些繁杂的数据有效处理并精准融合进数字孪生模型困难重重。比如列车运行数据和轨道状态数据在时间戳同步、数据精度匹配等方面易出现问题，若处理不当，“模数驱动”的精准性将受影响，导致模型与实际铁路系统出现偏差，进而干扰基于模型的决策与管理。其二，网络安全与可靠性要求攀升至新高度，铁路系统对网络的依赖因泛在连接而大幅增强，一旦网络故障或遭受攻击，数据采集与传输受阻，数字孪生模型无法及时准确更新，更严重的是会危及铁路运行安全，这对保障网络的高可靠性和数据传输的安全性提出了严峻挑战，若无法满足，“轴面协同”也难以有效开展。

2. 数智融通

随着数智融通借助大数据分析和人工智能技术在铁路系统中逐渐深入应用，铁路数字孪生同样面临着机遇与挑战并存的局面。

数智融通可深度挖掘铁路系统庞大的运输数据，数字孪生模型与之结合后能为铁路运营提供高度智能化的决策支持，实现“模数驱动”式的智能决策优化。例如，通过分析历史和实时运输数据准确预测客流量高峰时段和热门线路，利用数字孪生模型模拟不同调度方案的运营效果，有效提升运输效率。在故障预测领域，借助人工智能算法剖析设备运行数据，数字孪生模型可实时呈现故障设备位置和状态，助力维修部门提前准备，实现各部门围绕模型的“轴面协同”维护保障，增强铁路系统运行的安全性与稳定性。此外，数字孪生模型还能依据大数据分析揭示的铁路运营规律和趋势进行自我优化和自适应调整，如根据不同季节、不同时间段运输特点自动调整参数，更精准反映实际情况实现“模数驱动”，且在突发情况，如自然灾害影响铁路运行时，能迅速结合新数据和分析结果做出调整。

不过，数智融通也带来了一些棘手的问题。一方面，算法与模型融合复杂性高，要将大数据分析和人工智能算法有效融入铁路数字孪生模型难度较大。不同算法适用于不同数据分析任务，挑选合适算法，并使其与数字孪生模型无缝融合，以实现准确的“模数驱动”是关键挑战。比如在故障预测中，若所选机器学习算法与数字孪生模型对设备状态的描述和预测逻辑不匹配，就可能出现误判，影响基于模型的协同决策和维护工作。另一方面，人才与技术协同需求迫切，实现数智融通下铁路数字孪生发展需要既懂铁路业务又熟悉大数据、人工智能等技术的复合型人才，但这类人才稀缺，这易导致技术应用和模型开发过程中业务需求与技术实现脱节，影响“轴面协同”的顺畅开展。同时，不同技术团队的合作也面临挑战，需建立有效沟通机制和协作流程，以确保数智融通能真正赋能铁路数字孪生技术的发展。

3. 云边协同

云边协同是将云计算与边缘计算相结合的技术架构，旨在实现更高效的数据处理与存储。在铁路行业中，随着传感器、物联网(IoT)设备和实时监控系统的广泛应用，海量数据的生成使得传统的数据处理模式难以满足实时性和灵活性的要求。通过云边协同，铁路系统能够在离数据源更近的边缘位置进行快速的数据处理，同时利用云计算提供的强大存储和分析能力。云边协同的发展使得数据能够在实时性要求较高的场景中(如列车调度、旅客流量管理等)迅速处理，提高了系统的响应速度。其次，云计算为铁路系统提供了动态资源分配的能力，结合边缘设备的高效处理，铁路系统可以更好地优化资源配置，降低运营成本。此外，这种架构的灵活性和可扩展性，使得铁路系统能够根据业务需求快速调整服务，确保在需求高峰期或特殊事件发生时系统的连续性与稳定性。

铁路数字孪生技术的引入为铁路云边协同的发展带来了诸多机遇与挑战。首先，数字孪生能够为铁路系统提供一个实时的虚拟模型，反映物理资产的状态与行为。这种模型可以与边缘计算设备紧密集成，从而实现对列车、轨道、信号系统等关键资产的实时监控和管理。通过云计算，这些实时数据可以被汇聚、存储并进行深度分析，支持更为精确的决策制定。这种云边协同的能力使得铁路系统能够更快速地响应突发事件，提高运营效率，降低延误风险。

然而，这一转型也带来了新的挑战。首先，数字孪生模型的构建和维护需要大量高质量的数据，而铁路系统中数据源的多样性和复杂性可能导致数据整合的困难。此外，随着数据量的剧增，如何在云边协同架构中高效地处理和传输数据，确保实时性和准确性，成为一个亟待解决的问题。其次，数据安全和隐私保护也随之而来。云计算和边缘计算的结合意味着更多的敏感数据在网络中流动，必须采取有效的安全措施来防止数据泄露和恶意攻击。

4. 自动驾驶

自动驾驶技术在铁路领域的应用正逐渐成为现实。自动驾驶技术可以显著提高列车运行的效率和安全性。自动驾驶技术允许列车在运行过程中能够实现更精准的控制和监测，借助先进的传感器和算法，自动驾驶系统能够实时获取和分析周围环境的信息，从而优化行驶路径和速度。随着自动驾驶技术的进步，铁路行业还能够在事故应急处理、故障检测与恢复等方面得到增强。通过自动化的监测系统，列车能够在故障发生时快速做出反应，及时采取必要的措施，降低事故的影响。同时，自动驾驶系统的数据积累和分析也能为未来的维护和运营决策提供重要支持，实现预测性维护。

随着数字孪生技术的进步，自动驾驶列车的安全性和效率将得到进一步提升。通过数字孪生模型，列车的实时状态、运行环境及潜在故障等信息能够在虚拟模型中得到准确呈现。这种实时数据反馈使得自动驾驶系统能够进行更精确的决策，提高列车的安全性。例如，数字孪生能够实时分析和预测潜在的故障或安全隐患，自动调整列车的运行参数，以避免事故的发生。这种主动防护机制显著降低了人为因素对运输系统的影响。其次，数字孪生还能够为自动驾驶技术提供丰富的仿真环境，支持复杂场景下的测试和优化。在实际运营中，铁路环境常常充满变数，如天气变化、设备故障及突发事件等。数字孪生模型可以模拟这些情况，从而评估不同决策方案的效果，帮助铁路系统在上线前进行充分测试。这不仅减少了实际测试中的风险，还能加速技术的迭代与优化，使自动驾驶系统在面对真实运行时更加成熟和可靠。

此外，数字孪生的整合还将促进跨系统协作。铁路自动驾驶系统可以与其他智能交通系统（如城市交通管理、货运调度等）实现数据共享，形成一体化的智能运输网络。这种协同效应将极大提升整体运输效率，减少资源浪费，推动铁路行业向更加智能和可持续的方向发展。

但同时，数字孪生技术的引入也为铁路自动驾驶技术带来了新的挑战。数字孪生模型需要持续更新，以反映真实世界的动态变化，这要求铁路系统具备强大的数据处理能力和通信网络。此外，在自动驾驶技术的推广过程中，数字孪生模型虽然可以提供有效的仿真和预测，但在实际运行中仍可能会遇到无法预见的情况，影响系统的决策能力。

5. 客户体验优化

随着铁路数字化转型的推进，客户体验的优化已成为铁路企业提升竞争力的关键因素。数字孪生技术通过分析旅客行为和需求，为铁路系统提供了更为精准的服务优化方案。在线购票、实时列车信息、无缝的移动支付和个性化服务等，都是数字技术改善旅客体验的重要手段。

例如，利用大数据分析，国铁集团可以预测旅客流量，合理调配运力，提升高峰期间的服务能力。通过与社交媒体和移动应用的整合，旅客可以获取实时信息，包括列车延误、座位情况和站内服务等。这些举措不仅提升了客户满意度，也促进了铁路系统的用户增长。

在实际应用中，像中国铁路 12306 平台，通过整合大数据和人工智能，为用户提供个性化的购票推荐和服务，显著提升了用户体验。然而，客户体验的优化也面临数据整合和隐私保护的挑战。铁路企业需建立有效的数据治理机制，确保旅客信息的信息安全，防止数据泄露和滥用。此外，随着旅客对服务质量要求的提高，铁路企业还需不断创新服务模式，以满足多样化的客户需求。

数字孪生模型技术的引入为铁路客户体验优化注入了新的活力。通过构建数字孪生模型，铁路管理者可以更全面地了解旅客的行为和需求。这种实时反馈不仅有助于分析旅客流量、乘车习惯，还能预测旅客在不同时间和地点的需求变化。基于这些数据，铁路系统可以优化列车运行计划，确保在高峰时段提供足够的运力，降低旅客的等候时间和拥挤程度，从而提升整体出行体验。

数字孪生技术可以与在线购票、实时列车信息及无缝移动支付等数字服务紧密结合。通过与旅客的数字交互，系统能够提供实时的列车状态更新、延误信息以及可用座位情况等。这种信息透明化大大增强了旅客对旅行的掌控感，减少了因不确定性带来的焦虑感。此外，数字孪生还能够根据历史数据和旅客偏好，提供个性化的服务推荐，如特定列车的折扣信息、舒适的座位选择或特殊服务的推介，进一步提升客户满意度。

通过数字孪生技术对列车运行状态的实时监测，旅客可以获得准确的到站时间和列车位置，帮助他们合理安排出行。这种透明的信息传递不仅提高了旅客的满意度，也增强了他们对铁路系统的信任感。

数据隐私和安全问题仍然不可忽视。随着旅客数据的收集和使用增加，如何确保这些数据的安全，保护旅客的隐私权，成为一项重要任务。此外，技术的快速发展也要求铁路企业在创新和服务上保持敏捷，及时响应市场变化与旅客需求。因此，在推进数字孪生技术的同时，国铁集团需要加强对客户体验反馈的重视程度，以确保技术应用能够真正提升旅客的出行体验。

6. 运行、运营和信息安全

在高速铁路系统的运行和运营中，信息安全与智能化管理日益重要。数字孪生技术的应用为高速铁路运营提供了更高效的管理手段和更安全的保障措施。

在信息安全方面，通过引入先进的网络安全和物理安全技术，数字孪生能够增强对铁路系统的保护，防范网络攻击和其他安全威胁，确保系统数据的可控性和隐私性。例如，结合区块链技术可以实现数据的真实记录和不可篡改性，从而有效应对数据泄露和未经授权的访问风险。结合数模结合技术允许高速铁路系统在虚拟环境中模拟潜在的网络攻击情景，并验证安全防护措施的有效性。这种虚实结合的测试过程可识别系统中的安全漏洞，并通过动态调整安全策略来增强系统的防御能力。此外，数据驱动的反馈和模型驱动的预测还可以支持高速铁路运营中的智能化决策，通过实时监控和优化调度来提升系统的响应速度和资源利用效率，确保在高客流和复杂路况下的平稳运行。结合数据共享平台技术，软件可以整合并处理复杂信息流，从而支持跨部门协作，帮助工程师、技术人员和管理团队之间实现信息流的优化和技术复杂性的沟通，确保设计的准确性，并降低运行过程中的风险。

在运营智能化方面，数字孪生利用实时监控和仿真技术，提高高速铁路系统的运作效率和安全性。例如，数字孪生技术优化了铁路道岔系统中通过电动马达切换轨道位置这一过程，通过实时监控和仿真评估转辙器的状态，支持维护和故障预测。这样不仅提高了系统的可靠性，还能降低由于轨道切换错误带来的风险，如脱轨的可能性。高速铁路的智能化运营还通过优化调度和资源配置，实现更高的运能利用率和旅客服务质量，确保旅客和运营人员的安全。未来，数字孪生技术在高速铁路领域的发展将推动信息安全和运营效率的进一步提升，为高速铁路系统的安全、可靠和高效运行提供坚实支持。

7. 可持续发展

在全球追求低碳和可持续发展的背景下，铁路作为一种环保、高效的交通方式，正积极引入数字孪生技术，以进一步推动绿色转型。数字孪生不仅能够优化能源利用、减少碳排放，还为铁路系统的全生命周期管理提供了新的可能性。在设计、制造、安装、运营和维护等各个环节中，数字孪生技术通过精准的数据监测和智能化的调控手段，助力铁路系统迈向更高效、环保的未来。

通过数字孪生技术在铁路系统中的应用，可以显著提高能源效率、减少碳排放，并推动绿色技术的应用。数字孪生系统通过模拟和实时数据反馈来优化能源消耗。例如，在列车密集运行时，智能化的电力供应调节能够确保能量的高效分配。此外，数字孪生技术对铁路基础设施进行长期监控，有助于延长设备使用寿命，减少材料浪费和维护成本。

在铁路道岔系统的可持续发展中，数字孪生技术贯穿设计、制造、安装、运营和维护的全生命周期管理。研究表明，铁路道岔在制造和安装阶段产生的碳足迹较高，占总碳排放的56.8%，主要源于材料和资源的使用。在运营阶段，数字孪生技术实现了对道岔系统的精细监控和预测性维护，减少了不必要的维修，从而进一步降低能源消耗。此外，数字孪生还支持道岔组件的回收和再利用，减少拆除阶段的废弃物，促进了绿色技术的进一步应用。

在碳排放管理方面，数字孪生系统可跟踪和记录项目各阶段的碳足迹，从设计到运营，实现全生命周期的低碳化。此类精细的碳排放控制不仅提升了铁路建设的环保性，还支持绿色运营。同时，数字孪生的引入进一步推动了诸如可再生能源供电、智能照明和通风控制等绿色技术的优化实施，为可持续铁路系统的构建奠定了基础。

综上所述，铁路数字孪生技术的应用正在推动高速铁路系统向智能化、绿色化方向迈进，而数模结合与轴面协同成了关键驱动因素。数模结合实现了物理系统与虚拟模型的深度联动，使高速铁路在运行中能够进行精准预测与故障预防，为高效调度和资源管理提供了强有力的支持。轴面协同则在数据处理和实时响应方面发挥了重要作用，通过优化数据传输与分配，确保在复杂场景中的快速反应，同时提升系统整体效率。未来，随着数字孪生技术的持续发展，高速铁路系统将进一步迈向智能、高效、环保的目标，为全球可持续交通体系的发展提供有力支撑。

第二节　铁路数字孪生未来发展

随着科技的快速进步，数字孪生技术为智能高速铁路的发展注入了全新的活力和广阔的应用前景。通过将物理系统的实时数据与虚拟模型无缝对接，数字孪生技术能够对高速铁路设备、线路及整体系统进行精准的仿真和动态监测，为铁路的规划、建设、运营、维护和管理提供全生命周期的支持。这项技术已成为铁路行业迈向智能化的核心工具，其应用领域不仅局限于设备状态监测，还扩展到运营效率优化、安全性提升以及绿色发展等多个方面。

在数字孪生技术的加持下，高速铁路运维体系将迎来全面升级。例如，数字孪生模型可以实时反馈列车关键部件的运行状态，包括车轮、制动系统、动力系统等，并通过大数据算法预测可能的故障发生时间，为运维人员提供精准的维修建议，从而减少突发故障率。轨道设备的健康状态也可以通过数字孪生技术进行动态监控，及时发现微小的裂纹或变形，避免重大事故的发生。这种基于数字孪生的全生命周期管理，显著提升了铁路系统的经济效益与运营效率。

未来，数字孪生技术将进一步与人工智能(AI)、物联网(IoT)、大数据分析和云边协同计算等新兴技术深度融合，为智能高速铁路提供更强大的技术支撑与更广泛的应用场景。人工智能的加入，为数字孪生注入了强大的计算和决策能力，使其能够更加高效地处理海量实时数据，并在复杂场景中快速作出精准决策。例如，AI算法结合数字孪生模型，可对列车运行数据进行分析，预测不同天气条件下的能耗水平，并通过模拟运行方案优化速度与动力输出，降低能源消耗。同时，人工智能在自动驾驶高速铁路的调度优化中具有广泛应用，可通过模拟大量调度方案，选择最优配置方案，进一步提高线路运力和整体运营效率。人工智能与数字孪生的结合将推动高速铁路向自主运行方向迈进，减少人为干预，进一步提升系统智能化水平。

对于轨道设备而言，数字孪生技术同样发挥着至关重要的作用。通过在轨道沿线布置密集的传感器网络，实时采集轨道的几何形状、结构应力、温度变化以及振动频率等多维度数据，并将这些数据实时传输至数字孪生系统中进行分析处理。数字孪生系统能够利用这些数据构建轨道的实时健康状态模型，及时发现轨道表面的微小裂纹、变形以及潜在的结构损伤等安全隐患。一旦检测到异常情况，系统会立即启动预警机制，并结合轨道的历史维护数据和周边环境信息，为维护团队提供详细的维护方案和应急预案，确保轨道的安全运营，有效预防重大铁路事故的发生。

物联网技术为数字孪生的实现奠定了坚实的基础。通过在列车、轨道及关键设备上布设传感器，物联网能够实时采集设备运行状态、温度、压力、振动等多维数据，为数字孪生模型提供动态更新的依据。例如，传感器可监测轨道温度的微小变化，并将数据实时传递至数字孪生系统，预测轨道变形风险，提前采取预防措施，确保列车运行安全。物联网还可以实现列车与线路间的实时数据交互，使高速铁路统更加智能化，适应复杂多变的运行环境。

此外，大数据分析技术在数字孪生的应用中发挥了不可或缺的作用。通过对历史运营数据、旅客流量数据及天气数据的多源分析，大数据技术能够挖掘高速铁路系统的潜在价值，为优化决策提供重要支持。例如，在高峰运输期如春运期间，大数据分析可以预测客流分布趋势，结合数字孪生模型模拟运力配置方案，从而制订最优的列车运行计划。这种基于数据驱动的决策不仅能减少列车超员现象，还能提升旅客体验，同时帮助铁路系统发现潜在运营瓶颈，并通过数字孪生仿真提供解决方案，提高整体运行效率。

展望未来，数字孪生智能高速铁路将不再只是设备监测和运营优化的工具，而是一个集智能监测、预测分析、优化决策于一体的全方位智能系统，为铁路运输和智慧交通提供新的发展模式。在多个关键领域，数字孪生技术将发挥重要作用。例如，通过动态监测和仿真分析，数字孪生技术可为高速铁路系统提供全方位的故障预测和精准维护能力。列车关键部件如车轮的磨损情况或温度变化，可实时传输至孪生模型，通过数据分析精准预测维修时间，避免过早或过迟的维护。这不仅减少了突发故障带来的设备停运时间，还大幅降低运营成本，全面提升高速铁路系统的可靠性和经济性。

数字孪生技术在高速铁路系统的故障预测和精准维护方面将持续发挥重要作用，并不断深化其应用程度。除了对列车关键部件和轨道设备的监测与维护外，还将扩展到对高速铁路系统的其他关键子系统，如信号系统、供电系统以及通信系统等的全生命周期管理。

通过构建更加完善的数字孪生模型，涵盖这些子系统的各个组成部分和运行环节，实时采集并分析其运行数据，能够实现对潜在故障的早期诊断和精准定位。例如，对于信号系统中的关键设备，如信号机、道岔转辙机等，数字孪生模型可以实时监测其电气参数、机械动作状态以及通信链路的稳定性等指标，通过数据分析预测设备的故障风险，并提前安排维护人员进行预防性维护，确保信号系统的可靠运行，避免因信号故障导致的列车运行延误和安全事故。

在智能调度管理领域，数字孪生技术将极大提升高速铁路的运营效率。通过实时模拟不同的调度方案，数字孪生可以为管理者提供最佳运行计划。例如，在恶劣天气或突发事件导致部分线路受阻时，数字孪生能够快速评估影响范围，并调整列车运行计划，将对旅客和整体运营的影响降到最低。同时，在高峰期，数字孪生技术可优化班次安排，平衡客流需求，确保运营平稳高效。

数字孪生技术在推动绿色铁路发展中也具有巨大潜力。通过实时监控列车能耗数据，数字孪生可模拟不同的节能方案。例如，在非高峰时段，通过调整列车速度和动力输出，减少能源消耗，在保障准点率的同时实现节能目标。这种能耗优化为铁路行业向低碳化、绿色化方向发展提供了重要支持，也帮助实现现代社会对环保和可持续发展的需求。

作为智慧城市交通体系的重要组成部分，数字孪生智能高速铁路将在未来与城市的其他交通系统实现更加紧密的协同融合，为构建高效、便捷、绿色的智慧城市交通网络做出重要贡献。

通过数字孪生技术构建的高速铁路与城市交通一体化模型，能够实现高速铁路系统与地铁、公交、轻轨、飞机等其他交通方式之间的实时数据共享和协同调度。例如，在城市交通枢纽的建设和运营中，数字孪生模型可以对高速铁路车站与周边城市交通设施的换乘流线、客流分布以及交通衔接情况进行实时模拟和优化分析，为交通枢纽的布局设计、设施配置以及运营管理提供科学依据。在日常运营中，数字孪生系统可以根据高速铁路列车的到站信息、客流情况以及城市交通的实时路况，动态调整地铁、公交的发车频率和运行路线，优化交通信号配时，实现旅客在不同交通方式之间的无缝换乘，提高城市交通的整体运行效率和服务质量，减少旅客的出行时间和换乘成本。

总体而言，数字孪生技术将成为智能高速铁路发展的核心推动力，赋予铁路系统更加智能化、绿色化和可持续化的发展能力。通过实现设备的实时监测、精准预测与优化管理，数字孪生技术将引领铁路行业迈向新时代，为智慧交通和现代化城市提供重要支撑，开创更加高效、环保的未来。

复习思考题

1. 谈谈你对数字孪生智能高速铁路的展望。

2. 你觉得未来数字孪生应用于高速铁路领域将会有哪些潜在的问题？并试想可能的解决方案。

参考文献

[1]王同军．基于系统论的智能高铁建设运营管理创新与实践[J]．中国铁道科学，2021，42(2)：1-8.

[2]王同军．智能高速铁路概论[M]．北京：高等教育出版社，2023.

[3]王同军．智能高速铁路基础设施全生命周期管理框架研究[J]．铁道学报，2021，43(11)：1-7.

[4]王同军．铁路 BIM 建造技术与实践[M]．北京：中国铁道出版社有限公司，2020.

[5]王同军．基于 BIM 技术的铁路工程建设管理创新与实践[J]．铁道学报，2019，41(1)：1-9.

[6]国家市场监督管理总局，国家标准化管理委员会全国信息与文献标准化技术委员会．信息技术　数字孪生 第 1 部分：通用要求：GB/T 4344. 1—2023[S]．北京：中国标准出版社，2023.

[7]工业互联网产业联盟．工业数字孪生白皮书，2021.

[8]刘东，吴启晖，Tony Q. S. Quek. 面向航空 6G 的频谱认知智能管控[J]．物联网学报，2020，4(1)：12-18.

[9]庄存波，刘检华，熊辉，等．产品数字孪生体的内涵、体系结构及其发展趋势[J]．计算机集成制造系统，2017，23(04)：753-768.

[10]李仁旺，肖人彬．数字孪生驱动的大数据制造服务模式[J]．科技导报，2020，38(14)：116-125.

[11]王可飞，郝蕊，卢文龙，等．基于 BIM 的铁路数字孪生工程研究现状及展望[J]．铁路技术创新，2021(4)：45-51.

[12]孟松鹤，叶雨玫，杨强，等．数字孪生及其在航空航天中的应用[J]．航空学报，2020，41(9)：1-12.

[13]王灵子，姜仁贵，朱记伟，等．基于数字孪生的铁道工程预制构件生产线智慧管理系统研究[J]．施工技术(中英文)，2022，51(17)：29-33.

[14]马建军，李平，邵赛，等．智能高速铁路关键技术研究及发展路线图探讨[J]．中国铁路，2020(7)：1-8.

[15]陶飞，刘蔚然，张萌，等．数字孪生五维模型及十大领域应用[J]．计算机集成制造系统，2019，25(1)：1-18.

[16]陶飞，张贺，戚庆林，等．数字孪生模型构建理论及应用[J]．计算机集成制造系统，2021，27(1)：1-15.

[17]陶飞，马昕，戚庆林，等．数字孪生连接交互理论与关键技术[J]．计算机集成制造系统，2023，29(1)：1-10.

[18]陶飞，张辰源，戚庆林，等．数字孪生成熟度模型[J]．计算机集成制造系统，2022，28(05)：1267-1281.

[19] BONDARENKO O，FUKUDA Tetsugo. Development of a diesel engine's digital twin for predicting propulsion system dynamics[J]. Energy，2020，196(2)：117-126.

[20] ARRICHIELLO V，GUALENI P. Systems engineering and digital twin：a vision for the future of cruise ships design，production and operations[J]. International Journal on Interactive Design and Manufacturing，2020，14(3)：115-122.

[21]刘蔚然，陶飞，程江峰，等．数字孪生卫星：概念、关键技术及应用[J]．计算机集成制造系统，2020，26(3)：565-588.

[22]靳辰琨．模数驱动的铁路工程数字孪生关键技术研究[D]．北京：中国铁道科学研究院集团有限公司，2024.